생존 러시아어 3

러시아어 일촌 만들기

안병팔 · 박진환 · 이수현 공저

신아사

머리말 ◦ 어려울 때 친구를 만드세요

결국 158년 전통의 리먼 브러더스(Lehman Brothers Holdings Inc.) 미국 투자은행이 파산하더니 급속도로 지구촌이 흔들리기 시작했다. 우리나라에도 위기의 파도가 밀려오고 있다. 위기는 위험과 기회의 합성어라고 한다. 위기 이후에는 또 기회가 오기 마련이다. 이때 누가 일어서고, 또 누가 망할 것인가? 역사적으로 위기의 순간에 일어선 사람은 평상시보다 더 성공하는 기회를 잡았다.

오늘 우리는 무엇을 해야 할 것인가? 우리의 활로를 어디에서 찾아야 할 것인가? 우리가 뻗어 나갈 수 있는 공간은 어디인가? 아직 손이 닿지 않은 곳! 가도 가도 끝없이 눈 덮힌 벌판, 사막 평야, 그 속에 세계 제일의 매장량을 자랑하는 천연가스와 석유가 묻혀 있는 땅, 문학과 음악, 예술이 숨 쉬는 땅, 인공위성을 수출하는 땅, 우리 조상들의 발자취가 남아있고 우리의 혈육이 살아있는 땅. 그 땅을 바라보며 우리는 무엇을 할 것인가? 그 땅을 품을 수 있는 사람들이 되어야 하지 않겠는가? 그 땅의 사람들과 그들의 언어와 문화로 소통하여야 하지 않겠는가? 소통을 위하여 준비하고 노력하는 자만이 미래의 주인이 될 수 있다. "때가 되어 신랑이 도착하였을 때 신랑 맞을 준비를 한 지혜로운 사람들"이 되어야 한다. 그러기 위해 우리는 "아직 기다리는 시간에 등불을 준비하고 기름을 넣어 두어"야 한다. 그것이 시간을 버는 길이고 시간을 저축하는 길이다.

외국어를 효과적으로 습득하는 방법은 무엇인가? '일촌 맺기'라는 말이 있다. 여태 모르던 사람과 친밀하게 지낸다는 뜻이다. 외국인과 일촌을 맺으면 어떻게 될까? 같이 외국어를 사용할 수 있는 기회가 늘어나게 되면서 능숙하게 말을 할 수 있게 된다. 그러나 말처럼 외국인과 쉽게 친해질 수 있을까? 어떻게 그 사람들과 친밀하게 지낼 수 있겠는가? 한국에 온 러시아 젊은이들이 있다. 그들은 교환학생으로 연수생으로 직업인으로 와 있으며 그 수도 점점 더 많아지고 있다. 그들의 필요를 알아서 그들의 가려운 곳을 긁어주면 된다. 가는 정이 있어야 오는 정이 있는 법이다. 우리도 그 곳에 가서 살아야 될 운명이라면, 아니 그들과 소통이 필요하다면, 도와주면서 그 소통의 방법과 언어를 터득하는 것도 한 방법이다. 이 책에서는 러시아에서 온 러시아 젊은이가 우리 땅에 와서 겪게 되는 일들에 대해 옆에서 도와주는 한국 청년들과의 이야기로 되어 있다. 우리 학생들이 그들을 도와주고 싶어도 말이 막히는 경우가 있다고 한다. 이런 문제를 이 책은 해결해 줄 수 있을 것이다.

의사소통 중심의 언어교육(Communicative language teaching)에서는 진정성 있는 텍스트가 학습자의 동기를 유발하는데 효과적이라고 한다. 이를 고려하여 이 책에서는 러시아 젊은이가 한국에서 살면서 만나는 문제들을 해결하는 진정성 있는 텍스트로서 외국인등록 문제, 은행계좌 개설, 카드, 생필품과 전자제품 구입, 식사 문제, 병원과 운동시설 이용 문제, 휴대폰과 인터넷 설치, 초대와 방문, 시내에서의 약속, 날씨와 등산, 자연, 외모에 관한 표현 등을 다루고 있다. 자기소개에 대해서는 공항에서 출입국신고서 작성하는 법, 직장이나 대학원 진학 시 제출하는 이력서와 자기소개서 작성법 등을 연습할 수 있도록 하고 있다. 또한 이런 연습은 옆 친구와의 대화로서 이루어질 수 있도록 하였다. 여러 질문을 옆 친구에게 하고 친구는 그 질문에 대한 대답을 하면서 대화를 통해 러시아어를 자연스럽게 익힐 수 있도록 하였다. 물론 모든 질문에는 대답의 샘플을 주어서 응용이 가능하도록 하였다. 또 읽을거리를 원하는 사람들이 러시아문화를 이해할 수 있도록 길지 않은 원문 텍스트를 제공하였다. 이런 과정을 통해 러시아 사람들과 일촌을 맺고 소통에 능숙한 사람들이 늘어났으면 좋겠다.

끝으로 이 책이 나오도록 교정과 자문으로 수고해 주신 러시아 원어민 선생님들 좐나 오토브나 발로드, 스베틀라나 알렉산드로브나 아사노바, 마리야 세르게예브나 베즈솔리찌나, 그리고 필자들의 가정에서 여러 불편을 감당하며 성원해 주신 가족 여러분께 감사를 드린다. 또한 흔쾌히 출판을 허락해 주신 신아사 정현걸 사장님께 감사를 드린다.

2009년 1월 북한산을 바라보며

공저자 일동

차 례

대화 3. 한국에 처음 왔어요? Вы пе́рвый раз приéхали в Коре́ю? ······ 28

러시아 원어민이 녹음한 본문 mp3를 신아사 홈페이지에서 다운받으실 수 있습니다.
http://www.shinasa.co.kr

재미있게 읽어보는

러시아어 문자·발음·형태규칙에 관한 이야기

☞ 러시아어 알파비트(문자)

문자라는 것은 말소리를 적기 위한 것입니다. 따라서 말이 생긴 이후 어떤 필요에 의해 그 말소리를 적을 수 있는 문자를 사람들이 인위적으로 만들어 내게 됩니다. 슬라브족의 한 언어인 러시아어의 문자는 그리스정교 선교사인 키릴(Кирилл)이라는 사람이 10세기 후반 AD 960년경에 그리스어 알파비트를 본떠서 만든 것으로 알려져 있습니다. 물론 키릴 선교사가 처음 만든 알파비트의 형태는 지금 것과는 차이가 있지만 여러 차례 문자개혁을 통해 현재의 형태를 가지게 되었습니다. 러시아어 문자는 러시아어를 적을 수 있는 33개의, 소위 <키릴 알파비트>로 되어 있는데 다음과 같은 명칭과 순서, 음가를 가지고 있습니다.

<러시아어 알파비트 순서·명칭 및 음가>

문자	А [a]	Б [be]	В [ve]	Г [ge]	Д [de]	Е [je]	Ё [jo]	Ж [zhe]	З [ze]	И [ji]	Й [j]
음가	a	b	v	g	d	e	jo	zh	z	i	j
문자	К [ka]	Л [el]	М [em]	Н [en]	О [o]	П [pe]	Р [er]	С [es]	Т [te]	У [u]	Ф [ef]
음가	k	l	m	n	o	p	r	s	t	u	f
문자	Х [kha]	Ц [tse]	Ч [che]	Ш [sha]	Щ [shcha]	Ъ 경음부호	Ы [y]	Ь 연음부호	Э [e]	Ю [ju]	Я [ja]
음가	kh	ts	ch	sh	shch	없음	y	없음	e	ju	ja

* ы는 우리말의 '의'와 유사한 발음입니다.

☞ 러시아어의 소리(음소)

러시아어에서는 의미적으로 구분될 수 있는 음소(phoneme)로서 자음과 모음을 합해 모두 41개의 음소를 가지고 있습니다. 이러한 음들을 적는데 러시아어 알파비트가 사용됩니다. 이중 모음의 수는 모두 5개 입니다: /a, e, i, o, u /. 이러한 모음을 적기 위해 각각 알파비트 a, e, и, o, y를 자동으로 연결하여 사용하는 것이 아니라, 이들 모음

앞에 아래에서 설명하게 되는 경자음이 오면 문자 a, э, ы, o, y를 사용하고, 연자음이 오면 문자 я, e, и, ё, ю를 사용합니다: [ma] ма, [m'a] мя. 이때 경자음 다음에 모음이 없는 경우에는 별도 표시가 필요 없지만, 연자음 다음에 모음이 없는 경우에는 해당자음이 연자음이라는 것을 표시하기 위하여 별도로 연음부호 ь를 붙여 줍니다: [mat] мат, [mat'] мать

<경·연자음 다음에 오는 모음의 구분>

경자음 다음에 오는 모음표시문자	a	э	ы	o	y
연자음 다음에 오는 모음표시문자	я	e	и	ё	ю
모음의 음소	/a/	/e/	/i/	/o/	/u/

러시아어 자음은 조음방법(파열음, 파찰음, 마찰음, 비음, 설측음, 설전음, 활음), 조음위치(입술소리, 입술-잇소리, 잇소리, 잇몸소리, 잇몸-입천장소리, 입천장소리, 뒷입천장소리), 경음성과 연음성의 대립, 유성음과 무성음의 대립 등에 따라 구분을 합니다. 가령 조음 방법이 두 입술의 파열에 의해서 조음되는 자음은 유성음과 무성음이 있는데 유성음에는 [b]와 [b']의 두 가지가 있고 무성음에는 [p]와 [p']의 두 가지가 있습니다. 유성음은 자음 조음과정에서 성대가 울리는 소리를 말합니다. 목 부분의 Adam's apple이라고 하는 부분을 조음시 손가락으로 만져 보아 울리는 음이 유성음입니다. 경자음과 연자음의 대립은 슬라브어권의 언어들에서 나타나는 특별한 대립으로서 연자음은 경자음에 비하여 조음시 혀의 가운데 부분(中舌)이 입천장(연구개)에 더 가까이 근접하여 나는 소리입니다. 발음기호로 표시할 때 [b]는 경자음을 표시하고 [b']는 혀의 가운데 부분이 입천장(연구개)에 좀 더 근접하여 조음되는 연자음임을 표시합니다. 마찬가지로 [p]는 경자음, [p']는 연자음을 나타냅니다.

<경자음과 연자음의 대립>

경자음	b	p	v	f	g	k	d	t	zh	sh	z	s	l	m	n	r	kh	ts	없음	없음	없음
문자	б	п	в	ф	г	к	д	т	ж	ш	з	с	л	м	н	р	х	ц	ч	щ	й
연자음	b'	p'	v'	f'	g'	k'	d'	t'	없음	없음	z'	s'	l'	m'	n'	r'	kh'	없음	ch	shch	j

러시아어에서 음절 구성은 자음과 모음이 결합되는 구조를 가집니다. 자음(C)-모음(V) 구조, 즉 CV 구조를 원칙적으로 가집니다. 경자음과 모음 /a/가 결합하는 [ma]는 ма로 적습니다. 연자음과 모음 /a/가 결합하는 [m'a]는 자음이 연자음이므로 연자음 다음에 오는 모음 [a]를 표시하는 문자 я를 사용하여 мя로 적습니다. [mo]는 мо로 적지만 [m'o]는 연자음 다음에 모음 /o/를 표시하는 문자 ё를 사용하여 мё라고 적습니다. [mu]는 му라고 적지만 [m'u]는 연자음 다음에 오는 모음 /u/를 표시하는 문자 ю를 사용하여 мю라고 적습니다. 경자음과 모음 /e/가 결합하는 [me]는 мэ로 적지만, 연자음과 결합하는 [m'e]는 연자음 뒤에 오는 모음 /e/를 표시하는 문자 е를 사용하여 ме로 적습니다. 경자음과 모음 /i/가 결합하는 [mi]는 мы로 적지만, 연자음과 결합하는 [m'i]는 연자음 다음에 오는 모음 /i/를 표시하는 문자 и를 사용하여 ми로 적습니다.

<음절발음과 문자표시의 예>

음절발음	[ma]	[m'a]	[mo]	[m'o]	[mu]	[m'u]	[me]	[m'e]	[mi]	[m'i]
문자표시	ма	мя	мо	мё	му	мю	мэ	ме	мы	ми

연자음 /j'/의 경우에 다음과 같은 음절 결합을 하게 됩니다. 특이한 것은 /j'/는 경자음 쌍은 없고 오로지 연자음만 있어서 다음과 같이 경자음과 연자음이 모두 있는 자음에 비해 절반에 해당하는 음절 구성수를 가집니다.

<연자음인 /j'/와 결합하는 음절의 발음과 문자표시>

음절발음		j'a		j'o		j'u		j'e		j'i
문자표시		я		ё		ю		е		и

이러한 음절의 문자표시는 경자음과 연자음을 표시하는 모음의 결합에 의해 자동적으로 이루어지지만 다음 경우 자음과 모음 결합에서 예외가 발생합니다. 이런 것을 러시아어정자법 규칙이라고 부릅니다.

☞ 정자법규칙

정자법규칙 1)

경자음인 /g, k, kh/ 다음에 모음 /i/가 오는 경우에는 그 결합을 제한받습니다. 그래서 형태변화상 불가피한 경우에는 이들 경자음을 해당하는 연자음인 /g', k', kh'/로 바꿔 예외적으로 모음 /i/가 결합하여 음절을 구성하게 됩니다. 가령 여성명사의 복수 어미 형태소 /i/가 붙어야 되는 **книг-а**와 같은 명사에서는 어간의 마지막 자음 g는 경자음이지만 /i/가 뒤에 오는 경우에 한하여 연자음으로 간주하여 /i/를 문자 **ы**가 아닌 **и**로 표시합니다. : **книга** + /i/ → **книг-ы** → **книги**. 다른 격 형태에서는 여전히 g를 경자음으로 간주하여 어형변화를 합니다.

정자법규칙 2)

항상 경자음인 /zh, sh, ts/ 다음에 모음 /e, i/가 오는 경우에 경자음 다음에 오는 모음 표시문자 **э**, **ы**를 사용하지 않고 예외적으로 **е**, **и**를 사용합니다.

[zhe]	[she]	[tse]	[zhi]	[shi]	[tsi]
же ~~жэ~~	ше ~~шэ~~	це ~~цэ~~	жи ~~жы~~	ши ~~шы~~	ци ~~цы~~

정자법규칙 3)

항상 연자음인 [ch', shch'] 다음에 모음 [a], [u]가 오는 경우, 모음 표시문자 **я**, **ю**를 사용하지 않고 예외적으로 **а**, **у**를 사용합니다.

[ch'a]	[ch'u]	[shch'a]	[shch'u]
ча ~~чя~~	чу ~~чю~~	ща ~~щя~~	щу ~~щю~~

☞ 음절구조: 출몰모음과 자/모음 탈락

러시아어의 음절구조는 CV 구조를 갖는다고 말씀드렸습니다. 이런 원칙이 위반되어 단어 끝에 자음이 두 개 중첩되는 경우, 즉 CVCC와 같은 경우에는 단어의 마지막 부분에 있는 중첩된 자음 사이에 출몰모음이라고 불리우는 모음을 삽입합니다. **окно**의 복수 생격형태는 제로(zero) 어미로서 어미가 탈락되는 형태입니다. 이 경우 <окн>과 같은 형태로 단어의 끝 부분에서 자음이 중첩됩니다. CVCV 구조를 유지하기 위해 출몰모음 [o]를 삽입하여 окон과 같은 형태를 형성합니다. 그러나 단어의 끝에 어떤 모음이 오게 되면 CVCV형태의 음절 구조를 충족함으로 출몰모음이 나타나지 않게 됩니다. окна와 같은 단수 생격형에서는 끝에 모음이 있기 때문에 출몰모음이 생기지 않습니다.

또 CVCV 형태의 원칙을 지키고 있는 러시아어의 음절구조는 CVV와 같이 모음끼리만 중첩되는 것을 허용하지 않습니다. 그래서 여성명사의 복수 어미 ы를 여성명사에 붙이면 сестр-а + ы와 같이 모음이 중첩되어 CVV 구조가 됩니다. 이런 경우에는 중첩된 모음 중 앞의 모음이 탈락(CV̶V)되어 сестра̶ + ы > сестры와 같은 형태가 도출되기도 합니다. 이러한 음절 구성의 문자표시 방법은 단어의 격변화, 복수변화, 형용사변화 등 각종의 어형변화에서 그대로 적용됩니다. 이에 대해서는 문법이야기에서 소개될 격변화 등에서 확인하게 될 것입니다.

또한 음절을 구성하려면 반드시 모음이 있어야 합니다. 자음-모음(CV)이 아닌 자음(C) 형태만으로는 음절을 구성할 수가 없습니다. 그래서 한국어의 '슨'이라는 말소리를 러시아어 문자로 적는 경우에 *сн으로 하게 되면 발음이 불가합니다. сын과 같이 모음이 있어야 발음을 할 수 있습니다. 반면에 모음만으로는 음절을 구성할 수 있습니다. a, o 등은 모음 하나만으로 음절을 구성하여 이루어진 단어로서 당연히 음절로 발음이 가능합니다.

☞ 강세규칙

러시아어 강세의 규칙에 대해서 말씀드리겠습니다. 러시아어의 단어는 보통 하나의 모음에 주된 강세가 옵니다. 강세가 있는 모음은 음가대로 제대로 발음을 하지만 강세가 없는 모음은 약화시켜 발음을 합니다. 강세가 있는 /a, o/는 [á, ó]로 발음하지만 강세 앞에서는 [ʌ]로, 강세 뒤에서는 더 약한 schwa [ə]로 발음합니다. 강세(ˊ)가 있는 /e/는 [é]로 발음하지만 비강세 위치에서는 [i]로 발음합니다. /i, u/는 강세와 무관하게 음가를 그대로 유지합니다. 일반적으로 강세가 있는 음절은 길고 강하게 발음합니다. 모음으로 시작하는 음절에서 모음은 강세 바로 앞에 있는 모음과 같은 정도로 약화됩니다. 다음과 같이 강세가 있는 음절모음을 1로 표시하고 약화되는 정도의 순서에 의해서 2와 3을 표시한다면 강세 약화를 다음과 같이 표시할 수 있습니다.ó

```
2  2  1  3        3  2  1  3  3 3
о б о р ó т а     с т р а н о в é д е н и е
[ʌ  ʌ  ó  ə]      [   ə  ʌ  é  i  i ə]
```

TÉMA 1

ДАВА́ЙТЕ ПОЗНАКО́МИМСЯ

단원목표

① 러시아인과 인사를 나눌 수 있나요?
② 출신지를 묻고 대답하는 표현을 할 수 있나요?
③ 여행의 목적에 대해서 묻고 대답하는 표현을 할 수 있나요?
④ 학년, 학과, 소속을 묻고 대답하는 표현을 할 수 있나요?
⑤ 한국을 처음 방문한 것인지에 대해 묻고 대답하는 표현을 할 수 있나요?
⑥ 어떤 외국어를 할 수 있는지 묻고 대답하는 표현을 할 수 있나요?
⑦ 친구의 외국어 솜씨를 칭찬하는 표현을 할 수 있나요?
⑧ 친구에게 도움을 요청할 수 있나요? 또 수락할 수 있나요?
⑨ 러시아 출입국신고서를 작성할 수 있나요?
⑩ 러시아어 이력서와 자기소개서를 작성할 수 있나요?

학습방법

① 본문을 읽고 들어 본다.
② 친구와 함께 대화연습의 질문과 대답을 실습해 본다.
③ 출입국신고서와 이력서를 작성해 본다.
④ 사전을 이용해서 〈샤라포바의 글〉을 읽고 가장 인상적인 부분에 밑줄을 긋고 이야기를 나눠 본다.

대화1. 공부하러 오셨어요? Вы прие́хали учи́ться?

А́нна : Здра́вствуйте!
Хун : Здра́вствуйте!
А́нна : Дава́йте познако́мимся.
Хун : Дава́йте.
А́нна : Меня́ зову́т А́нна. А вас?
Хун : Меня́ зову́т Хун.

Хун : Отку́да вы прие́хали?
А́нна : Я прие́хала из Росси́и, из го́рода Хаба́ровск.
Хун : Вы прие́хали учи́ться?
А́нна : Да. Я прие́хала по обме́ну.

안녕하세요!
안녕하세요!
인사 나눠요.
그래요.
제 이름은 스베타입니다.
당신은요?
제 이름은 훈입니다.
어디에서 오셨나요?
러시아 하바로브스크시에서 왔습니다.
공부하러 오셨나요?
예. 교환학생으로 왔어요.

дава́йте	дава́йте + 완료상 1인칭 복수 : ~합시다
познако́мимся	познако́миться 1인칭 복수 : 인사 나누다
отку́да	~에서, ~로부터
прие́хала	прие́хать 과거여성 : (차를 타고) 오다
учи́ться	+ чему́ : 배우다, 공부하다
по обме́ну	по + обме́н (남성) 여격 : 교환으로
из	+ чего́ : ~로부터, ~에서

[문법문형 이야기]

1. Отку́да 어디에서, 어디로부터

Отку́да	вы	прие́хали	?
어디에서, 어디로부터	당신은	오다(완)	

Я	прие́хал	из Росси́и	.
나는	오다(완)	러시아에서	

출신이나 원래 살던 곳을 물어 볼 때 쓰는 표현으로 이에 대한 대답에는 '~로부터'를 의미하는 생격 지배 전치사 из가 사용됩니다.

Я прие́хал { из Росси́и. (Росси́я → Росси́и) 러시아에서 / из Коре́и. (Коре́я → Коре́и) 한국에서 / из го́рода. (го́род → го́рода) 도시에서 / из Сеу́ла. (Сеу́л → Сеу́ла) 서울에서 / из Москвы́. (Москва́ → Москвы́) 모스크바에서 } 왔습니다.

из와 함께 지명은 생격으로 표현됩니다. 생격은 남성인 경우에는 어말 자음에 a를 덧붙이고, 여성인 경우는 여성어미 а, я를 ы, и로 바꿔주면 됩니다. 표를 참고하세요.

	남성	여성
из + 지명생격	-а (∅ + а) / -я(й + а)	-ы (а + ы) / -и (й-а + ы)
	Сеу́ла (Сеу́л + а) Петербу́рга (Петербу́рг + а) .... Кита́-я (Кита́й + а) музе́-я (музе́й + а)	Москвы́ (Москв-а + ы́) страны́ (стран-а + ы) .... Росси́и (Росси́й-а + ы) Коре́и (Коре́й-а + ы)

여성변화에서 어미 а, я가 생격에서 ы, и로 바뀐 것은 더 자세히 들여다보면 표에서와 같은 단수어미의 탈락과 생격어미의 결합이라는 과정을 거치는 것입니다.

Китай에 남성 생격어미 -а가 결합하여 Китая(й+а)가 된 것이나 Россия에서 여성 단수어미 -а가 탈락하고 여성 생격어미 -ы가 결합하여 России(й+ы) 가 된 것은 러시

아어 철자와 발음의 관계에 따른 것입니다. 러시아어 철자와 발음에 관한 자세한 설명은 목차 앞의 <재미있게 읽어보는 러시아어 문자· 발음· 형태 규칙에 관한 이야기>를 참고하세요. 본 교재에서는 학생들에게 보다 자세하게 설명할 필요가 있는 경우에만 이러한 세부 과정을 표시해 주고 있습니다.

2. по обме́ну 교환으로

по는 원인이나 수단, 방법 등을 의미하는 전치사입니다. 다음의 표현들을 기억하세요.

Я прие́хал { по обме́ну 나는 교환(학생)으로 왔습니다.
по дела́м. 나는 업무 차 왔습니다.

✓목적을 나타내는 전치사 на 표현도 함께 알아 둡시다.

Я прие́хала { на пра́ктику 나는 실습하러 왔어요.
на о́тдых. 나는 쉬러 왔어요.

[Дава́йте поговори́м! 1]

1. 본문을 읽고 옆 친구와 함께 다음의 질문과 대답을 주고 받아보세요.

1) Здра́вствуйте!

예 Здра́вствуйте!

2) Дава́йте познако́мимся.

예 Дава́йте!

3) Меня́ зову́т Чхан-янг. А вас?

예 Меня́ зову́т Джи-хун.

4) Отку́да вы прие́хали?

예 Я прие́хала из го́рода Кванг-джу прови́нции Чолла-намдо.

5) Вы прие́хали сюда́ учи́ться?

예 Да, я прие́хала сюда́ учи́ться.

6) Вы прие́хали сюда́ рабо́тать и́ли учи́ться?

예 Я прие́хала сюда́ учи́ться.

2. 옆 친구에게 다음 질문을 해 보세요. 친구의 질문에 번갈아 본인도 대답을 해보세요.

2-1

1) Отку́да прие́хала Све́та?

예 Она́ прие́хала из Росси́и, из го́рода Хаба́ровск.

2) Заче́м она́ прие́хала в Коре́ю?

예 Она́ прие́хала учи́ться.

3) Она́ прие́хала сюда́ по обме́ну?

예 Да, она́ прие́хала сюда́ по обме́ну.

4) Она́ обме́нная студе́нтка?

예 Да, она́ обме́нная студе́нтка.

5) Вы хоти́те пое́хать в Росси́ю по обме́ну?

예 Да, я хочу́ пое́хать в Росси́ю по обме́ну.

6) В како́й университе́т в Росси́и вы хоти́те пое́хать?

예 Сейча́с я хочу́ пое́хать в ТОГУ, Тихоокеа́нский госуда́рственный университе́т.

заче́м 무엇을 위해서; обме́нная студе́нтка 교환학생; Тихоокеа́нский 태평양의; госуда́рственный 국립의; путеше́ствовать (по + чему́) 여행하다

2-2

1) Ю́рий прие́хал сюда́ учи́ться и́ли отдыха́ть?

예 Он прие́хал сюда́ изуча́ть коре́йский язы́к.

2) Из како́го го́рода он прие́хал сюда́?

예 Он то́же из Хаба́ровска, нз Росси́и.

3) Отку́да прие́хала Жа́нна О́ттовна?

예 Она́ прие́хала из Москвы́.

4) Заче́м она́ прие́хала в Коре́ю?

예 Она́ прие́хала преподава́ть ру́сский язы́к в университе́те Со-кёнг.

5) Заче́м прие́хали ру́сские студе́нты в университе́т Со-кёнг?

예 Они́ прие́хали изуча́ть коре́йский и англи́йский языки́.

6) Они́ прие́хали путеше́ствовать по Коре́е?

예 Нет, они́ прие́хали не путеше́ствовать по Коре́е, а учи́ться.

3. 다음 한국어 대화를 옆 친구에게 읽어주고 러시아어로 통역하게 해 보세요. 번갈아 친구에게 읽게 하고 본인도 통역을 해보세요.

3-1

1) 안녕하세요!

- 안녕하세요!

2) 인사 나눠요.

- 그래요!

3) 제 이름은 찬양입니다. 당신은요?

- 제 이름은 지훈입니다.

4) 어디에서 오셨나요?

- 전라남도 광주에서 왔습니다.

5) 이곳에 공부하러 오셨나요?

- 네, 이곳에 공부하러 왔습니다.

6) 당신은 이곳에 일하러 왔나요, 아니면 공부하러 왔나요?

- 전 이곳에 공부하러 왔습니다.

3-2

1) 스베타는 어디에서 왔나요?

- 그녀는 러시아 하바로프스크에서 왔어요.

2) 그녀는 한국에 왜 왔나요?
- 그녀는 공부하러 왔습니다.
3) 그녀는 교환학생으로 이곳에 왔나요?
- 네, 그녀는 이곳에 교환학생으로 왔습니다.
4) 그녀는 교환학생입니까?
- 네, 그녀는 교환학생입니다.
5) 당신은 교환학생으로 러시아에 가고 싶습니까?
- 네, 저는 교환학생으로 러시아에 가고 싶습니다.
6) 당신은 러시아 어느 대학으로 가고 싶습니까?
- 지금은 태평양 대학으로 가고 싶습니다.

3-3
1) 유리는 이곳에 공부하러 왔나요, 아니면 일하러 왔나요?
- 그는 이곳에 한국어를 배우러 왔습니다.
2) 그는 어느 도시에서 이곳으로 왔나요?
- 그 역시 러시아 하바로프스크에서 왔습니다.
3) 잔나 오토브나씨는 어디에서 왔습니까?
- 그녀는 모스크바에서 왔습니다.
4) 그녀는 한국에 왜 왔습니까?
- 그녀는 서경대학교에서 러시아어를 가르치기 위해 왔습니다.
5) 러시아 학생들은 서경대학교에 왜 왔습니까?
- 그들은 한국어와 영어를 배우러 왔습니다.
6) 그들은 한국을 여행하기 위해 왔습니까?
- 아니요, 그들은 한국을 여행하기 위해 온 것이 아니라 공부하러 왔습니다.

대화2. 무슨 학부에서 공부하세요?

На како́м факульте́те вы у́читесь?

А́нна : Вы здесь у́читесь?

Хун : Да. Я учу́сь в университе́те Со-кёнг. На тре́тьем ку́рсе.

А́нна : А на како́м факульте́те?

Хун : На филологи́ческом факульте́те.
Специа́льность – ру́сский язы́к.

А́нна : А! Поэ́тому вы так хорошо́ говори́те по-ру́сски!

Хун : Спаси́бо. Но пока́ ещё не о́чень хорошо́.

А́нна : Нет. Мне ка́жется, вы о́чень хорошо́ говори́те по-ру́сски.
А я совсе́м не говорю́ по-коре́йски.

Хун : Ничего́ стра́шного, ско́ро нау́читесь.

당신은 이곳에서 공부하나요?
네. 서경대에서 공부해요. 3학년입니다.
무슨 학부인가요?
어문학부입니다. 전공은 러시아어입니다.
아! 그래서 러시아어를 잘 하시는군요.
감사합니다. 그런데 아직 잘 하지는 못 해요.
아니요. 러시아어를 아주 잘하시는 것 같은데요. 전 전혀 한국어를 못해요.
괜찮아요. 금방 배우실 겁니다.

у́читесь	учи́ться 2인칭 복수 : 배우다
факульте́те	факульте́т (남성) 전치격 : 학부, 학과
филологи́ческом	филологи́ческий (남성) 전치격 : 어문학의
тре́тьем	тре́тий (남성) 전치격: 세 번째의
на ку́рсе	на + курс (남성) 전치격: 학년에서
специа́льность	전공 (여성)
поэ́тому	그래서
так	그렇게
говори́те	говори́ть 2인칭 복수: 말하다
по-ру́сски	러시아어로
пока́	아직 (부사)
о́чень	매우 (부사)
мне ка́жется	제 생각에는, ~인 것 같아요
совсе́м	아주, 완전히 (부사)
ничего́	ничто́ (중성) 생격: 아무것도
стра́шного	стра́шное (중성) 생격: 무서운
нау́читесь	научи́ться 2인칭 복수: 배우다
но	그러나
ещё	아직
ско́ро	곧
тре́тий	세 번째의; тре́тий, тре́тья, тре́тье

[문법문형 이야기]

3. На како́м ку́рсе 몇 학년에서

На како́м ку́рсе	вы	у́читесь	?
몇 학년에서(전치격)	당신은	공부하다	

Я	учу́сь	на тре́тьем ку́рсе	.
나는	공부하다	3학년에서(전치격)	

Я учу́сь на пе́рвом ку́рсе (на второ́м ку́рсе / на четвёртом ку́рсе).
나는 1학년에서 공부합니다. (2학년 / 4학년)

На како́м факульте́те вы у́читесь? 무슨 학부에서 공부하세요?

Я учу́сь { на филологи́ческом факульте́те. 나는 어문학부에서 배웁니다.
на факульте́те иску́сств. 예술학부에서 배웁니다. }

몇 학년 како́й курс는 '몇 학년에서'의 표현에서 장소를 나타내는 전치사 на와 함께 на како́м ку́рсе가 됩니다. 무슨 학부 како́й факульте́т가 '무슨 학부에서'가 될 때 на како́м факульте́те로 표현되는 것도 같은 사용입니다. 의문대명사와 명사의 전치격 형태를 비교해 보세요.

형용사 (주격)	명사 (주격)	전치격지배전치사	형용사 (전치격)	명사 (전치격)
како́й	факульте́т	на	како́м	факульте́те
무슨 학부		무슨 학부에서		

тре́тий	курс	на	тре́тьем	ку́рсе
3학년		3학년에서		

4. Я говорю́ по-ру́сски. 나는 러시아어를 말합니다.

Вы	говори́те	по-ру́сски	?
당신은	말하다	러시아어로	

Да,	я	говорю́	по-ру́сски	.
그래	나는	말하다	러시아어로	

이때, 정도를 나타내는 부사와 함께 자신의 외국어 수준을 나타낼 수 있습니다.

Как вы говори́те по-ру́сски? 러시아어를 어느 정도 구사 하세요?

Я говорю́ по-ру́сски	свобо́дно.	나는 러시아어를	능숙하게	합니다
	хорошо́.		잘	
	непло́хо.		나쁘지 않게	
	немно́го.		조금	
	с трудо́м.		힘겹게	
	пло́хо.		못	

❀ 동사활용형

учи́ться 공부하다 (불완)	
я учу́сь	мы у́чимся
ты у́чишься	вы у́читесь
он у́чится	они у́чатся

[Дава́йте поговори́м! 2]

1. 본문을 읽고 옆 친구와 함께 다음의 질문과 대답을 주고 받아보세요.

1) Вы у́читесь здесь?
예 Да, я учу́сь здесь.
2) Вы у́читесь на тре́тьем ку́рсе?
예 Нет, я учу́сь на второ́м ку́рсе.
3) На како́м факульте́те вы у́читесь?
예 Я учу́сь на факульте́те европе́йских языко́в.
4) Кака́я у вас специа́льность?
예 Моя́ специа́льность – ру́сский язы́к.
5) Почему́ вы так хорошо́ говори́те по-ру́сски?
예 Спаси́бо, я из Росси́и. Я ру́сская.
6) Почему́ вы так хорошо́ говори́те по-коре́йски?
예 Спаси́бо, я учи́ла коре́йский язы́к в Росси́и два го́да.
Спаси́бо, я коре́ец (корея́нка).

2. 옆 친구에게 다음 질문을 해 보세요. 번갈아 친구의 질문에 본인도 대답을 해보세요.

2-1
1) Алексе́й то́же так хорошо́ говори́т по-коре́йски?
예 Не зна́ю, мо́жет быть, он говори́т по-коре́йски не о́чень.
2) Вы зна́ете Жа́нну О́ттовну?
예 Да, я зна́ю. Она́ преподава́тель на́шего факульте́та.
3) Жа́нна О́ттовна хорошо́ говори́т по-коре́йски?
예 Да, она́ говори́т по-коре́йски о́чень хорошо́.
4) Почему́ она́ так хорошо́ говори́т по-коре́йски?
예 Она́ учи́ла коре́йский язы́к в Росси́и пять лет.
5) На како́м факульте́те она́ учи́лась?
예 Она́ учи́лась на филологи́ческом факульте́те.

европе́йский 유럽의; учи́ть 공부하다 учу́, у́чишь, у́чат (+ что); коре́ец 한국인(남), корея́нка 한국인(여); мо́жет быть 아마도; в две ты́сячи второ́м году́ 2002년에; лингвисти́ческий 언어학의

6) Какáя у неё специáльность?

예 Её специáльность – корéйский язы́к.

2-2

1) Когдá Жáнна О́ттовна приéхала в Корéю?

예 Тóчно я не знáю, мóжет быть, онá приéхала в Корéю шесть лет назáд.

2) Онá приéхала в Корéю в 2002 (две ты́сячи вторóм) годý?

예 Тóчно я не знáю, мóжет быть, тогдá онá приéхала сюдá.

3) В какóм университéте онá учи́лась в Москвé?

예 Мóжет быть, онá учи́лась в МГЛУ(Москóвском госудáрственном лингвисти́ческом университéте).

4) Что онá сейчáс дéлает в Корéе?

예 Онá рабóтает в университéте Со-кёнг, онá преподаёт рýсский язы́к.

5) На какóм факультéте онá преподаёт рýсский язы́к?

예 Онá преподаёт на факультéте европéйских языкóв.

6) В какóм годý онá началá рабóтать в университéте Со-кёнг?

예 Онá началá рабóтать в университéте Со-кёнг в 2008 (две ты́сячи восьмóм) годý.

7) На какóм факультéте ýчатся рýсские студéнты в университéте?

예 Они́ ýчатся на факультéтах корéйского, англи́йского и европéйских языкóв.

3. 다음 한국어 대화를 옆 친구에게 읽어주고 러시아어로 통역하게 해 보세요. 번갈아 친구에게 읽게 하고 본인도 통역을 해보세요.

3-1

1) 당신은 여기서 공부하나요?
 - 네, 저는 여기서 공부합니다.
2) 당신은 3학년입니까?
 - 아니요, 저는 2학년입니다.
3) 당신은 어느 학부에서 공부합니까?
 - 저는 유럽어학부생입니다.
4) 당신의 전공은 무엇입니까?
 - 제 전공은 러시아어입니다.

5) 당신은 어떻게 러시아어를 그렇게 잘 하나요?
- 고맙습니다, 저는 러시아에서 온 러시아인입니다.
6) 당신은 어떻게 한국어를 그렇게 잘 하시나요?
- 고맙습니다, 저는 러시아에서 2년간 한국어를 배웠습니다.
- 고맙습니다, 저는 한국인입니다. (한국여자)

3-2
1) 알렉세이 역시 그렇게 한국어를 잘 하나요?
- 모르겠어요, 아마도, 그는 한국어를 잘 하지 못할 겁니다.
2) 당신은 잔나 오토브나씨를 아십니까?
- 네, 알아요. 그녀는 우리 학부의 선생님입니다.
3) 잔나 오토브나씨는 한국어를 잘 하나요?
- 네, 그녀는 한국어를 아주 잘 합니다.
4) 그녀는 왜 한국어를 그렇게 잘 하나요?
- 그녀는 러시아에서 한국어를 5년간 공부했습니다.
5) 그녀는 어느 학부에서 공부했습니까?
- 그녀는 어문학부에서 공부했습니다.
6) 그녀의 전공은 무엇인가요?
- 그녀의 전공은 한국어입니다.

3-3
1) 잔나 오토브나씨는 언제 한국에 왔나요?
- 정확히는 잘 모르겠는데, 아마 6년 전에 한국에 왔을 겁니다.
2) 그녀는 2002년에 한국에 왔습니까?
- 정확히는 잘 모르겠는데, 아마 그때 이곳에 왔을 겁니다.
3) 그녀는 모스크바의 어느 대학에서 공부했습니까?
- 아마도 그녀는 모스크바 국립 언어 대학에서 공부했을 겁니다.
4) 지금 그녀는 한국에서 무엇을 합니까?
- 그녀는 서경대학교에서 러시아어를 가르치는 일을 합니다.
5) 그녀는 어느 학부에서 러시아어를 가르칩니까?
- 그녀는 유럽어학부에서 가르칩니다.
6) 그녀는 몇 년도에 서경대학교에서 일하기 시작했나요?
- 2008년에 서경대학교에서 일하기 시작했습니다.
7) 러시아학생들은 대학의 무슨 학부에서 공부합니까?
- 그들은 한국어, 영어 그리고 유럽어학부에서 공부합니다.

대화 3 . 한국에 처음 오셨어요?

Вы пéрвый раз приéхали в Корéю?

Хун : Вы пéрвый раз приéхали в Корéю?
Áнна : Да. Поэ́тому я здесь ничегó не знáю.
Вы смóжете помóчь мне?
Хун : Конéчно. Если чтó-то нýжно, обращáйтесь.
Я сдéлаю всё, что смогý.
Áнна : Большóе спаси́бо.
Хун : Пожáлуйста.

한국에는 처음이신가요?
예. 그래서 전 아무것도 몰라요.
절 도와주실 수 있나요?
물론이죠. 무슨 도움이 필요하시면 말씀하세요. 제가 할 수 있는 일이라면 다 도와드릴게요.
대단히 감사합니다.
천만에요.

пéрвый	첫 째의 (남성)
раз	~번, ~회 (남성)
приéхали	приéхать 과거 복수 : 오다, 도착하다
в Корéю	в + Корéя (여성) 대격 : 한국으로
смóжете	смочь 2인칭 복수 : 할 수 있다 (완)
помóчь	+ кому 돕다 (완)
конéчно	물론 (부사)
éсли	만약
чтó-то	무언가
нýжно	필요하다 (술어부사)
обращáйтесь	обращáться 2인칭 복수 : 말을 걸다, 찾아오다
сдéлаю	сдéлать 1인칭 단수 : 하다 (완)
всё	전부, 모든 것 (중성)

[문법문형 이야기]

5. Вы пе́рвый раз прие́хали в Коре́ю? 한국에 처음 오셨어요?

Вы	пе́рвый раз	прие́хали	в Коре́ю	?
당신은	처음으로	오다	한국에 (대격)	

Да,	я	прие́хала	пе́рвый раз	.
그래	나는	오다	처음으로	

문법문형이야기 1에서 '어디로부터, 어디에서'의 표현을 배웠습니다. 만약 반대로 '어디로, 어디에' 가는지, 오는지를 묻는다면 대격을 지배하는 전치사 в로 표현합니다.

Я прие́хал {
- в Росси́ю. (Росси́я → Росси́ю) 러시아에
- в Коре́ю. (Коре́я → Коре́ю) 한국에
- в Москву́. (Москва́ → Москву́) 모스크바에
- в го́род. (го́род → го́род) 도시에
- в Сеу́л. (Сеу́л → Сеу́л) 서울에

} 왔습니다.

대화1에서 из가 '~로부터'를 뜻하는 생격 지배 전치사였던데 반해, 대격을 지배하는 전치사 в는 '~로'를 의미합니다. 이때, 남성명사는 그대로 사용하고 여성명사는 어미 -а, -я를 -у, -ю로 바꾸면 대격이 됩니다.

	남성	여성
	주격 = 대격	у(а → у) ю(я → ю)
в + 지명대격	в Сеу́л (Сеу́л) в Петербу́рг (Петербу́рг) .... в Кита́й (Кита́й) в музе́й (музе́й)	в Москву́ (Москв-а + у́) в страну́ (стран-а + у́) .... в Росси́ю (Росси́й-а + у) в Коре́ю (Корей-а + у)

✽ 동사활용형

смочь ~할 수 있다 (완) + inf.	
я смогу́	мы смо́жем
ты смо́жешь	вы смо́жете
он смо́жет	они смо́гут

помо́чь 도와주다 (완) + кому́	
я помогу́	мы помо́жем
ты помо́жешь	вы помо́жете
он помо́жет	они помо́гут

[Давáйте поговори́м! 3]

1. 본문을 읽고 옆 친구와 함께 다음의 질문과 대답을 주고 받아보세요.

1) Вы пéрвый раз приéхали в Корéю?
예 Да, я пéрвый раз приéхала в Корéю.
2) Вы здесь всё знáете?
예 Нет, я здесь ничегó не знáю.
3) Почемý вы здесь ничегó не знáете?
예 Потомý что я пéрвый раз в Корéе.
4) Вы смóжете помóчь мне?
예 Конéчно, я смогý помóчь вам.
5) Мóжно обращáться к вам, éсли мне чтó-то нýжно?
예 Да, éсли чтó-то нýжно, обращáйтесь.
6) Что вы тогдá сдéлаете?
예 Я сдéлаю всё, что смогý.

2. 옆 친구에게 다음 질문을 해 보세요. 번갈아 친구의 질문에 본인도 대답을 해보세요.

2-1
1) Джи-хун, вы пéрвый раз приéхали в Росси́ю?
예 Нет, я был здесь нéсколько лет назáд.
2) Знáчит, сейчáс вы вторóй раз приéхали в Росси́ю?
예 Да, я вторóй раз приéхал в Росси́ю.
3) Поэ́тому вы здесь всё знáете?
예 Тепéрь я здесь мнóгое знáю.
4) Когдá вы пéрвый раз приéхали в Росси́ю, вы тóже мнóгое знáли?
예 Нет, когдá я пéрвый раз приéхал в Росси́ю, я ничегó не знал.

нéсколько 몇몇; знáчит 즉; вторóй 두 번째의; постарáться 노력하다, постарáюсь, постарáешься, постарáются; пóмощь 도움; обрати́ться (к + комý-чемý) 방문하다 (완), обращýсь, обрати́шься, обратя́тся; появи́ться 나타나다, появлю́сь, поя́вишься, поя́вятся; как тóлько ~하는 대로; обещáть (комý-чемý) 약속하다(완, 불완), обещáю, обещáешь, обещáют

2-2

1) Я ничего́ не зна́ю в Росси́и, Андре́й, вы смо́жете помо́чь мне?

예 Я постара́юсь помо́чь вам.

2) Джи-хун, кака́я по́мощь вам нужна́?

예 Спаси́бо, пока́ у меня́ нет вопро́сов.

3) Мо́жно я обращу́сь к вам, как то́лько у меня́ поя́вятся вопро́сы?

예 Коне́чно, обраща́йтесь. Я постара́юсь помо́чь вам.

4) Андре́й, вы мо́жете обеща́ть, что сде́лаете всё, что смо́жете?

예 Да, я обеща́ю, что сде́лаю всё, что смогу́.

3. 다음 한국어 대화를 옆 친구에게 읽어주고 러시아어로 통역하게 해 보세요. 번갈아 친구에게 읽게 하고 본인도 통역을 해보세요.

3-1

1) 당신은 한국에 처음 왔습니까?
 - 네, 저는 한국에 처음 왔습니다.

2) 당신은 이곳을 다 아십니까?
 - 아니요, 저는 이곳을 전혀 모릅니다.

3) 당신은 왜 이곳을 전혀 모릅니까?
 - 왜냐하면 저는 한국에 처음 왔기 때문입니다.

4) 당신은 나를 도와줄 수 있나요?
 - 물론 저는 당신을 도울 수 있습니다.

5) 만약 제가 무언가 필요하면 당신에게 도움을 요청할 수 있나요?
 - 네, 무언가 필요하면 요청하세요.

6) 그럼 당신은 무엇을 할 수 있나요?
 - 제가 할 수 있는 모든 것을 해드릴게요.

3-2

1) 지훈, 당신은 러시아에 처음 왔나요?
 - 아니요, 저는 몇 년 전에 이곳에 왔었습니다.

2) 그러니까, 지금 당신은 러시아에 두 번째 왔군요?
 - 예, 저는 러시아에 두 번째 왔습니다.

3) 그래서 당신은 이곳을 모두 아나요?
 - 이제 저는 이곳을 많이 압니다.

4) 당신이 러시아를 처음 방문했을 때, 그 때도 당신은 많이 아셨나요?
- 아니요, 러시아를 처음 방문했을 때, 저는 전혀 몰랐습니다.

3-3

1) 나는 러시아를 전혀 모릅니다. 안드레이, 당신은 날 도와줄 수 있나요?
- 당신을 돕도록 노력하겠습니다.
2) 지훈, 당신은 어떤 도움이 필요한가요?
- 고맙습니다만 아직 질문할 것이 없네요.
3) 제게 궁금증이 생기면, 그때 당신에게 물어봐도 될까요?
- 물론입니다, 물어보세요. 당신을 돕도록 노력할게요.
4) 안드레이, 당신이 할 수 있는 것을 해주겠다고 약속할 수 있나요?
- 네, 내가 할 수 있는 것이면 약속할게요.

실습문제 1 <러시아 출입국신고서 작성하기>

여러분이 러시아에 여행하게 되는 경우 입국하기 전에 비행기 안에서 또는 입국심사 전에 출입국신고서(Миграцио́нная ка́рта)를 작성하게 됩니다. 출입국신고서는 외국시민이 러시아 여행시 입국에 관한 정보를 신고하는 일종의 공문서입니다. 이번 방학에 입국하는 것으로 생각하고 이를 작성해 보세요.

다음은 러시아의 출입국 신고서에 기재하는 내용들의 목록입니다. 실제 신고서 양식은 A면과 Б면으로 되어 있는데 A, Б면이 똑같은 양식이므로 동일하게 작성을 하셔야 됩니다. 양쪽 면을 동일하게 작성하여 입국 심사원에게 제출하면 A(ВЪЕЗД /ARRIVAL) 면을 떼어내고 Б(ВЫ́ЕЗД/ DEPARTURE) 면을 돌려줍니다. 이때 돌려받은 Б면은 출국시 출국심사대에 제출해야 하므로 잘 보관해야 합니다.

<table>
<tr><td colspan="4">"A" (Въезд/Arrival)</td></tr>
<tr><td colspan="2">Российская Федерация Federation</td><td colspan="2">Республика Беларусь Russian Republic of Belarus</td></tr>
<tr><td colspan="2" rowspan="2">Миграционная карта Migration Card</td><td>Серия/ Serial</td><td></td></tr>
<tr><td>№</td><td></td></tr>
<tr><td colspan="2">Фамилия/Surname (Family name)</td><td colspan="2"></td></tr>
<tr><td colspan="2">Имя/Given name(s)</td><td colspan="2"></td></tr>
<tr><td colspan="2">Отчество/Patronymic</td><td colspan="2"></td></tr>
<tr><td colspan="2">Дата рождения/Date of birth
День/ Day   Месяц/ Month   Год/ Year</td><td colspan="2">Пол/Sex
Муж./Male ☐   Жен./Female ☐
Гражданство/ Nationality</td></tr>
<tr><td colspan="2">Документ, удостоверяющий личность/Passport or other ID</td><td colspan="2">Номер визы/Visa number:</td></tr>
<tr><td>Цель визита (нужное подчеркнуть)/ Purpose of travel (to be underlined): Служебный/Official, Туризм/Tourism, Коммерческий/Business, Учёба /Education, Работа/Employment, Частный/Private, Транзит/Transit</td><td colspan="3">Сведения о приглашающей стороне (наименование юридического лица, фамилия, имя, (отчество) физического лица), населенный пункт/Name of host person or company, locality:</td></tr>
<tr><td colspan="3">Срок пребывания/Duration of stay:
С/From: До/To:</td><td>Подпись/Signature:</td></tr>
<tr><td colspan="4">Служебные отметки/For official use only</td></tr>
<tr><td colspan="2">Въезд в Российскую Федерацию /Республику Беларусь/Date of arrival in the Russian Federation/Republic of Belarus</td><td colspan="2">Выезд из Российской Федерации /Республики Беларусь/Date of departure from the Russian Federation/Republic of Belarus</td></tr>
</table>

✔ 러시아 출입국신고서의 예

"A" (Въезд/Arrival)

Российская Федерация Federation	**Республика Беларусь Russian Republic of Belarus**
Миграционная карта Migration Card	**Серия/ Serial** №

Фамилия/Surname (Family name) **1**	L e e
Имя/Given name(s) **2**	H y o R i
Отчество/Patronymic	
Дата рождения/Date of birth **3**: День/ Day, Месяц/ Month, Год/ Year	1 0 0 6 1 9 8 7
Пол/Sex **4**	Муж./Male ☐ Жен./Female ☑
Гражданство/ Nationality **5**	K o r e a
Документ, удостоверяющий личность/Passport or other ID **6**	1 2 3 4 5 6 7
Номер визы/Visa number: **7**	891011
Цель визита (нужное подчеркнуть)/ Purpose of travel (to be underlined): Служебный/Official, Туризм/Tourism, Коммерческий/Business, Учёба /Education, Работа/Employment, Частный/Private, Транзит/Transit **8**	Сведения о приглашающей стороне (наименование юридического лица, фамилия, имя, (отчество) физического лица), населенный пункт/Name of host person or company, locality: ООО «Ромашка» г. Москва, Ленинский пр-т, д. 115 **9**
Срок пребывания/Duration of stay: С/From: 25.02.2009 До/To: 25.03.2009 **10**	Подпись/Signature: LEE **11**

Служебные отметки/For official use only

Въезд в Российскую Федерацию /Республику Беларусь/Date of arrival in the Russian Federation/Republic of Belarus	Выезд из Российской Федерации /Республики Беларусь/Date of departure from the Russian Federation/Republic of Belarus

1. 성 (Фамилия)

2. 이름 (Имя)

3. 생년월일 (일, 월, 년) (Дата рождения)

4. 성별 (남성, 여성) (Пол)

5. 국적 (Гражданство)

6. 여권번호 (Документ, удостоверяющий личность)

7. 비자번호 (Номер визы)

8. 방문목적 (Цель визита)

9. 초청자 정보 (Сведения о приглащающей стороне)

10. 체류기간 (도착 일, 월, 년 출국 일, 월, 년) (Срок пребывания)

11. 서명 (Подпись)

실습문제 2 <러시아어 이력서 작성하기>

자기의 이력서를 러시아어로 작성해 봅시다. 이력서는 Резюме́라고 합니다. 이력서는 여러분이 취업할 직장에 여러분을 채용하도록 설득하기 위하여 자신에 대해 간단하게 소개하는 글입니다. 따라서 취업을 할 직장의 인사책임자가 이 글의 잠재적인 수신인(target)이 되도록 글을 쓰셔야 합니다. 좋은 이력서의 핵심 포인트는 적합한 인재를 채용하려고 하는 수신인의 관심에 초점을 맞춰서 작성하는 것입니다. 아직 여러분이 어떤 이력을 갖춘 것이 없다면 예상되는 경력을 미리 적어보는 미래의 이력서를 작성해 보시기 바랍니다. 지금부터 여러분이 희망하는 직장에 맞는 이력을 갖추도록 결심하시고 차근차근 실천해 나가도록 하시기 바랍니다. 여러분이 기록한 이력의 내용들을 읽으면서 직장 인사담당자가 여러분이 그 직위의 적임자임을 확신할 수 있도록 이력과 향후 직무를 연관시켜 기술하는 것이 좋습니다.

형식은 경우마다 일정하지는 않습니다. 회사에서 일정한 양식을 정하지 않았다면 본인 성명과 연락처, 학력, 경력, 외국어능력, 기타 자격과 능력을 기술하면 됩니다.

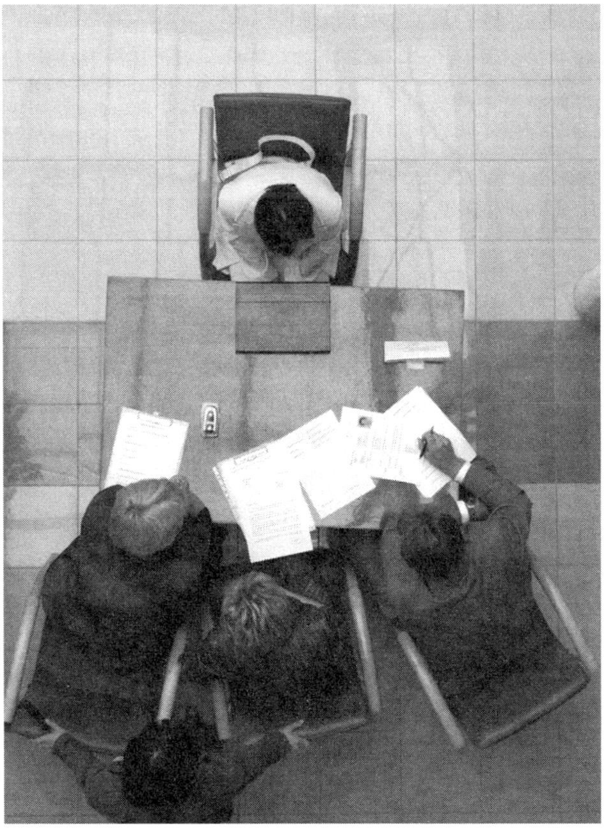

이 력 서 (예문)

이 효 리

사진

주소 : 서울특별시 성북구
정릉동 16-1
연락처 : 010-0000-0000
E-mail aaaa@aaa.aaa
생년월일 : 1987년 9월 29일
지원부문 : 호텔리어
성별 : 여(미혼)

학력

-1993. 3 ~ 1998. 2 서울 고려초등학교
-1999. 3 ~ 2001. 2 서울 고려중학교
-2002. 3 ~ 2005. 2 서울 고려여자고등학교
-2005. 3 ~ 2009. 2 서울 서경대학교 유럽어학부 러시아어 전공
-2006. 9 ~ 2007. 6 러시아 하바로프스크 태평양 국립대학교 러시아어 학부

외국어 능력

-영어 (TOEIC: 800/990)
-러시아어 (TORFL 93.1/100)
-중국어

경력사항

-2002. 3 ~ 2005. 2 패스트푸드점 <롯데리아> 고객응대
-2005. 3 ~ 2006. 8 패밀리 레스토랑 <VIPS> 고객응대, 안내, 서빙
-2007. 6 ~ 2008. 1 커피숍 <예다원> 고객응대, 안내, 서빙
-2008. 2 ~ 2008. 6 한의원 <청구경희한의원> 고객안내, 업무보조

기타 자격사항

-2006. 7. 7 운전면허 2종 보통
-2007. 6. 22 러시아어 국가인증시험 1단계 (TORFL)

사진

Hyori Lee

Address : Jeongneung 4-dong,
Seongbuk-gu, Seoul, Korea
Phone : +82-2-10-0000-0000
E-mail : aaaa@aaa.aaa
Date of Birth : September 26, 1987
Position : Hotelier
Gender : Female (Single)

Education

-Mar. 1993 ~ Feb. 1998 Korea elementary school
-Mar. 1999 ~ Feb. 2001 Korea middle school
-Mar. 2002 ~ Feb. 2005 Korea high school
-Mar. 2005 ~ Feb. 2009 Seokyeong university, Department of European languages
-Sep. 2006 ~ Jun. 2007 Pacific National University in Russia, Department of Russian Language for Foreigners

Language

-English (TOEIC: 800/990)
-Russian (Fluent, TORFL: 93.1/100)
-Chinese

Work experience

-Mar. 2002 ~ Feb. 2005 Fast-food restaurant <Lotteria> as a cashier
-Mar. 2005 ~ Aug. 2006 Family restaurant <VIPS> as a server
-Jun. 2007 ~ Jan. 2008 Coffee shop <Yedawon> as a server
-Feb. 2008 ~ Jun. 2008 Oriental clinic <Kyeonghee> as an assistant

Others

-July. 7, 2006 Driver's License
-June. 22, 2007 Test of Russian as Foreign Language at the First Level Certificate (TORFL)

사진	*Хё-ри Ли*

Адрес : Джонгнынг 4-донг, Сонгбук-гу
г. Сеул, Южная Корея
Телефон : +82-2-10-0000-0000
E-mail : aaaa@aaa.aaa
Дата рождения : 29 сентября 1987
Семейное положение : Не замужем
Предпологаемая позиция : Адмистратор отеля
Пол : Женский

Образование :

-Мар. 1993г. ~ Фев. 1998г. Начальная школа «Ко-рё»
-Мар. 1999г. ~ Фев. 2001г. Средняя школа «Ко-рё»
-Мар. 2002г. ~ Фев. 2005г. Старшая школа «Ко-рё»
-Мар. 2005г. ~ Фев. 2009г. Университет «Со-кёнг», факультет европейских языков
-Сен. 2006г. ~ Июн. 2007г. Тихоокеанский Государственный Университет, факультет РКИ

Владение иностранными языками :

-Английским (читаю, понимаю)
-Русским (читаю, говорю, понимаю свободно)
-Китайским (говорю, понимаю)

Опыт работы :

-Мар. 2002г. ~ Фев. 2005г. Ресторан «Lotteria», кассиром
-Мар. 2005г. ~ Авг. 2006г. Ресторан «VIPS», официанткой
-Июн. 2007г. ~ Янв. 2008г. Кафе «Едавон», кассиром и официанткой
-Фев. 2008г. ~ Июн. 2008г. Поликлиника «Гёнг-хи», медсестрой

Дополнительно :

-7 июля 2006г. Водительские права
-22 июня 2007г. Сертификат TORFL №1

실습문제 3 <러시아어 자기소개서 작성하기>

자기 소개서를 러시아어로 작성하시기 바랍니다. 자기소개서는 **автобиогра́фия**라고 합니다. 이력서(Резюме́)와 마찬가지로 자기소개서도 여러분이 희망하는 직장의 인사담당자가 읽고 여러분을 채용할 수 있도록 자기를 소개하는 글입니다. 이력서와의 차이점은 문장을 에세이 형식으로 기술한다는 점입니다. 문장 형식으로 기술하기 때문에 좀 더 자세하게 여러분의 장점을 기술할 수 있습니다. 여러분의 이력이나 경력, 경험 등을 향후 근무하게 될 직위(Target)와 관련시켜 기술하여야 합니다. 핵심 Point는 수신인인 인사담당자가 매력적이라고 느낄 수 있는 내용을 직무와 연관시켜 적을 수 있어야 한다는 점입니다. 직무와 관련된 자신의 성장배경에서의 강점뿐만 아니라 약점에 대해서도 적고 그것을 어떻게 극복할 수 있었는지 기술하는 것도 어필할 수 있는 소개서라고 할 수 있습니다. 자기소개서의 특별한 형식은 없지만 일반적으로 성장배경, 학력, 경력, 자격, 경험, 자신의 특성 등을 기술하여 소개하는 것이 좋습니다.

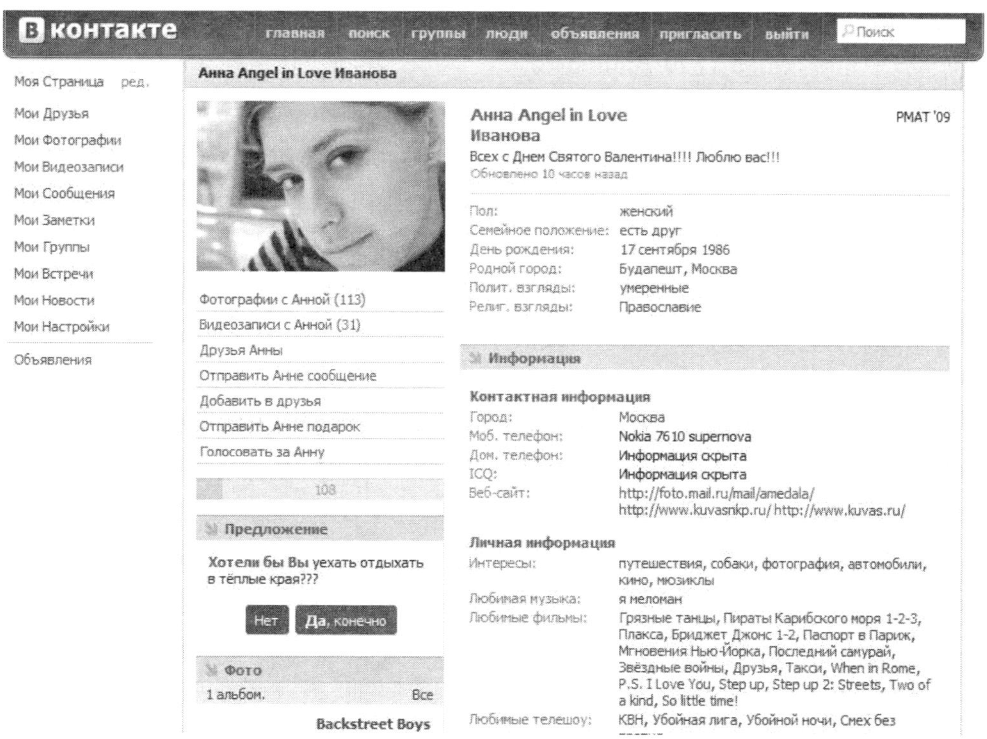

자기소개서(автобиогрфия)의 예

Хё-ри Ли

Я, Ли Хёри, родилась 29 сентября 1987 года в Сеуле. Я происхожу из семьи служащих, не замужем. Не военнообязанная. У меня в семье 5 человек: родители, две сестры и я. Мы очень дружные. Мои сёстры очень маленькие, поэтому с детства я нянчила и заботилась о моих сестрёнках, помогая моим родителям. благодаря этому я узнала чувство ответственности и как общаться с детьми.

Я студентка Со-гёнгского университета. Моя специальность — Русский язык. Я изучала основные знания русского языка. И я посещала лекции по китайскому языку, поэтому я говорю по-русски, по-китайски, и по-английски. Я думаю, что это будет полезно для работы администратора.

В 2006 году я была в России по программе обмена студентов между университетами. Во время моего прибывания в России я получила хороший урок по общению с иностранцами.

У меня оптимистический характер, и я считаю себя человеком, который легко общается с людьми, поэтому у меня много иностранных друзей. Работа с возможностью часто встречать иностранцев и помогать им является моим идеалом.

У меня большой опыт работы. Я работала в ресторане, в кафе, в поликлинике. Поэтому я понимала как обращаться с разными клиентами и что такое «Сервис».

Я научилась быть аккуратной в исполнении разносторонних задач, найти подход к трудным клиентам, успокоить их, сохраняя при этом выдержку. Я думаю, что это важно для администратора.

Моей мечте соответствует работа, которую вы предлагаете. Вам необходимы люди как я, с разнообразным опытом работы в сервисе для наших клиентов.

Lee Hyori

My name is Hyori Lee. I was born in Seoul on 26 June, 1986. There are five in my family: my parents, two younger sisters, and me. We are a very closely-knitted family. My sisters are many years younger than me, so from elementary school, I have taken care of them. Through that experience, I learned to be responsible with my duties.

Currently I am studying at Seokyeong University, majoring in Russian Language. There I learned to fluently communicate in Russian. I also studied Chinese as an elective subject, so I can speak three foreign languages: English, Russian, and Chinese. I think my language abilities will be helpful to work for your company.

In 2006, I studied in Russia as an exchange student for a year. From my studies abroad, I not only learned Russian, but the culture and history of different peoples. I am very positive and enthusiastic, and I am always eager to learn something new every day. I have a very good communication and interpersonal skills, and I can easily associate with strangers and foreigners.

My ideal career goal is to travel around the world as a flight attendant, meeting and serving people from different cultures and stories. I have experience in service area for some years. I worked for restaurants, coffee shops, bakeries and an oriental clinic. I learned to serve various customers coming from different backgrounds and social levels. I also learned to be diligent, do multi-tasking, soothing unhappy customers while keeping a calm posture. I think my experiences and attitudes toward work will be very helpful for a career in flight attendance and service. You need people like me, an experienced, enthusiastic, and service-minded traveler ready to work.

이효리

제 이름은 이효리입니다. 1986년 6월 26일에 서울에서 태어났습니다. 제 가족은 아버지, 어머니, 두 여동생과 저 이렇게 모두 다섯 명입니다. 저희 가족은 아주 화목합니다. 제 동생들은 저와 나이 차이가 많이 나는 편이라서 저는 초등학교 때부터 부모님을 도와 동생들을 보살펴 왔습니다. 그 결과 책임감을 배울 수 있었고, 아이들과 소통하며 잘 돌보는 방법을 알 수 있었습니다.

저는 현재 서경대학교에서 러시아어를 전공하고 있습니다. 러시아어 회화와 작문의 전반적인 이론을 배웠습니다. 또한 선택과목으로 중국어 수업을 들었습니다. 그래서 저는 러시아어와 영어 그리고 중국어를 구사할 수 있습니다. 이러한 저의 능력은 귀사에서 일하는 데에 많은 도움이 될 것이라고 확신합니다.

2006년에는 교환학생으로 러시아에서 1년 동안 어학연수를 했습니다. 이 경험을 통해 러시아어뿐만 아니라 어떠한 문화적인 차이에도 대처할 수 있는 국제적인 마인드를 배웠습니다. 또한 저의 낙천적이고 사교적인 성격으로 많은 외국인과 쉽게 친해질 수 있었습니다. 외국인을 만날 기회가 많고 또 그들을 도울 수 있는 직업은 제가 오랫동안 꿈 꿔오던 것입니다.

또한 저는 서비스 분야에 많은 경험이 있습니다. 패스트푸드점, 패밀리 레스토랑, 커피숍, 베이커리, 한의원 등에서 경험을 쌓으면서 다양한 고객들을 대하는 방법과 서비스 마인드를 배울 수 있었습니다. 또한 그러한 경험을 통해 성실함과 여러 업무를 수행하는 방법, 화가 난 고객을 진정시키는 방법 등을 배웠습니다. 이러한 경험은 고객을 응대하는 이 직업에 아주 중요한 요소라고 생각합니다.

제가 꿈꾸고 있는 직업은 제가 지원하고 있는 바로 이 직업과 완벽하게 일치합니다. 귀사에 저와 같이 다양한 서비스 경험이 있는 사람이 필요하다고 생각합니다.

<대학원 진학용>

Джи-хэ Ли

«Я боюсь, что Вам осталось жить только 2 месяца, госпожа Ли» - безразлично заявил доктор. На моем втором дне рождения в Америке у моей host-mother был диагностирован рак желудка. Мне только что исполнилось шестнадцать. Я уже заботилась о ее теще, которая страдала от Болезни Паркинсона. Каждый день я ухаживала за госпожой И: переодевала, давала лекарства, измеряла температуру и давление. Много раз я не ложилась спать всю ночь напролет с умирающим пациентом. Самым тяжелым в этом периоде моей жизни был не физический труд, а, главным образом, умственное напряжение, через которое мне пришлось пройти, например, ложные обвинения пациента, который страдал бредом и галлюцинациями из-за большой дозы морфия. Борьба, наконец, закончилась, когда она умерла после приблизительно четырех месяцев страданий, которые тянулись вечность.
Как ни странно, этот опыт вызвал у меня интерес к здоровью и профилактике болезней. В течение времени, когда я заботилась о госпоже И, я старалась готовить лучшую и самую здоровую пищу для ее семьи и читала литературу по физиологии, анатомии, фармакологии, иммунологии, медицинской ботанике, патологии и психологии пациентов. Чем больше я читала и исследовала, тем более я приходила к убеждению, что хотела бы работать в медицинской области, лечить и предотвращать болезни, уменьшать физическую и умственную боль, и не лечить пациентов с безразличием.

Понимая, что лечение зубов - многогранная область, я попыталась сделать путешествие различным, насколько это возможно, подготовившись к учебене-посредственно через академический и личный опыты. С 6 лет я изучала искусство. Моя мать была преподавателем рисования, поэтому закономерно, что я получала много художественных призов. Структура и функция человеческого тела, так же как искусство его визуального и трёхмерного изображения всегда очаровывали меня. В то время как другие студенты рисовали пейзажи или натюрморт для художественных конкурсов, я рисовала различные лица кадетов Корейского военного училища, где мой отец обучался в течение своих университетских лет. Когда мой дедушка, DDS из Кореи, познакомил меня со своей профессий, я могла вообразить, как я буду использовать свои артистические навыки в области. На начальных курсах я выбрала зубной класс, который учил доктор Conklin. Он преподавал нам от А до Я лечение зубов: от 'бизнеса лечения зубов', до 'коронирования и пломбирования.' В последний день занятий мы пошли в его клинику и практиковались в зубной лаборатории. Я была столь очарована лечением зубов, что захотела продолжить изучать эту область. Доктор Conklin вдохновил меня воображать невероятное и мечтать о невозможном, он предоставил практический опыт по исследованию мира лечения зубов.

В колледже я пыталась уравновесить свое образование в различных областях исследований, от истории, английского языка, коммуникации до науки. Мне особенно нравится, что совместно с карьерой в лечении зубов я могу продолжить изучать науку. Так как зубное образование близко связано с практическими исследованиями, которые улучшают человеческие жизни, я стремлюсь продолжить изучать и внести вклад в эту профессию. В течение жизни я бросала сама себе вызов, чобы быть лучше и стать более полезным человеком. Я полагаю, что зубное образование удовлетворит мою жажду и страсть к изучению новых вещей и саморазвитию.

Как зубное образование может поспособствовать моим личным и профессиональным целям? Получив степень дантиста, я хочу стимулировать себя в максимально возможной степени для разнообразных целей. Десять лет спустя, я могу представить себя как хирург по ротовой полости, работающий в собственной клинике.

Так как я полна энтузиазма и очень общительный человек, моя клиника будет центром сообщества. На выходных я открою свою 'свободную клинику' для бедных.В моей занятой жизни я могу представить себя каждое третье воскресенье как приглашенный лектор семинаров по здравоохранению, посвященных здоровью зубов и профилактике. В течение двух самых жарких летних месяцев я буду работать специалистом для Мирного Фонда Больницы, межкульту-рной и многонациональной неправительственной организации, основанной доктором Хан-кук Нам, DDS из Калифорнии. Я буду работать представительницей для фондов и проводить хирургические операции для

Северных Корейцев и монголов. Я могу также вообразить себя организующей учебный фонд для неимущих международных студентов. Я не хочу быть просто Джи-хэ Ли, DDS. Я хочу быть учеником. Педагогом. Спикером. Специалистом. Организатором. Лидером. Мечтателем. Вдохновителем. Я хочу быть, я буду. Я стремлюсь быть, и я буду.

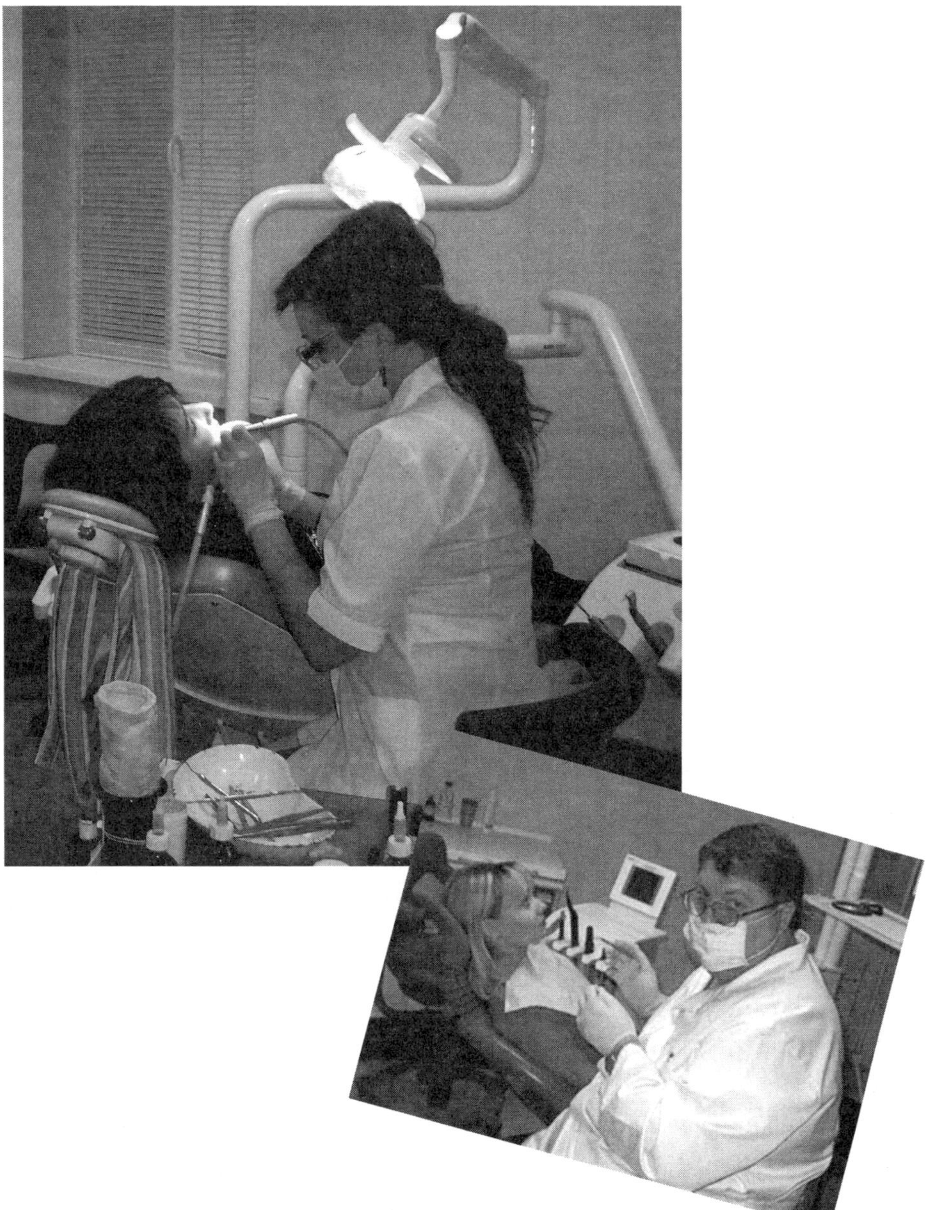

Jihye Lee

"I am afraid you only have two months to live, Mrs. Lee," the doctor declared indifferently. On my second birthday in America, my host-mother was diagnosed with stomach cancer. I had just turned sixteen. I had already been taking care of her mother-in-law who was suffering from Parkinson's disease. Everyday, I attended to Mrs. Lee: changing her dressings, giving her medicine, measuring her body temperature, and taking her blood pressure. Many times, I stayed up all night long with the patient. The hardest part was not the physical labor; it was the mental stress, such as being accused by Mrs. Lee who was delusional and hallucinating from morphine.

The struggle finally ended when she died after suffering for about four months, which felt like an eternity. Ironically, the whole experience made me interested in health and the prevention of disease. During the time I cared for Mrs. Lee, I tried to cook the best and healthiest food possible for her family and read literature on physiology, anatomy, pharmacology, immunology, medical botany, pathology as well as the patient psychology. The more I read and researched, the more I was convinced that I wanted to work in the medical field, to cure and prevent diseases, to relieve physical and mental pain, and not treat patients with indifference.

Understanding that dentistry is a diverse field, I have tried to make my journey as varied as possible, preparing myself through academic and personal experiences for advanced studies. Ever since I was 6, I have studied art. Born to an artist-teacher mother, it was not unusual that I received a number of art prizes. The structure and function of the human body as well as the art of drawing it visually and three-dimensionally always fascinated me. While other students would draw landscapes or still lifes for an art competition, I would draw the different faces of the cadets from the Korean Military Academy, where my father trained during his collegiate years. When my grandfather, a DDS from Korea, introduced me to his profession, I could imagine how I would use my artistic skills in the field. In my sophomore year, I took a dental aptitude class taught by Dr. Conklin. He taught us the A to Z of dentistry: from the 'business of dentistry' to 'top crowning and sealing.' On the last day of the class, we went to his clinic and had a hands-on experience in a dental laboratory. I was so fascinated by dentistry that I wanted to pursue it more. Dr. Conklin inspired me to imagine the unthinkable and dream the impossible, and he provided practical measures to explore the world of dentistry.

In college, I have tried to balance my education with various fields of study, from history, English, and communication, to science. I am especially excited that I can continue to study science while pursuing a career in dentistry. Since dental education is closely related to practical studies that are used to improve human lives, I am eager to continue to learn and make a contribution in this profession. Throughout my life, I have been striving hard to challenge myself to be a more useful and better person. I believe dental education will satisfy my thirst and passion to learn new things and develop myself.

How can a dental education contribute to my personal and professional goals? By pursuing a dental degree, I want to stimulate myself as much as possible for diverse goals and purposes. Ten years from now, I can imagine myself as an oral surgeon, working in my own clinic. Since I am a very enthusiastic, social person, my clinic will be the center of the community. During weekends, I will open my 'free clinic,' for the poor. In my busy life, I can also picture myself devoting every third Sunday as a guest speaker for public health seminars, specifically focused on oral health. For the two hottest summer months, I will work as an oral specialist for the Peace Hospital Foundation, an intercultural and multinational NGO, founded by Dr. Hankuk Nam, a DDS from California. I will work as a spokesperson for the foundation, as well as providing oral surgeries for North Koreans and Mongolians. I can also imagine myself organizing a scholarship foundation for underprivileged international students. I do not merely want to be Jihye Lee, DDS. I want to be an educator. A speaker. A specialist. An organizer. A leader. A dreamer. A pursuer. A challenger. An inspirer. I want to be, I shall be. I strive to be, and I will be.

이지혜

“유감스럽지만 두 달 밖에 못 사실 것 같습니다.” 의사는 무정하게 선고했다. 내가 집을 떠나 객지에서 맞이한 두 번째 생일날 공부하기 위해 머물던 집의 호스트 아주머니가 위암을 선고 받은 것이었다. 그때 내 나이 16살이었다. 나는 그 전부터 파킨슨병을 앓고 있는 호스트 아주머니의 시어머니를 간호하고 있던 터였다. 나는 매일 같이 호스트 아주머니의 거즈를 갈고, 약을 먹이고, 체온과 혈압을 재며 시중을 들었다. 죽어가는 환자이었던 호스트 아주머니와 함께 밤을 새우는 일도 허다했다. 이 암울했던 시기에 내게 가장 힘겨웠던 것은 단순히 육체적 어려움뿐만이 아니었다. 모르핀 과다복용으로 망각과 환각 상태에 빠진 아주머니가 걸핏하면 퍼붓는 말기 암 환자의 비난과 원망을 받으면서 생겨난 죄책감과 정신적 스트레스가 나를 더욱 지치게 만들었다.

영원할 것 만 같았던 투쟁은 4개월 후 아프시던 아주머니가 돌아가시면서 끝이 났다. 기이한 사실은 내가 이 경험을 통해 건강과 질병 예방에 관해 큰 관심을 가지게 되었다는 것이다. 말기 암 아주머니를 간호하면서 나는 그 가족을 위해서 가장 건강한 음식을 만들려고 했었고, 생리학, 해부학, 약리학, 면역학, 의료 식물학, 병리학, 그리고 환자심리에 대한 서적들을 섭렵하게 되었다. 더 알면 알수록 질병 예방과 치료, 육체와 정신적 고통의 경감, 그리고 환자에 대한 관심을 실천하고자 의료 분야에 종사하고 싶다는 바람이 생겼다.

치의학에는 다양한 분야가 있음을 알고 치의학 전문 과정을 위한 나의 진로 방향을 구축하기 위해 학문적 경험은 물론 개인적 경험을 다져왔다. 화가이자 교사인 어머니 밑에서 자라며 6살 때부터 미술을 시작했던 나는 미술대회에 나가 여러 차례 상을 탔었다. 인체의 구조와 기능은 물론 입체감을 살려 데생하는 기술은 언제나 나를 매료시켜왔다. 아버지가 근무하셨던 사관학교에서 주최한 사생대회에 참가했을 때 나는 대다수의 학생들처럼 풍경이나 사물에 초점을 맞추기 보다는 행진하는 생도들의 표정을 묘사했던 적이 있다. 한국에서 치과의사를 하시는 나의 작은 할아버지가 치과의사 직업에 대해 소개해 주셨을 때 나는 어떻게 내가 가진 미술 감각을 이 분야에서 살릴 수 있을까 상상해 보았다. 학부 2년차에 콘클린 교수님의 치과 적성학 강의를 수강하게 됐다. 교수님은 치과병원 경영에서부터 치관과 봉인에 이르기까지 치의학에 관한 알파와 오메가를 모두 가르쳐주셨다. 종강을 하던 날 우리는 모두 그의 병원을 방문해 치과 작업실에서의 현장을 직접 경험했고, 나는 이 분야에 대해 더욱 매력을 느끼게 되었다. 콘클린 교수님은 내가 생각할 수 없었던 것들을 상상하게 하셨고 불가능에 도전하는 꿈을 심어 주셨다. 또한 이 분야를

실질적으로 탐구할 수 있도록 길을 열어 주셨다.

나는 학부 시절 보다 균형 잡힌 교육을 받기 위해 생물과 화학은 물론 역사, 영어와 통신에 이르는 다양한 학문을 접했다. 이러한 학문적 토대를 바탕으로 향후 대학원 과정에서 나의 직업 학문으로서 과학 분야 과목을 계속해서 공부할 수 있다는 사실이 더할 나위 없이 기쁘다. 치과 교육이 인간의 삶을 개선하는 실용 학문과 밀접한 관련을 가지고 있으므로 나는 이것들을 열심히 배워 이 분야에 공헌할 수 있기를 소망한다. 나는 지금까지 나 자신에게 도전을 주며 더 나은, 더욱 쓸모 있는 사람이 되도록 노력해왔다. 치과 교육이야 말로 배움과 발전을 향한 나의 갈증과 열정을 만족시켜 주리라 확신한다.

치과 교육이 어떻게 나의 개인과 직업적 목표를 달성시켜줄 것인가? 나는 이 학문을 통해 여러 가지 목적을 달성하도록 자극을 받을 것이다. 지금으로부터 10년 후에 나는 개인 병원에서 치과의사로서 일하고 있는 나 자신을 상상할 수 있다. 활발하고 사교적인 성격을 지닌 나의 병원은 지역사회의 중심이 될 것이다. 주말에는 무료 병원을 열어 가난한 사람을 돕겠다. 바쁜 일상 가운데 나는 셋째 일요일 마다 공중위생 세미나 초청 연설자로 구강 위생과 예방의 보급을 위해 힘쓸 것이다. 여름 중 가장 무더운 두 달 동안에는 남한국 박사가 설립한 이중문화와 다국적 NGO인 평화의료재단에서 구강 전문의로 활동할 것이다. 나는 재단의 대변인으로 활동할 것이며 북한과 몽골에 도움이 필요한 이들에게 구강 진료를 제공할 것이다. 나는 또한 장학 재단을 조직해 불우한 국제 학생들을 도울 계획을 가지고 있다. 나는 단순히 치과의사인 이지혜로 남기보다 학습자로서, 대변인으로서, 전문의로서, 연구자로서, 리더로서, 꿈이 있는, 또 그것에 도전하고 추구하는 사람으로서, 감동으로서 남고 싶다. 나는 그렇게 되기를 소망하며 최선을 다해 꼭 이룰 것이다.

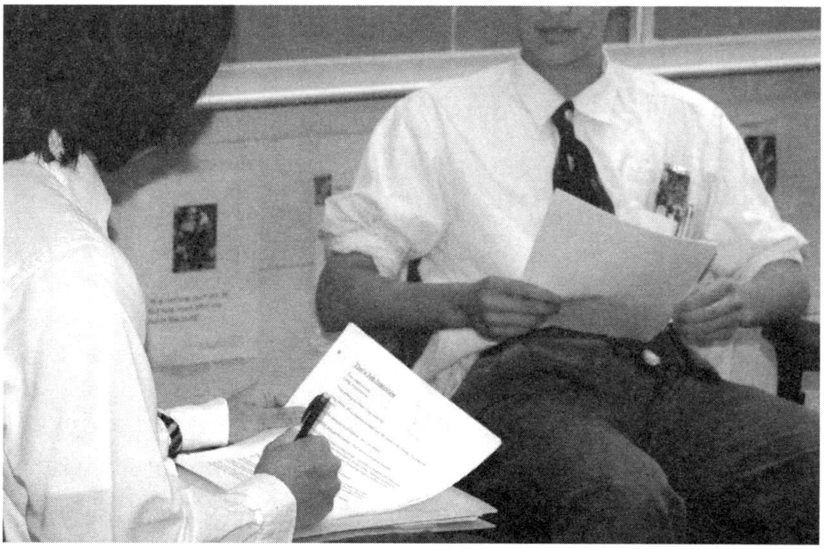

[재미있게 읽어보는 문법이야기1]

러시아 이름은 길고 복잡하다?!
— 이름 + 부칭 + 성

우리에게 잘 알려진 러시아인들은 누가 있나요? 차이콥스키, 푸시킨에서 최근 들어 스포츠계에서 활약을 보이는 테니스 여왕 샤라포바, 종합격투기의 표도르는 모두 러시아 사람입니다.

흔히들 러시아 이름은 ~스키, ~비치 등 매우 길고 발음이 어렵다고들 말합니다. 실제로 러시아 이름은 우리의 이름과 많이 구별됩니다. 우리 이름은 여러분이 잘 아시듯이 대개 한 음절의 성과 두 음절의 이름으로 구성됩니다. 반면 러시아 이름은 다음절로 구성된 성과 이름 외에도 부칭이라는 것이 있습니다.

이름 (и́мя)

이름은 우리말의 이름 그대로입니다. 다만 우리말에서는 '이름이 뭐예요?'라는 질문에 '김지훈입니다'라고 성을 포함해서 말하기도 하지만 러시아어에서의 이름은 성을 포함하지 않습니다. 러시아어의 이름은 특히 애칭이 발달하였습니다. 보통 남자 이름은 자음으로 끝나고, 여자 이름은 모음으로 끝나지만 애칭은 남녀 구별 없이 거의 모음으로 끝납니다. Са́ша와 같은 애칭은 남자 Алекса́ндр와 여자 Алекса́ндра 모두에 쓰일 수 있는 애칭입니다.

하나의 이름에도 부르는 사람과의 관계나 기분에 따라 여러 애칭이 사용됩니다. 남자 Гео́ргий와 여자 Екатери́на의 애칭을 살펴보면 자주 쓰이는 애칭만도 대여섯 가지가 넘습니다.

게오르기 : Га́га, Го́ря, Го́ша, Гу́ня, Жо́ра, Жу́ра, Ю́ра
에카테리나 : Ка́тя, Катю́ша, Ка́тенька, Ки́тти, Ке́тти

부칭 (о́тчество)

우리말에 없는 특이한 부분입니다. 러시아어는 이름과 성 사이에 부칭을 두고 이것을 모두 함께 말하는 경우가 full name이 됩니다. 보통은 이름만 부르지만 이름과 부칭을 함께 부르는 경우는 존칭이 됩니다. 따라서 우리말의 '~씨', 영어의 Mr.에 해당하는 말을 굳이 사용하지 않더라도 이름과 부칭만으로 충분히 공식적인 호칭으로 쓸 수 있습니다.

부칭은 아버지의 이름을 통해 얻어집니다. 예를 들어, 아버지 이름이 Михаи́л인 경우, 딸은 여기에 여성 접미사 -овна, 아들인 경우는 남성 접미사 -ович를 붙입니다. 즉 Миха́йловна, Миха́йлович가 되는 거지요.

만약 러시아의 부칭을 우리 이름 표현에 그대로 적용해 만들어 본다면, 예컨대, 지훈이 아버지 성함이 '김태원'이라면 지훈의 부칭은 '태워노비치(Тэвон-ович)', 지훈 누이의 부칭은 '태워노브나(Тэвон-овна)'가 되겠지요. 무척 재미있고 만드는 법도 비교적 간단하지요? 부칭은 뿌리를 중시하는 우리 유교 문화와 많이 닮은 듯합니다. 어쨌든 이런 부칭의 존재도 러시아 이름이 매우 길고 복잡하게 만드는데 일조하고 있습니다.

성 (фами́лия)

러시아 성은 우리의 성과 마찬가지로 가문, 집안의 이름입니다. 성(фами́лия)도 부칭이나 이름에서처럼 성을 일치시키는 것이 일반적입니다. 예를 들어, Ивано́в의 경우, 여자는 Ивано́ва입니다.

러시아에서는 일반적으로 결혼 전에는 아버지의 성을 따르지만 결혼 후에는 남편의 성을 따릅니다. 결혼 후에도 여전히 자신의 성을 유지하는 우리나라와는 구별되지요.

일상에서 '이름 + 부칭'이 존칭의 호칭으로 사용되지만, '이름 + 성'은 보다 공식적인 자리나 공식 문서에서 사용됩니다. 특히 공문서에서는 '이름 + 부칭 + 성' 혹은 '이름 + 성'이 사용됩니다.

[흥미진진 러시아1]

테니스 여왕 샤라포바 이야기
Биография Марии Шараповой

Мария Шарапова - теннисистка. Она родилась 19 апреля 1987 года в городе Нягань Тюменской области. Наиболее известна как семнадцатилетняя победительница Уимблдона 2004 года.

В биографии Марии Шараповой увлечение теннисом проявилось уже в 4.5 года. Не только сильной, но и привлекательной спортсменке было всего 17 лет, когда она завоевала очень престижный титул победителя Уимблдона. Мария занялась профессиональным спортом в 2001 году, в возрасте 14 лет. Когда ей было 9, она вместе с отцом переехала из России во Флориду, где смогла обучаться теннису в академии Ника Боллетьери.

Мария иногда бралась за модельную карьеру, её часто сравнивали с Анной Курниковой. Британская газета “The Guardian” назвала Шарапову спортсменкой с многообещающим будущим.

Рост Марии составляет 188 см. В свободное время Мария увлекается чтением книг, любимыми из которых являются “Шерлок Холмс” и “Пеппи длинный чулок”.

ТЕ́МА1 ДАВА́ЙТЕ ПОЗНАКО́МИМСЯ.

А́нна : Здра́вствуйте!

Хун : Здра́вствуйте!

А́нна : Дава́йте познако́мимся.

Хун : Дава́йте.

А́нна : Меня́ зову́т А́нна. А вас?

Хун : Меня́ зову́т Хун. Отку́да вы прие́хали?

А́нна : Я прие́хала из Росси́и, из го́рода Хаба́ровск.

Хун : Вы прие́хали учи́ться?

А́нна : Да. Я прие́хала по обме́ну. Вы здесь у́читесь?

Хун : Да. Я учу́сь в университе́те Со-кёнг. На тре́тьем ку́рсе.

А́нна : А на како́м факульте́те?

Хун : На филологи́ческом факульте́те. Специа́льность – ру́сский язы́к.

А́нна : А! Поэ́тому вы так хорошо́ говори́те по-ру́сски!

Хун : Спаси́бо. Но пока́ ещё не о́чень хорошо́.

А́нна : Нет. Мне ка́жется, вы о́чень хорошо́ говори́те по-ру́сски. А я совсе́м не говорю́ по-коре́йски.

Хун : Ничего́ стра́шного, ско́ро нау́читесь. Вы пе́рвый раз прие́хали в Коре́ю?

А́нна : Да. Поэ́тому я здесь ничего́ не зна́ю. Вы смо́жете помо́чь мне?

Хун : Коне́чно. Е́сли что́-то ну́жно – обраща́йтесь. Я сде́лаю всё, что смогу́.

А́нна : Большо́е спаси́бо.

Хун : Пожа́луйста.

ТЕ́МА 2

ПОГО́ДА

단원목표

① 러시아에 맑은 날이 많은지 질문하는 표현을 할 수 있나요?

② 지금 산책을 가자고 친구에게 말하는 표현을 할 수 있나요?

③ 친구에게 말을 놓자고 말하는 표현을 할 수 있나요?

④ 어디로 갈 거냐고 질문하는 표현을 할 수 있나요?

⑤ 오늘 산책하기 좋은 날씨라고 말하는 표현을 할 수 있나요?

⑥ 내일 일기예보에 대해서 알고 있는지 질문하는 표현을 할 수 있나요?

⑦ 내일 날씨가 안 좋을 것이라고 이야기하는 표현을 할 수 있나요?

⑧ 한국에서 기온이 내려가고 눈이 올 가능성이 있다고 대답할 수 있나요?

⑨ 눈이 내리는지 질문하는 표현을 할 수 있나요?

⑩ 어미를 보고 명사의 성을 구분할 수 있나요?

학습방법

① 본문을 읽고 들어 본다.

② 친구와 함께 대화연습의 질문과 대답을 실습해 본다.

③ 사전을 이용해서 〈러시아 날씨〉를 읽어 보고 가장 인상적인 부분에 대해 이야기를 나눠 본다.

대화 4. 좋은 날씨예요! Отли́чная пого́да!

А́нна : Здра́вствуйте! Сего́дня замеча́тельная пого́да.
Хун : Здра́вствуйте! Да, пого́да отли́чная.
А́нна : В Росси́и о́чень ре́дко быва́ет така́я со́лнечная пого́да.
Хун : Тогда́ дава́йте погуля́ем?

А́нна : Дава́йте. Хун, мы с ва́ми студе́нты. Дава́йте на ты.
Хун : Почему́ нет? Хорошо́.
А́нна : Отли́чно. Куда́ мы пойдём?
Хун : Ря́дом с университе́том Со-кёнг нахо́дится гора́ Пук-ха́н. Там о́чень краси́во.
А́нна : Дава́й погуля́ем там.

안녕하세요! 오늘 날씨가 아주 좋네요.
안녕하세요! 그래요, 날씨가 참 좋네요.
러시아에서는 이렇게 맑은 날이 드물어요.
그럼 함께 산책할까요?
그래요. 훈씨 우린 같은 학생인데 말 놓고 지내요.
왜 안되겠어요? 좋아요. 그래요.
잘 되었네요. 그러면 어디로 산책하러 갈까?
서경대 옆에 북한산이 있어.
거기는 매우 아름다워.
거기에서 산책하자.

замеча́тельная	замеча́тельный (여성) : 훌륭한
пого́да	날씨 (여성)
отли́чная	뛰어난, 멋진 (여성)
ре́дко	드물게 (부사)
быва́ет	быва́ть의 3인칭 단수: 있곤 하다
така́я	그런 (여성)
со́лнечная	맑은 (여성)
погуля́ем	погуля́ть의 1인칭 복수 : 산책하다 (완)
дава́йте	давать의 명령형 : ~합시다. дава́йте + погуля́ем : 산책 합시다
с ва́ми	с + вы 조격: 당신과 함께
почему́	왜, 어째서
пойдём	пойти́ 1인칭 복수: 가다 (완)
ря́дом с университе́том	ря́дом с + университе́т (남성) 조격: 대학교 옆에, 근처에
нахо́дится	находи́ться 3인칭 단수 : 위치하다, 있다
гора́	산 (여성)
краси́во	아름답다 (부사)

[문법문형 이야기]

6. Отли́чная пого́да! 근사한 날씨예요!

Отли́чная	пого́да	!
근사한(여성)	날씨(여성)	

Холо́дный	кли́мат	.
추운(남성)	기후(남성)	

러시아어에는 모든 명사에 문법적 성이 있어서 형용사나 소유대명사 등이 명사와 결합하는 경우 성을 맞춰서 사용해야 합니다.

Сего́дня	хоро́шая со́лнечная па́смурная о́блачная дождли́вая сне́жная (여성형용사)	пого́да.	오늘은	좋은 맑은 흐린 구름 낀 비오는 눈오는	날씨다.
У нас	холо́дный уме́ренный сухо́й вла́жный (남성형용사)	кли́мат.	우리는	한랭한 온난한 건조한 습한	기후다.

7. Дава́йте! 해보자!

Дава́йте	погуля́ем	!
해보다	산책하다 (완)	

'дава́йте + 동사 완료상 1인칭 복수'가 사용되면 '~합시다'라는 청유형 문장이 됩니다.

Дава́йте	погуля́ем!	산책합시다!
	пойдём!	갑시다!
	посмо́трим!	봅시다!
	почита́ем!	읽어 봅시다!

Дава́йте	(бу́дем) гуля́ть	!
해보다	산책하다	

'дава́йте + бу́дем + 동사 불완료상 부정형'을 사용하여 '~합시다'라는 청유형 문장을 만들기도 합니다. 어떤 구문유형을 사용하느냐에 따라 상의 의미 차이를 갖습니다. 완료상 1인칭 복수의 경우는 '지금 합시다'로 구체적인 미래의 행위를 의미하기에 대화에서는 거의 이 형태가 사용됩니다. 반면, 'бу́дем + 동사 불완료상 부정형'은 미래에 일어날 일반적인 행동을 의미하게 됩니다. 이때 бу́дем은 생략 가능합니다.

러시아 구인광고 사이트 제목 : Дава́йте рабо́тать вме́сте! 함께 일해 봅시다!

※ 상에 대해서는 〈재미있게 읽어 보는 문법이야기 10〉을 참고하세요.

[Дава́йте поговори́м! 4]

1. 본문을 읽고 옆 친구와 함께 다음의 질문과 대답을 주고 받아보세요.

1) Кака́я сего́дня пого́да?
예 Сего́дня замеча́тельная пого́да.
2) В Росси́и ча́сто быва́ет така́я отли́чная пого́да?
예 Нет, в Росси́и о́чень ре́дко быва́ет така́я пого́да.
3) Что лу́чше всего́ де́лать в таку́ю пого́ду?
예 В таку́ю пого́ду лу́чше всего́ гуля́ть.
4) Мы разгова́риваем друг с дру́гом на ты и́ли на вы?
예 Мы разгова́риваем друг с дру́гом на вы.
5) Дава́йте на ты.
예 Дава́йте.
6) Куда́ мы пойдём гуля́ть?
예 Мы пойдём гуля́ть на го́ру Пук-ха́н.
7) Где нахо́дится гора́ Пук-ха́н?
예 Она́ нахо́дится ря́дом с университе́том Со-кёнг.
8) На горе́ Пук-ха́н краси́во?
예 Да, там о́чень краси́во.

2. 옆 친구에게 다음 질문을 해 보세요. 번갈아 친구의 질문에 본인도 대답을 해보세요.

1) Сего́дня со́лнечная пого́да?
예 Нет, сего́дня па́смурная пого́да.
2) Каку́ю пого́ду ты лю́бишь?
예 Я люблю́ со́лнечную пого́ду.
3) А кака́я пого́да тебе́ нра́вится?
예 Мне нра́вится, когда́ идёт дождь.
4) Почему́ тебе́ нра́вится, когда́ идёт дождь?
예 Дождли́вая пого́да напомина́ет мне о Петербу́рге.
5) Почему́ дождли́вая пого́да напомина́ет тебе́ о Петербу́рге?
예 Потому́ что в Петербу́рге о́чень ча́сто идёт дождь.

6) Что ты обы́чно де́лаешь в дождли́вую пого́ду?

예 В дождли́вую пого́ду я люблю́ сиде́ть до́ма и смотре́ть в окно́.

7) Ты лю́бишь гуля́ть в дождли́вую пого́ду?

예 Нет, в дождли́вую пого́ду лу́чше сиде́ть до́ма.

3. 다음 한국어 대화를 옆 친구에게 읽어주고 러시아어로 통역하게 해 보세요. 번갈아 친구에게 읽게 하고 본인도 통역을 해보세요.

3-1

1) 오늘 날씨는 어떤가요?
- 오늘은 아주 좋은 날씨입니다.

2) 러시아에서는 이런 날씨가 자주 있나요?
- 러시아에서는 이런 날씨가 드물어요.

3) 이런 날씨에 무엇을 하는 것이 가장 좋습니까?
- 이런 날씨에는 산책하는 것이 가장 좋아요.

4) 우리는 서로에게 반말을 하나요, 아니면 존댓말을 하나요?
- 우리는 서로서로 존댓말을 합니다.

5) 말 놓고 지냅시다.
- 그러죠.

7) 우리 어디로 산책하러 갈까?
- 북한산으로 산책하러 가자.

8) 북한산이 어디에 있지?
- 북한산은 서경대학교 옆에 있어.

9) 북한산은 아름답니?
- 그래, 그곳은 아주 아름다워.

3-2

10) 오늘은 날씨가 맑니?
- 아니, 오늘은 날씨가 흐리다.

11) 너는 어떤 날씨가 좋니?
- 나는 맑은 날을 좋아해.

12) 그런데 너는 어떤 날씨가 마음에 드니?
- 나는 비올 때가 좋아.

13) 너는 왜 비 오는 것이 마음에 드니?
- 나는 비오는 날에는 페테르부르크가 생각나.

14) 왜 비오는 날은 페테르부르크가 생각나니?
- 왜냐하면 페테르부르크에서는 비가 자주 오기 때문이야.

15) 비오는 날에 보통 너는 무엇을 하니?
- 비오는 날에 나는 집에서 창밖을 보는 것을 좋아해.

16) 너는 비오는 날에 산책하는 것을 좋아하니?
- 아니, 비오는 날에는 집에 있는 것이 더 좋아.

대화5. 오늘은 비가 안 와요. Сего́дня нет дождя́.

Хун : Сла́ва Бо́гу, сего́дня нет дождя́.
А́нна : Да, и не́бо тако́е чи́стое.
Хун : Вчера́ была́ ужа́сная пого́да.
А́нна : Па́смурно, мра́чно.
Хун : И о́чень си́льный ве́тер.
А́нна : Зато́ сего́дня пого́да как раз для прогу́лки.

Хун : Ты лю́бишь гуля́ть?
А́нна : В таку́ю пого́ду – с удово́льствием. А ты?
Хун : Иногда́ люблю́, с друзья́ми.
А́нна : Хорошо́.

다행스럽게도 오늘 비가 안 오네.
그래, 하늘도 맑고.
어젠 날씨가 아주 나빴어.
흐리고, 어두웠어.
바람도 강하게 불었잖아.
대신에 오늘 날씨는 산책하기에 좋은 날씨네.
산책하는 거 좋아하니?
이런 날씨면 기꺼이 하지. 너는?
친구들과 함께 가끔 산책하는 것을 좋아해.
잘됐다.

Сла́ва Бо́гу	다행스럽게도
дождя́	дождь (남성) 생격 : 비
не́бо	하늘 (중성)
чи́стое	깨끗한 (중성)
вчера́	어제 (부사)
была́	быть 과거 여성 : 이다, 있다
ужа́сная	끔찍한 (여성)
лю́бишь	люби́ть 2인칭 단수 : 좋아하다
гуля́ть	산책하다
таку́ю	така́я (여성) 대격 : 이런, 그런
пого́ду	пого́да (여성) 대격 : 날씨
иногда́	가끔
люблю́	люби́ть 1인칭 단수 : 좋아하다
с друзья́ми	с + друзья́ 조격 : 친구들과 함께

[문법문형 이야기]

8. Сего́дня нет дождя́. 오늘은 비가 안 와.

Сего́дня	нет	дождя́	.
오늘은	없다	비(생격)	

Сего́дня нет { дождя́. / сне́га. }   오늘은 { 비가 / 눈이 } 안 와.

러시아어에서는 '없는 사람이나 물건'은 생격으로 표시합니다.

	주격		생격			어미변화
есть 있다	남성	дождь 비	нет 없다	남성	дождЯ́	дождь + а
		снег 눈			сне́гА	снег + а
	중성	о́блако 구름		중성	о́блакА	обла-ко + а
		со́лнце 태양			со́лнцА	солнц-е + а
	여성	луна́ 달		여성	лунЫ́	лун-а + ы
		ра́дуга 무지개			ра́дугИ	радуг-а + ы

9. с удово́льствием 기꺼이

동반을 뜻하는 전치사 с는 감정을 나타내는 어휘들과 함께 부사적으로 사용됩니다.

с удово́льствием 기꺼이
с удивле́нием 놀라서

사람과 함께 사용하면 '~와 함께'를 뜻합니다.

с друзья́ми 친구들과 함께
с роди́телями 부모님과 함께
с ва́ми 당신들과 함께
с тобо́й 너와 함께
со мно́й 나와 함께

10. 지시대명사와 지시형용사

	이 (그)	그, 저	이러한, 그러한, 저러한
남성	э́тот	тот	тако́й
여성	э́та	та	така́я
중성	э́то	то	тако́е
복수	э́ти	те	таки́е

우리말에서는 화자와의 물리적, 정서적 거리에 의거해서 '이, 그, 저'에 해당하는 지시어가 있습니다. 러시아어의 지시대명사는 가까운 위치를 가리키는 э́то와 다소 거리감이 있는 то로 구분하여 사용합니다. 지시형용사는 тако́й 한 가지 형태가 있습니다.

11. 빈도부사

всегда́	ча́сто	иногда́	ре́дко	никогда́
		поро́ю		
		вре́мя от вре́мени		
항상	자주	가끔	드물게	전혀

[Дава́йте поговори́м! 5]

1. 본문을 읽고 옆 친구와 함께 다음의 질문과 대답을 주고 받아보세요.

1) Сего́дня идёт дождь?
예 Нет, сего́дня нет дождя́.
2) Ты ра́да, что сего́дня нет дождя́?
예 Да, я ра́да, что сего́дня нет дождя́.
3) Сего́дня не́бо чи́стое?
예 Да, сего́дня не́бо чи́стое.
4) Кака́я пого́да была́ вчера́?
예 Вчера́ была́ ужа́сная пого́да.
5) Почему́ вчера́ была́ ужа́сная пого́да?
예 Потому́ что бы́ло па́смурно, мра́чно и дул о́чень си́льный ве́тер.
6) Ты лю́бишь гуля́ть?
예 Да, я люблю́ гуля́ть.

2. 옆 친구에게 다음 질문을 해 보세요. 번갈아 친구의 질문에 본인도 대답을 해보세요.

1) Как ты ду́маешь, сего́дня бу́дет дождь?
예 Я ду́маю, что сего́дня не бу́дет дождя́.
2) Каку́ю пого́ду лю́бит Све́та?
예 Она́ лю́бит со́лнечную пого́ду.
3) Кака́я пого́да была́ на про́шлой неде́ле?
예 На про́шлой неде́ле была́ тёплая пого́да.
4) Како́е вре́мя го́да бо́льше всего́ лю́бит Джи-хун?
예 Бо́льше всего́ он лю́бит о́сень.
5) Почему́ он лю́бит о́сень?
예 Потому́ что о́сенью о́чень краси́вая приро́да.
6) Обы́чно Ка́тя гуля́ет одна́ и́ли с друзья́ми?
예 Обы́чно она́ гуля́ет с друзья́ми.

рад 형용사 단어미 рад, ра́да 기쁘다; мра́чно 우울한; дуть, дул 바람이 불다; ве́тер 바람; о́сень 가을; приро́да 자연

3. 다음 한국어 대화를 옆 친구에게 읽어주고 러시아어로 통역하게 해 보세요. 번갈아 친구에게 읽게 하고 본인도 통역을 해보세요.

3-1

1) 오늘 비 오니?
- 아니, 오늘은 비가 안 와.
2) 오늘 비가 안 와서 기쁘니?
- 그래, 오늘 비가 안 와서 기뻐.
3) 오늘 하늘은 청명하니?
- 응, 오늘 하늘은 청명해.
4) 어제는 어떤 날씨였니?
- 어제는 아주 안 좋은 날씨였어.
5) 어제가 왜 아주 안 좋은 날씨였니?
- 왜냐하면 어제는 음산하고, 어둡고, 그리고 아주 강한 바람이 불었어.
6) 너 산책하는 것을 좋아하니?
- 그래, 난 산책하길 좋아해.

3-2

1) 오늘 비가 올 것 같니?
- 내 생각으로는 오늘 비가 안 올 것 같아.
2) 스베타는 어떤 날씨를 좋아하니?
- 그녀는 맑은 날을 좋아해.
3) 지난 주는 날씨가 어땠어?
- 지난 주는 따뜻한 날씨였어.
4) 지훈이는 일 년 중 어떤 계절을 가장 좋아하니?
- 그는 가을을 가장 좋아해.
5) 그는 왜 가을을 좋아하니?
- 왜냐하면 가을에 자연이 가장 아름답기 때문이야.
6) 보통 카탸는 혼자 산책 하니 아니면 친구들과 하니?
- 보통 그녀는 친구들과 산책을 해.

대화 6. 날씨가 어떻대? Какýю погóду обещáли?

Áнна : А ты знáешь, какáя зáвтра бýдет погóда?

Хун : Да, я смотрéл прогнóз погóды.

Áнна : Какýю погóду обещáли?

Хун : Погóда испóртится.

Áнна : Как?

Хун : Опя́ть бýдет си́льный вéтер.

Áнна : А температýра?

Хун : Температýра бýдет понижáться, возмóжно, дáже пойдёт снег.

Áнна : Ничегó себé! В Корéе бывáет снег?

Хун : Конéчно!

Áнна : Знáчит, прáвильно, что мы реши́ли погуля́ть и́менно сегóдня.

그런데 너 내일 날씨 알아?
응, 일기예보를 봤어.
날씨가 어떻대?
날씨가 나빠진대.
어떻게?
다시 강한 바람이 분대.
기온은?
기온은 내려가고, 눈 올 가능성도 있대.
맙소사! 한국에도 눈이 내리니?
물론이지!
바로 오늘 산책하기로 결정한 게 잘 한 거네.

смотрéл	смотрéть 과거 : 보다
прогнóз	일기예보 (남성)
обещáли	обещáть 과거 복수 : 전하다
испóртится	испóртиться 3인칭 단수 : 망치다, 나빠지다 (완)
бýдет	быть 3인칭 단수 : 이다
си́льный	강한 (남성)
вéтер	바람 (남성)
температýра	온도, 기온 (여성)
понижáться	내려가다, 하강하다
возмóжно	가능하다 (술어부사)
пойдёт	пойти́ 3인칭 단수 : 가다 (완)
прáвильно	옳다, 맞다 (부사)
реши́ли	реши́ть 과거 복수 : 결정하다 (완)
и́менно	바로
ничегó себé	맙소사!
бывáет	бывáть 3인칭 단수 : 있곤 하다

[문법문형 이야기]

12. Каку́ю пого́ду обеща́ли? 날씨가 어떻대?

Каку́ю пого́ду	обеща́ли	?
어떤 날씨를(대격)	전하다	

직역하면 '어떤 날씨를 전달했나요?'입니다. 무슨 말인가요? 보통 날씨는 일기예보를 통해서 방송이나 매체로 전달 받습니다. 그래서 굳이 누가 전달하는지를 밝히지 않고 주어를 생략하여 3인칭 복수형 동사만을 사용합니다. 이 문형을 사용하는 러시아 사람들은 '(매체에서) 날씨가 어떻게 될 것이라고 전했나요?'라고 말하지만, 실제 뜻하는 바는 '날씨가 어떻대?'이므로 대답할 때도 날씨에 대해서 직접적으로 말하면 됩니다.

Каку́ю пого́ду обеща́ли? 날씨가 어떻대?
- Пого́да испо́ртится. 나빠진대.
  Пого́да улу́чшится. 좋아진대.
  Бу́дет си́льный ве́тер. 강한 바람이 분대.
  Пойдёт снег. 눈이 온대.
  Пойдёт дождь. 비가 온대.

13. В Коре́е быва́ет снег? 한국에 눈이 내리곤 하니?

В Коре́е	быва́ет	снег	?
한국에 (전치격)	있곤 하다	눈이	

현재 눈이 내리거나 눈이 내릴 것이라는 표현으로 (по)идти́ 동사를 사용하는 것을 배웠습니다. 이밖에 быть 동사를 이용하여 표현할 수 있습니다. быть 동사의 현재시제 형태인 есть는 생략합니다. 미래시제로 나타낼 때는 бу́дет을 이용합니다. 이외에 날씨의 경향, 속성을 이야기할 때는 быва́ть 동사를 씁니다. 원래 의미는 '있곤 하다' 이지만 날씨 단어에 맞게 '온다, 내린다' 등으로 바꿔 표현해 보도록 합시다.

Пойдёт дождь.	Идёт дождь.	Бу́дет дождь.	Дождь!	Быва́ет дождь.
비가 곧 와.	비가 와.	비가 올 거야.	비다!	비가 오곤 해.
Пойдёт снег.	Идёт снег.	Бу́дет снег.	Снег!	Быва́ет снег.
눈이 곧 올 거야.	눈이 와.	눈이 올 거야.	눈이네!	눈이 오곤 해.

[Давáйте поговори́м! 6]

1. 본문을 읽고 옆 친구와 함께 다음의 질문과 대답을 주고 받아보세요.

1) Ты знáешь, какáя зáвтра бýдет погóда?
예 Да, я смотрéл прогнóз погóды на зáвтра.
2) Какýю погóду обещáли?
예 Обещáли, что погóда испóртится.
3) Как и́менно испóртится погóда?
예 Бýдет си́льный вéтер.
4) Какáя зáвтра бýдет температýра вóздуха?
예 Температýра бýдет понижáться.
5) Ты знáешь, когдá пойдёт снег?
예 Обещáли, что зáвтра, возмóжно пойдёт снег.
6) В Корéе бывáет снег?
예 Конéчно, в Корéе бывáет снег.

2. 옆 친구에게 다음 질문을 해 보세요. 번갈아 친구의 질문에 본인도 대답을 해보세요.

1) Кáтя, ты слы́шала прогнóз погóды на слéдующую недéлю?
예 Да, я слы́шала прогнóз погóды по рáдио.
2) Какáя погóда бýдет зáвтра?
예 Зáвтра бýдет плохáя погóда.
3) В Росси́и зимóй óчень хóлодно?
예 Да, в Росси́и зимóй óчень хóлодно.
4) В Росси́и оды́чно дли́нная зимá?
예 В Росси́и дли́нная зимá и корóткое лéто.
5) А снег чáсто идёт в Росси́и?
예 Снег идёт óчень чáсто, и чáсто бывáет метéль.
6) Какáя сáмая ни́зкая температýра бывáет в Петербýрге?
예 Тóчно не знáю, примéрно, ми́нус три́дцать грáдусов.

дли́нный, ая 긴; корóткий, ая 짧은; метéль, и (여). 눈보라; ни́зкий, ая, 낮은; примéрно 대략; ми́нус 영하; грáдус 도; вóздух 공기; слы́шать, слы́шу, слы́шишь (불) 들리다; слýшать, слýшаю (불) 듣다

3. 다음 한국어 대화를 옆 친구에게 읽어주고 러시아어로 통역하게 해 보세요. 번갈아 친구에게 읽게 하고 본인도 통역을 해보세요.

3-1

1) 너 내일 날씨가 어떤지 알아?
- 응, 난 내일 일기예보를 봤어.
2) 날씨가 어떻대?
- 날씨가 나빠진다고 그랬어.
3) 날씨가 어떻게 나빠진다고 그랬니?
- 강한 바람이 분대.
4) 내일 대기 온도는 어떻대?
- 온도는 내려간대.
5) 넌 언제 눈이 오는지 아니?
- 내일 눈 올 가능성이 있다고 그랬어.
6) 한국에도 눈이 내리니?
- 물론이지, 한국에도 눈이 내려.

3-2

1) 카탸야, 너 다음 주 일기예보 들었니?
- 응, 라디오 일기예보를 들었어.
2) 내일 날씨가 어떻대?
- 내일은 날씨가 나쁘대.
3) 러시아는 겨울에 아주 춥니?
- 그래, 러시아는 겨울에 아주 추워.
4) 러시아에서는 보통 겨울이 길어?
- 러시아에서는 겨울이 길고 여름은 짧아.
5) 그럼 러시아에서는 눈이 자주 내리니?
- 아주 자주 눈이 내리고, 눈보라도 자주 불어.
6) 페테르부르크에서 가장 낮은 온도는 몇 도야?
- 정확히는 모르겠는데, 아마 영하 30도일거야.

[재미있게 읽어보는 문법이야기 2]

러시아어에서는 항구도(порт) 배도(кора́бль) 남자다!
- 문법적 성(Gender)과 수

러시아어에는 자연적인 성(sex)외에 문법적인 성(gender)이 있습니다. 따라서 생물이 아닌 경우에도 문법적인 성을 부여하여 남성, 여성, 중성으로 구분합니다. 보통 자연적인 성이 있는 경우에는 그것을 따르지만, 그렇지 않은 경우에는 다음과 같은 규칙에 따라 문법적 성이 결정됩니다.

이때 '**дя́дя** 아저씨', 'Бо́ря 보리스의 애칭'와 같이 문법적으로 여성형 어미를 갖더라도 자연적 성이 남성인 경우는 자연적 성을 따릅니다.

	단어 끝 모음	예
남성(он)	자음 + ∅	студе́нт, университе́т, го́род, дом, уро́к
	연자음(й) + ∅	музе́й, геро́й, ге́ний
중성(оно́)	자음 + о	окнО́, я́блокО, письмО́, зе́ркалО, метрО́
	연자음 (й) + о	мо́рЕ, по́лЕ, предложе́ниЕ
여성(она́)	자음 + а	студе́нткА, кни́гА, газе́тА, ко́мнатА
	연자음 (й) + а	фотогра́фиЯ, ня́нЯ

-ь으로 끝나는 단어는 남성이거나 여성입니다. 보통 **-ь**로 끝나는 단어 대부분은 여성형이지만, 자주 쓰는 말 중에는 남성형이 많습니다. 따라서 **-ь**로 끝나는 단어는 모두 여성이라고 기억하고 남성형은 발견할 때마다 그때그때 외우도록 합시다.

남성 : **день** (날), **гость** (손님), **слова́рь** (사전), **кора́бль** (배)
여성 : **ночь** (밤), **крова́ть** (침대), **дверь** (문), **тень** (그림자)

우리말에서는 단수와 복수가 있지만 실제 언어생활에서 복수보다는 단수가 훨씬 많이 쓰입니다. 왜일까요? 우리가 보통 낱개의 대상에 대해서 자주 말하기 때문에? 아닙니다. 우리말은 특별히 복수임을 강조하는 경우를 제외하고는 단수를 사용합니다. 반면, 러시아어는 실제로 하나인 경우에만 단수를 사용합니다. 정말 그런지 비교해 보죠.

우리말 '나는 아침마다 신문을 읽어요'에서 신문은 신문들이 아니므로 단수입니다. 그렇다고 매일 아침 우리가 매일 같은 신문 한 부를 반복해서 읽는다는 뜻은 아닙니다.

그렇지만 이 문장을 단수를 사용하여 러시아로 번역할 경우(Ка́ждое у́тро я чита́ю газе́ту) 그러한 의미로 전달됩니다. 우리말의 의미를 알맞게 옮기기 위해서는 복수를 사용해야 합니다 (Ка́ждое у́тро я чита́ю газе́ты). 우리말에서 특별히 수에 대한 구분을 두지 않는 상황에서 대표로 단수를 쓰는 것과는 달리 러시아어에서는 대개 복수를 사용합니다: Вы лю́бите цветы́? 꽃을 좋아 하세요?

따라서 러시아어에서는 단수뿐만 아니라 복수의 사용이 잦습니다. 그럼 단수뿐만 아니라 복수도 잘 기억해둬야겠지요? 그러나 너무 겁먹지 마세요. 러시아어 복수 표지는 매우 간단합니다. 남성, 여성은 -ы(и), 중성은 -а(я)입니다. 성에 따른 복수 변화 형태를 비교해 보세요.

복수(они)	단어 끝 모음	예
남성	자음 + ы	студе́нтЫ, университе́тЫ, уро́кИ
	연자음(й) + ы	музе́И, геро́И, ге́ниИ
중성	о → а	о́кнА, облакА́, пи́сьмА, зеркалА́
	е → я	морЯ́, полЯ́, предложе́ниЯ
여성	а → ы	студе́нткИ, кни́гИ, газе́тЫ, ко́мнатЫ
	я → и	фотогра́фиИ, ня́нИ

уро́ки, студе́нтки, кни́ги 등에서 -ы가 아니라 -и가 사용된 것은 러시아어 정자법 규칙에 따른 것입니다: 자음철자 К, Г, Х, Ш, Щ, Ж, Ч 다음에는 ы 대신 и 가 사용됩니다.

-ь으로 끝나는 여성, 남성의 모두 복수는 -и형태입니다: го́сти, дни, крова́ти, две́ри. -мя로 끝나는 중성 명사의 복수는 -мена 입니다: времена́, имена́

남성 복수 형태 가운데 города́, дома́의 경우는 불규칙적인 복수 형태입니다. '불규칙'이라는 말에 덜컥 겁을 먹었다고요? 불규칙이지만 그렇다고 걱정할 정도는 아닙니다. 불규칙 변화를 하는 단어의 수가 그리 많지 않은데다, 매우 자주 쓰는 단어들 중에 불규칙 변화가 남아 있습니다. 자주 쓰지 않는 단어들은 자연스럽게 규칙변화로 스며들었고, 지금까지 불규칙적인 형태를 갖는 것들은 사용 빈도수가 높아 규칙에 포함되지 않고 여전히 구별되는 형태를 가지고 있다고 합니다. 여러분도 절대 잊지 못할 정도로 자주 사용하시게 될 겁니다. 대강 다음과 같은 단어들이 있습니다. 이것이 거의 전부라고 생각 되지만 혹시 이외의 단어들을 발견하게 되면 그때그때 외워두세요. 절대 어렵지 않습니다.

1. 남성명사의 복수형으로 -a 형태가 있습니다. 불규칙적인 남성 -á에는 항상 강세가 옵니다.

дире́ктор → директора́	기관장	по́езд → поезда́	기차
ма́стер → мастера́	장인	а́дрес → адреса́	주소
до́ктор → доктора́	박사	го́лос → голоса́	목소리
по́вар → повара́	요리사	глаз → глаза́	눈
профе́ссор → профессора́	교수	па́спорт → паспорта́	여권
учи́тель → учителя́	선생님	цвет → цвета́	색깔

2. -ья 형태

друг → друзья́	친구	стул → сту́лья	의자
сын → сыновья́	아들	перо́ → пе́рья	깃털
брат → бра́тья	형제	де́рево → дере́вья	나무

3. 기타 어휘들

мать → ма́тери	엄마	цвето́к → цветы́	꽃
дочь → до́чери	딸	я́блоко → я́блоки	사과
челове́к → лю́ди	사람	ребёнок → де́ти	아이

[흥미진진 러시아 2]

러시아 날씨는 어떨까?

Климат России

Климат России варьирует от степей на юге через влажный континентальный климат в Европейской части России до субарктического климата в Сибири и тундры на Крайнем Севере. Большая часть территории России имеет резкий континентальный климат с длинными и холодными зимами и короткими и относительно тёплыми летами.

Климат России характеризуется экстремально низкими температурами. Наиболее низкая температура в зимнее время года наблюдается в Восточной Сибири. В январе температура воздуха составляет в среднем -49°C (-56° F) и падает почти до -68°C (-90° F). В то же время температура в Московской области колеблется от -13°C до -6°C (9° к 21° F), так как эта территория расположена в континентальной зоне климата.

Причина такого экстремально разнообразного климата в том, что Россия расположена в высоких, широтах и высокогорные районы по южной границе страны блокируют поток тропических морских воздушных масс.

TÉMA 2. ПОГÓДА

Áнна : Здрáвствуйте! Сегóдня замечáтельная погóда.
Хун : Здрáвствуйте! Да, погóда отли́чная.
Áнна : В Росси́и óчень рéдко бывáет такáя сóлнечная погóда.
Хун : Тогдá давáйте погуля́ем?
Áнна : Давáйте. Хун, мы с вáми студéнты. Давáйте на ты.
Хун : Почемý нет? Хорошó.
Áнна : Отли́чно. Кудá мы пойдём?
Хун : Ря́дом с университéтом Со-кёнг нахóдится горá Пук-хáн. Там óчень краси́во.
Áнна : Давáй погуля́ем там.
Хун : Слáва Бóгу, сегóдня нет дождя́.
Áнна : Да, и нéбо такóе чи́стое.
Хун : Вчерá былá ужáсная погóда.
Áнна : Пáсмурно, мрáчно.
Хун : И óчень си́льный вéтер.
Áнна : Затó сегóдня погóда как раз для прогýлки.
Хун : Ты лю́бишь гуля́ть?
Áнна : В такýю погóду — с удовóльствием. А ты?
Хун : Иногдá люблю́, с друзья́ми.
Áнна : Хорошó.
Áнна : А ты знáешь, какáя зáвтра бýдет погóда?
Хун : Да, я смотрéл прогнóз погóды.
Áнна : Какýю погóду обещáли?
Хун : Погóда испóртится.
Áнна : Как?
Хун : Опя́ть бýдет си́льный вéтер.
Áнна : А температýра?
Хун : Температýра бýдет понижáться, возмóжно, дáже пойдёт снег.
Áнна : Ничегó себé! В Корéе бывáет снег?
Хун : Конéчно!
Áнна : Знáчит, прáвильно, что мы реши́ли погуля́ть и́менно сегóдня.

ТЕ́МА 3

МАГАЗИ́Н

단원목표

① 친구에게 무슨 문제가 있는지 질문하는 표현을 할 수 있나요?
② 친구가 무엇을 살 필요가 있는지 질문하는 표현을 할 수 있나요?
③ 모든 물건을 한꺼번에 살 수 있는 상점이 어디에 있는지 질문할 수 있나요?
④ 상점 내부 안내도를 살펴보자고 제안하고 층별 상품에 대해서 5층 건물인 경우로 가정해서 이야기할 수 있나요?
⑤ 먼저 전기주전자를 사자고 제안하는 표현을 할 수 있나요?
⑥ 전기주전자 선택 폭이 크다고 표현하는 말을 할 수 있나요?
⑦ 물건 값을 물어 보고 그것이 비싸다고 평가하는 표현을 할 수 있나요?
⑧ 더 싼 물건이 있는지 물어보는 표현을 할 수 있나요?
⑨ 고객카드를 만들자는 충고 표현을 할 수 있나요?
⑩ 그 카드가 왜 필요한지 묻는 표현을 할 수 있나요?

학습방법

① 본문을 읽고 들어 본다.
② 친구와 함께 대화연습의 질문과 대답을 실습해 본다.
③ 사전을 이용해서 〈마트료시카 이야기〉를 읽고 가장 인상적인 부분에 밑줄을 긋고 이야기를 나눠 본다.

대화 7. 문제가 있어. У меня́ есть пробле́мы.

А́нна : Хун, у меня́ есть пробле́мы.
Хун : Каки́е?
А́нна : Я люблю́ пить чай.
Хун : И каки́е пробле́мы?
А́нна : Мне ну́жно купи́ть электри́ческий ча́йник.

Хун : А ещё что́-нибудь ну́жно?
А́нна : Да, мне ещё ну́жно купи́ть проду́кты.
Хун : Всё поня́тно.

훈아, 나 문제가 있어.
무슨 문제?
난 차 마시는 것을 좋아하는데.
그래서 뭐가 문제야?
전기주전자를 사야 해.
또 뭐 필요한 것 있어?
응, 식료품도 사야 돼
알았어.

пробле́мы	пробле́ма (여성) 복수 : 문제
каки́е	како́й (남성) 복수 : 어떤
пить	마시다
чай	차 (남성)
купи́ть	사다
электри́ческий	전기의 (남성)
ча́йник	주전자 (남성)
а	그런데
ещё	더
что́-нибудь	무언가
проду́кты	проду́кт (남성) 복수 : 식료품
поня́тно	이해되다 (부사)

[문법문형 이야기]

14. электри́ческий ча́йник 전기주전자

	형용사	명사	형용사 어미형태
남성	но́в-ЫЙ 새로운 после́дн-ИЙ 마지막의	студе́нт 남학생	-ый(-ий)
여성	но́в-АЯ после́дн-ЯЯ	студе́нтка 여학생	-ая(-яя)
중성	но́в-ОЕ после́дн-ЕЕ	зе́ркало 거울	-ое (-ее)
복수	но́в-ЫЕ после́дн-ИЕ	студе́нты 학생들	-ые(-ие)

표에서와 같이 형용사는 경변화 형태(-ый, -ая, -ое, -ые)와 연변화 형태(-ий, -яя, -ее, -ие) 두 가지가 있습니다. электри́ческий ча́йник에서 электри́ческий는 경변화로 원래 -ый가 사용되어야 했으나 러시아어는 г, к, х 뒤에 ы가 오는 경우 и로 바뀌는 정자법규칙이 있습니다.

15. Каки́е у тебя́ пробле́мы? 무슨 문제니?

Каки́е	у тебя́	пробле́мы	?
어떤	너한테	문제들	

구체적으로 질문할 때 како́й ‘어떤’을 사용합니다.

У тебя́ есть пробле́мы? → Каки́е пробле́мы у тебя́?
문제가 있나요? 무슨 문제들이지요?

앞의 문형은 문제가 있는지를 묻는 질문이므로 есть가 사용되지만 구체적으로 어떤 문제인지를 묻는 뒤의 문형에서는 이미 문제가 있는 것을 알면서 하는 질문이므로 есть가 생략됩니다. 어순은 каки́е와 пробле́мы 사이에 у тебя́를 넣은 것이 선호됩니다.

의문사 какóй도 형용사와 마찬가지로 뒤의 명사와 성, 수를 일치시킵니다.

У меня́ есть слова́рь. 나는 사전이 있어.
- Какóй у тебя́ слова́рь? 무슨 사전이니?

У меня́ есть кни́га. 나는 책이 있어.
- Кака́я у тебя́ кни́га? 어떤 책이니?

У меня́ есть зада́ние. 나는 과제가 있어.
- Какóе у тебя́ зада́ние? 무슨 과제니?

16. Мне нýжно. 나는 필요해.

Мне	нýжно	купи́ть	.
나는(여격)	필요하다	사다(완)	

술어부사가 사용되는 경우, 우리말의 주어에 해당하는 사람은 여격으로 표현합니다. 필요한 행동은 동사부정형(infinitive)으로 나타냅니다.

[Дава́йте поговори́м! 7]

1. 본문을 읽고 옆 친구와 함께 다음의 질문과 대답을 주고 받아보세요.

1) У тебя́ есть пробле́мы?

예 Да, у меня́ есть пробле́мы.

2) Каки́е у тебя́ пробле́мы?

예 Я люблю́ пить ко́фе.

3) Почему́? Э́то пробле́ма?

예 Потому́ что у меня́ нет кофева́рки, что́бы вари́ть ко́фе.

4) У тебя́ ещё есть пробле́мы?

예 Да, у меня́ есть ещё други́е пробле́мы.

5) Что тебе́ ну́жно?

예 Мне ну́жно купи́ть хоро́ший фильтр для воды́.

6) Тебе́ всё поня́тно?

예 Да, мне всё поня́тно.

2. 옆 친구에게 다음 질문을 해 보세요. 번갈아 친구의 질문에 본인도 대답을 해보세요.

1) Каки́е пробле́мы у Сонг-ми́на?

예 Ему́ ну́жно ко́е-что купи́ть.

2) Что и́менно ему́ ну́жно купи́ть?

예 Ему́ ну́жно купи́ть фру́кты и о́вощи.

3) Он лю́бит есть фру́кты и о́вощи?

예 Да, он обожа́ет есть фру́кты и о́вощи.

4) Кро́ме фру́ктов и овоще́й что ему́ ещё ну́жно?

예 Ещё ему́ ну́жно купи́ть питьеву́ю во́ду.

5) Он пьёт мно́го воды́?

예 Да, он пьёт мно́го воды́.

6) Сонг-ми́ну ещё что́-нибудь ну́жно?

예 Ему́ ну́жно купи́ть электри́ческий ча́йник.

кофева́рка, (복) ки, ок 커피포트; вари́ть (불) 끓이다; фильтр 필터; ко́е-что́ (부정대명사) 무엇인가; обожа́ть (+ что) 숭배하다, (구어) 엄청 좋아하다; кро́ме (생격전치사) ~을 제외하고; питьева́я, ой, ое 마실 수 있는

3. 다음 한국어 대화를 옆 친구에게 읽어주고 러시아어로 통역하게 해 보세요. 번갈아 친구에게 읽게 하고 본인도 통역을 해보세요.

3-1

1) 너 무슨 문제 있니?
- 응, 나 문제가 있어.
2) 넌 무슨 문제가 있니?
- 난 커피 마시는 것을 좋아해.
3) 왜 그게 문제야?
- 왜냐하면 커피를 끓이는 커피포트가 없기 때문이야.
4) 또 다른 문제가 있니?
- 그래, 난 또 다른 문제들이 있어.
5) 넌 뭐가 필요한데?
- 난 좋은 정수기 필터를 사야해.
6) 너 전부 이해했니?
- 그래, 난 전부 이해했어.

3-2

1) 성민이는 무슨 문제가 있니?
- 그는 무언가를 사야 해.
2) 그는 무엇을 사야 하는데?
- 그는 과일과 야채를 사야 해.
3) 그는 과일과 야채 먹는 것을 좋아하니?
- 응, 그는 과일과 야채 먹는 것을 아주 좋아해.
4) 과일과 야채 이외에 그는 또 무엇이 필요하니?
- 그는 또 생수를 사야 해.
5) 그는 물을 많이 마시니?
- 응, 그는 물을 많이 마셔.
6) 성민이는 무엇인가 또 다른 것이 필요하니?
- 그는 전기주전자를 사야해.

대화 8. 거기엔 다 있어. Там всё есть.

А́нна : А есть магази́н, где мо́жно купи́ть всё сра́зу?
Хун : Да. Недалеко́ от нас нахо́дится E-MART.
А́нна : E-MART?
Хун : Да. Это большо́й универса́м. Там всё есть.

Хун : Дава́й посмо́трим план магази́на.
А́нна : Дава́й.
Хун : На пе́рвом этаже́ — проду́кты.
На второ́м — бытова́я те́хника и электро́ника.
А́нна : Снача́ла ку́пим ча́йник.

한 번에 모든 것 다 살 수 있는 상점이 있을까?
그럼. 멀지 않은 곳에 E-마트가 있어.
E-마트?
응, 대형 마트야. 거기엔 다 있어.
상점 안내도를 보자.
그래
1층은 식료품이고, 2층은 가전제품을 팔아.
먼저 전기주전자를 사자.

магази́н	상점 (남성)
мо́жно	할 수 있다 (술어부사)
сра́зу	즉시, 바로
недалеко́ от нас	от + мы 생격 : 우리로부터 멀지 않은 곳에
нахо́дится	находи́ться 3인칭 단수: 있다, 위치하다
большо́й	큰, 커다란 (남성)
универса́м	대형마트 (남성)
посмо́трим	посмотре́ть 1인칭 복수 : 보다 (완)
план	안내도, 계획 (남성)
магази́на	магази́н (남성) 생격 : 상점
пе́рвом	пе́рвый (남성) 전치격 : 첫 번째의
этаже́	эта́ж (남성) 전치격 : 층
второ́м	второ́й (남성) 전치격 : 두 번째의
бытова́я	생활의 (여성)
те́хника	기술, 제품 (여성)
электро́ника	전자제품 (여성)
снача́ла	처음에 (부사)
ку́пим	купи́ть 1인칭 복수 : 사다 (완)

[문법문형 이야기]

17. недалеко́ от нас 멀지 않은 곳에

Недалеко́ от	нас	нахо́дится	E-Mart	.
멀지않은 곳에	우리(생격)	있다	이마트	

러시아어에서 '있다'는 말은 보통 생략됩니다. 만약 건물이나 도시 등이 위치해 있다는 의미로 동사를 쓸 경우 находи́ться를 사용합니다. недалеко́는 '멀지 않게'라는 뜻으로 부사로 사용되거나 от와 함께 '~로부터 멀지 않은 곳에'의 의미로 쓰입니다.

Недалеко́ от { меня́ / нас / тебя́ / вас / него́ / неё / них } (생격) нахо́дится магази́н. { *우리(집) / 우리(집) / 너의(집) / 너희(집) / 그의(집) / 그녀의(집) / 그들의(집) } 근처에 가게가 있어.

* 직역하면 '내(집)' 근처입니다

18. на пе́рвом этаже́ 일층에

На пе́рвом этаже́	-	проду́кты	.
일층에	(있다)	상품들이	

на는 장소를 나타내는 특정 어휘와 함께 '~에서'를 나타냅니다. 다음은 на와 같이 쓸 수 있는 말들입니다.

на ку́рсе 학년에서 (대학교)
на ку́рсах 학원 강습에서
на рабо́те 직장에서
на ле́кции 강의에서
на заня́тиях 수업에서 (대학교)

пéрвый этáж '일층'은 на와 함께 전치격으로 на пéрвом этажé '1층에서'가 됩니다.

	주격	на + 장소 전치격	형용사 어미형태 (전치격)
1층	пéрвый этáж	на пéрв-ОМ этажé	-ом (-ем)
2층	вторóй этáж	на втор-ÓМ этажé	
3층	трéтий этáж	на трéть-ЕМ этажé	
4층	четвёртый этáж	на четвёрт-ОМ этажé	

1~4 까지의 서수에 대학교의 학년을 뜻하는 курс를 함께 쓸 경우, '~학년에서'가 됩니다.

Я учýсь на трéтьем кýрсе. 나는 3학년입니다.

[Дава́йте поговори́м! 8]

1. 본문을 읽고 옆 친구와 함께 다음의 질문과 대답을 주고 받아보세요.

1) В Коре́е есть магази́н, где мо́жно купи́ть всё сра́зу?
예 Да, в Коре́е есть тако́й магази́н.
2) Как называ́ется э́тот магази́н?
예 Э́тот магази́н называ́ется универма́г Лотте.
3) Где нахо́дится универма́г Лотте?
예 Он нахо́дится далеко́ от университе́та.
4) Лотте – э́то большо́й универма́г?
예 Да, Лотте – э́то большо́й универма́г.
5) Каки́е това́ры есть в универма́ге?
예 Там всё есть.
6) На како́м этаже́ нахо́дится отде́л проду́ктов?
예 Отде́л проду́ктов нахо́дится на пе́рвом этаже́.
7) На како́м этаже́ нахо́дится отде́л бытово́й те́хники и электро́ники?
예 Э́тот отде́л нахо́дится на шесто́м этаже́.

2. 옆 친구에게 다음 질문을 해 보세요. 번갈아 친구의 질문에 본인도 대답을 해보세요.

1) Где Андре́й купи́л фру́кты и о́вощи?
예 Он купи́л их на ры́нке
2) Почему́ он купи́л их на ры́нке?
예 Потому́ что на ры́нке проду́кты све́жие и дешёвые.
3) Каки́е това́ры продаю́т на ры́нке?
예 На ры́нке продаю́т ра́зные това́ры.
4) На како́м ры́нке продаю́т проду́кты?
예 Проду́кты продаю́т на продукто́вом ры́нке.
5) В Росси́и ры́нки больши́е и́ли ма́ленькие?
예 Быва́ют больши́е, а быва́ют ма́ленькие.
6) Где Све́та мо́жет купи́ть су́мку?
예 Она́ мо́жет купи́ть су́мку в магази́не.
7) На како́м этаже́ продаю́т игру́шки?
예 Игру́шки продаю́т на седьмо́м этаже́.

ры́нок, ка 시장; све́жий, ая, ее 신선한; дешёвый, ая, ое 값이 싼; това́р 상품; продава́ть, даю́, даёшь 판매하다; игру́шка, и 장난감

3. 다음 한국어 대화를 옆 친구에게 읽어주고 러시아어로 통역하게 해 보세요. 번갈아 친구에게 읽게 하고 본인도 통역을 해보세요.

3-1

1) 한국에는 모든 것을 한 번에 살 수 있는 상점이 있니?
- 그래, 한국에는 그런 상점이 있어.
2) 그 상점 이름이 뭐니?
- 그 상점은 롯데 백화점이야.
3) 롯데백화점은 어디에 있니?
- 백화점은 대학교에서 멀리 있어.
4) 롯데백화점은 큰 백화점이니?
- 그래, 롯데백화점은 큰 백화점이야.
5) 백화점에는 무슨 물건들이 있니?
- 다 있어.
6) 몇 층에 식료품부가 있니?
- 식료품부는 1층에 있어.
7) 생활 전자 제품부는 몇 층에 있니?
- 그 부서는 6층에 있어.

3-2

1) 안드레이는 과일과 야채를 어디서 샀니?
- 그는 시장에서 샀어.
2) 그는 왜 시장에서 샀니?
- 시장의 식료품은 신선하고 싸기 때문이야.
3) 시장에서는 어떤 물건들을 파니?
- 시장에서는 다양한 물건들을 팔아.
4) 어떤 시장에서 식료품을 파니?
- 식료품은 식료품 시장에서 팔아.
5) 러시아의 시장들은 크니, 아니면 작니?
- 큰 시장도 있고 작은 시장도 있어.
6) 스베타는 어디서 가방을 살 수 있니?
- 그녀는 상점에서 가방을 살 수 있어.
7) 장난감은 몇 층에서 파니?
- 장난감은 7층에서 팔아.

БУВЬ
РЕЗИНОВАЯ

대화 9. 선택의 폭이 크네. О́чень большо́й вы́бор.

Хун : Посмотри́, здесь о́чень большо́й вы́бор ча́йников.
А́нна : Да. О́чень сло́жно вы́брать.
Хун : Како́й тебе́ нра́вится?
А́нна : Вот э́тот, металли́ческий.

Хун : Скажи́те, пожа́луйста, ско́лько сто́ит э́тот ча́йник?
Продаве́ц : 100,000 (сто ты́сяч) вон.
А́нна : До́рого.
Хун : Да, дорогова́то.

자, 여기 많은 종류의 전기주전자가 있네.
그래. 고르기가 어려울 정도야.
어떤 것이 마음에 들어?
이 금속으로 된 것.
이 전기주전자 얼마죠?
100,000원입니다.
비싸다.
그래, 좀 비싼 편이다.

посмотри́	посмотре́ть 명령형 : 봐라, 자
здесь	여기에서
вы́бор	선택 (남성)
ча́йников	ча́йник (남성) 복수 생격 : 주전자
сло́жно	복잡하다, 어렵다 (부사)
вы́брать	고르다, 선택하다(완)
нра́вится	+ кому нра́виться 3인칭 단수 : 마음에 들다
металли́ческий	금속의 (남성)
скажи́те	сказа́ть 명령형 : 말해주세요
пожа́луйста	부디, 제발
ско́лько	얼마
сто́ит	сто́ить 3인칭 단수 : 가격이 나가다
вон	во́на (여성) 복수 생격 : 원
до́рого	비싸다 (부사)
дорогова́то	좀 비싸다 (부사)

[문법문형 이야기]

19. Ско́лько сто́ит? 얼마에요?

Ско́лько	сто́ит	э́тот ча́йник	?
얼마나	가격이 나가다	이 주전자는	

Он	сто́ит	сто ты́сяч вон	.
그것은	가격이 나가다	십 만원(대격)	

Ско́лько сто́ит э́тот ча́йник?라는 질문에 대한 대답에서 주전자는 대명사로 사용합니다. 러시아어에서는 대명사의 사용이 매우 일반적이어서 한 번 사용한 물건이나 사물에 대해서는 생략하거나 대명사로 표현합니다.

Ско́лько сто́ит э́тот ча́йник? - Он сто́ит 100,000 (сто ты́сяч) вон.
Ско́лько сто́ит э́та кни́га? - Она́ сто́ит 10,000 (де́сять ты́сяч) вон.
Ско́лько сто́ит э́то зе́ркало? - Оно́ сто́ит 1,000 (ты́сячу) вон.

물건을 정확히 지칭하지 않고 Ско́лько э́то сто́ит? 로 묻는 경우는 가리키는 물건의 문법적 성에 맞게 대명사를 사용하여 대답합니다. 그러나 가격표현에서는 우리말에서와 같이 가격만 대답하는 경우가 더 많습니다.

20. 가격을 말할 때 사용할 수 있는 수사 표현

가격	сто́ит + 가격	가격	сто́ит + 가격
1만원 (10,000)	де́сять ты́сяч вон	11만원 (110,000)	сто де́сять ты́сяч вон
2만원 (20,000)	два́дцать ты́сяч вон	20만원 (200,000)	две́сти ты́сяч вон
3만원 (30,000)	три́дцать ты́сяч вон	30만원 (300,000)	три́ста ты́сяч вон
4만원 (40,000)	со́рок ты́сяч вон	40만원 (400,000)	четы́реста ты́сяч вон
5만원 (50,000)	пятьдеся́т ты́сяч вон	50만원 (500,000)	пятьсо́т ты́сяч вон
6만원 (60,000)	шестьдеся́т ты́сяч вон	60만원 (600,000)	шестьсо́т ты́сяч вон
7만원 (70,000)	се́мьдесят ты́сяч вон	70만원 (700,000)	семьсо́т ты́сяч вон
8만원 (80,000)	во́семьдесят ты́сяч вон	80만원 (800,000)	восемьсо́т ты́сяч вон
9만원 (90,000)	девяно́сто ты́сяч вон	90만원 (900,000)	девятьсо́т ты́сяч вон
10만원 (100,000)	сто ты́сяч вон	100만원 (1,000,000)	миллио́н вон

21. Дорогова́то. 좀 비싸다.

до́рого	тру́дно	сло́жно	темно́	тяжело́
дорогова́то	труднова́то	сложнова́то	темнова́то	тяжелова́то
좀 비싸다	좀 어렵다	좀 복잡하다	좀 어둡다	좀 무겁다

부사 끝에 -вато를 붙이면 부사의 의미에 '조금', '약간의'의 의미가 부가됩니다.

Хо́лодно? 춥니?
- Холоднова́то 좀 춥다.

Жа́рко? 덥니?
- Жаркова́то. 좀 덥다.

[Дава́йте поговори́м! 9]

1. 본문을 읽고 옆 친구와 함께 다음의 질문과 대답을 주고 받아보세요.

1) В универма́ге продаю́т кофева́рки?
예 Да, в универма́ге продаю́т кофева́рки.
2) Там большо́й вы́бор кофева́рок?
예 Да, там о́чень большо́й вы́бор кофева́рок.
3) Почему́ сло́жно вы́брать кофева́рку?
예 Потому́ что о́чень большо́й вы́бор.
4) Кака́я кофева́рка тебе́ нра́вится?
예 Мне нра́вится стекля́нная кофева́рка.
5) Ско́лько сто́ит стекля́нная кофева́рка?
예 Она́ сто́ит 200,000 (две́сти ты́сяч) вон.
6) 200,000 вон – это до́рого или дёшево?
예 Это дорогова́то.

2. 옆 친구에게 다음 질문을 해 보세요. 번갈아 친구의 질문에 본인도 대답을 해보세요.

1) Как Све́та выбира́ет това́р?
예 Она́ смо́трит на фи́рму и на це́ну.
2) Сонг-мин, кака́я страна́ лу́чше всего́ де́лает оде́жду?
예 Мне ка́жется, что лу́чше всего́ оде́жду де́лают италья́нцы.
3) Кака́я фи́рма са́мая популя́рная в Коре́е?
예 В Коре́е о́чень популя́рны фи́рмы Samsung и LG.
4) Кака́я те́хника са́мая дешёвая в ми́ре?
예 Са́мая дешёвая в ми́ре те́хника – кита́йская.
5) У кита́йской те́хники хоро́шее ка́чество?
예 У кита́йской те́хники норма́льное ка́чество.
6) Ско́лько обы́чно сто́ит МР3-пле́ер?
예 Обы́чно он сто́ит недо́рого, приме́рно 100,000 (сто ты́сяч) вон.

вы́брать, беру, берешь (완)선택하다; стекля́нный, ая 유리로 된; дёшево (부사) 값이 싸다; выбира́ть, аю, аешь (불)선택하다; цена́ 가격; фи́рма 회사; лу́чше всего́ 제일 훌륭하게; оде́жда (여) (단수만) 옷, 의복; италья́нец, нца, (복) нцы 이탈리아사람; италья́нка 이탈리아 여자; популя́рный, ая 인기가 있는, 유명한; те́хника, и (단수만) (전자)제품; пле́ер, а 플레이어

3. 다음 한국어 대화를 옆 친구에게 읽어주고 러시아어로 통역하게 해 보세요. 번갈아 친구에게 읽게 하고 본인도 통역을 해보세요.

3-1

1) 백화점에서 커피포트를 파니?
- 응, 백화점에서 커피포트를 팔아.
2) 그곳은 커피포트의 종류가 많니?
- 응, 그곳은 커피포트의 종류가 아주 많아.
3) 왜 커피포트를 고르기가 어렵니?
- 종류가 아주 많기 때문이야.
4) 어떤 커피포트가 좋니?
- 난 유리로 된 커피포트가 좋아.
5) 유리로 된 커피포트는 얼마니?
- 200,000원이야.
6) 200,000원이면 싼거야, 비싼거야?
- 비싼 편이야.

3-2

1) 스베타는 어떻게 물건을 고르니?
- 그녀는 회사와 가격을 봐.
2) 성민아, 어느 나라가 옷을 가장 잘 만드니?
- 내 생각에는 이탈리아 사람들이 옷을 가장 잘 만드는 것 같아.
3) 한국에서는 어떤 회사가 가장 유명하니?
- 한국에서는 삼성과 엘지가 아주 유명해.
4) 어떤 전자제품이 세계에서 가장 싸니?
- 세계에서 가장 싼 전자 제품은 중국제품이야.
5) 중국 전자제품의 품질은 좋니?
- 중국 전자제품의 품질은 괜찮아.
6) MP3 플레이어는 보통 얼마니?
- 보통 비싸지는 않아, 아마 100,000원 할거야.

СОСНОВСКИЙ
Книжный магазин

대화10. 더 싼 건 없나요? Есть дешéвле?

Хун : А есть дешéвле?
Продавéц : Вот это тóже хорóший чáйник из США.
Áнна : Скóлько он стóит?
Продавéц : 70,000 (сéмьдесят ты́сяч) вон.
Хун : Мне кáжется, ценá нормáльная.
Áнна : Кýпим егó.

Хун : Тепéрь идём за продýктами.
Áнна : А где плати́ть за чáйник?
Хун : Оплáтим вмéсте все покýпки.
Áнна : Хорошó.

그런데, 더 싼 건 없나요?
이것도 좋은 미제 주전자예요
이건 얼마인가요?
70,000원입니다.
가격도 괜찮은 것 같아.
이거 사자.
이제 식료품 사러 간다.
그런데 주전자 값 어디서 내?
물건 다 사고 같이 계산하면 돼.
좋아.

дешéвле	(비교급) 더 싼, 더 싸게
вот	바로
тогó	то (중성) 생격 : 그것
мне кáжется	~인 것 같다
ценá	가격 (여성)
нормáльная	적당한, 보통의 (여성)
тепéрь	이제
идём	идти́ 1인칭 복수 : 가다
за продýктами	за + продýкты (남성) 조격 : 식료품 사러
плати́ть за чáйник	плати́ть за + чáйник 대격 : 물건 값을 내다
оплáтим	оплати́ть 1인칭 복수 : 지불하다 (완)
покýпки	покýпка (여성) 복수 : 구입품, 산 물건

[문법문형 이야기]

22. деше́вле 더 싸다.

Э́то	деше́вле	того́	.
이것이	더 싸다	저것 (생격)	

자주 사용하는 비교급 형태입니다. 비교급을 만들 때 형용사나 부사 어간 끝의 자음이 교체되기도 합니다.

✽ 비교급

자음교체	형용사	→	비교급	뜻
г, д, з → ж	стро́гий	→	стро́же	더 엄하게
	дорого́й	→	доро́же	더 비싸게
	молодо́й	→	моло́же	더 젊게
	твёрдый	→	твёрже	더 단단하게
	ни́зкий	→	ни́же (к 탈락)	더 낮게
	у́зкий	→	у́же (к 탈락)	더 좁게
к, т → ч	я́ркий	→	я́рче	더 선명하게
	круто́й	→	кру́че	더 험하게
ст → щ	просто́й	→	про́ще	더 간단하게
	ча́стый	→	ча́ще	더 자주
	чи́стый	→	чи́ще	더 깨끗하게
х → ш	ти́хий	→	ти́ше	더 조용하게
	сухо́й	→	су́ше	더 건조하게

Э́то деше́вле того́ '이것이 저것보다 더 싸다' 에서와 같이 비교되는 대상은 생격으로 표현합니다.

Э́то доро́же того́.	이것이 저것보다 더 비싸다.
Э́то лу́чше того́.	이것이 저것보다 더 좋다.
Э́то ху́же того́.	이것이 저것보다 더 나쁘다.

Я моло́же тебя́. 내가 너보다 더 어리다.
Э́тот вопро́с про́ще того́. 이 문제가 저 문제보다 더 쉽다.
Моё лицо́ су́ше твоего́. 내 얼굴이 네 얼굴보다 더 건조하다.

23. сейча́с vs. тепе́рь 지금 vs. 이제

сейча́с, тепе́рь 모두 '현재'를 의미 합니다. 그러나 тепе́рь가 과거의 사실을 염두에 두고 현재의 사실을 대조시키는 의미를 갖는데 반해, сейча́с는 이러한 시간적 대조의 의미 없이 단순하게 현재의 상황을 말할 때 사용합니다. 그래서 흔히 тепе́рь는 '이제'로 해석됩니다.

Сейча́с мы идём за проду́ктами. 지금 우리는 물건을 사러 갑니다.
Тепе́рь идём за проду́ктами. 이제 물건 사러 갑니다.

[Дава́йте поговори́м! 10]

1. 본문을 읽고 옆 친구와 함께 다음의 질문과 대답을 주고 받아보세요.

1) В универма́ге есть дешёвые кофева́рки?

예 Да, в универма́ге есть дешёвые кофева́рки.

2) Каки́е дешёвые кофева́рки есть в универма́ге?

예 Там есть хоро́шие кофева́рки из Фра́нции.

3) Ско́лько сто́ит кофева́рка из Фра́нции?

예 Она́ сто́ит 130,000 (сто три́дцать ты́сяч) вон.

4) Ты ку́пишь кофева́рку из Фра́нции?

예 Да, я куплю́ кофева́рку из Фра́нции.

5) Куда́ ты идёшь?

예 Я иду́ за проду́ктами.

6) Где плати́ть за проду́кты?

예 Заплати́ть за проду́кты ну́жно на ка́ссе.

2. 옆 친구에게 다음 질문을 해 보세요. 번갈아 친구의 질문에 본인도 대답을 해보세요.

1) Кака́я фи́рма деше́вле: Samsung и́ли LG?

예 Мне ка́жется, LG немно́го деше́вле, чем Samsung.

2) Кака́я твоя́ люби́мая фи́рма?

예 Моя́ люби́мая фи́рма — Sony.

3) Sony — это коре́йская фи́рма?

예 Нет, это япо́нская фи́рма.

4) Обы́чно ты покупа́ешь те́хнику фи́рмы Sony?

예 Нет, я покупа́ю те́хнику фи́рмы Sony не о́чень ча́сто.

5) Почему́ ты не о́чень ча́сто покупа́ешь те́хнику фи́рмы Sony?

예 Потому́ что обы́чно э́та те́хника сто́ит сли́шком до́рого.

6) В магази́не ты покупа́ешь и́мпортные и́ли оте́чественные проду́кты?

예 Коне́чно, я покупа́ю оте́чественные проду́кты.

заплати́ть, чу, тишь (완) 지불하다; и́мпортный, ая 수입의; оте́чественный, ая 국산의; ка́чество 품질; уве́ренный, ая (단) ен, на, но, ны 확신하는; гора́здо 훨씬

7) Что важнée: ценá и́ли кáчество?

예 Я увéрен, что горáздо важнée кáчество продýктов.

3. 다음 한국어 대화를 옆 친구에게 읽어주고 러시아어로 통역하게 해 보세요. 번갈아 친구에게 읽게 하고 본인도 통역을 해보세요.

3-1

1) 백화점에 싼 커피포트가 있니?
- 응, 백화점에는 싼 커피포트가 있어.
2) 어떤 싼 커피포트가 백화점에 있니?
- 그곳에는 프랑스제 좋은 커피포트가 있어.
3) 프랑스제 커피포트는 얼마니?
- 130,000원이야.
4) 넌 프랑스제 커피포트를 살거니?
- 응, 난 프랑스제 커피포트를 살거야.
5) 너 어디 가니?
- 식료품 사러 가.
6) 어디서 식료품 값을 내야 하니?
- 계산대에서 식료품 값을 지불해야 해.

3-2

1) 어떤 회사제품이 더 싸니: 삼성이니 엘지니?
- 내 생각에는 삼성보다 엘지가 조금 더 싼 것 같아.
2) 넌 어떤 회사를 좋아하니?
- 내가 좋아하는 회사는 소니야.
3) 소니는 한국 회사니?
- 아니, 일본 회사야.
4) 보통 넌 소니 전자제품을 사니?
- 아니, 난 소니 전자제품을 자주 사지 않아.
5) 넌 왜 소니 전자제품을 자주 사지 않니?
- 보통 소니 전자제품들은 너무 비싸기 때문이야.
6) 상점에서 넌 수입 식료품을 사니, 국산 식료품을 사니?
- 물론 난 국산 식료품을 사.
7) 무엇이 더 중요하니: 가격이니 품질이니?
- 난 식료품의 품질이 아주 더 중요하다고 확신해.

대화11. 카드를 만들어야해. Ну́жно офо́рмить ка́рту.

Хун : Тебе́ нра́вится э́тот магази́н?
А́нна : Да, а что?
Хун : Тебе́ ну́жно офо́рмить ка́рту постоя́нного покупа́теля.
Тогда́ тебе́ э́то бу́дет вы́годно.
А́нна : Э́то пла́тно?
Хун : Нет, беспла́тно.

А́нна : Чем вы́годна э́та ка́рта?
Хун : Ты пла́тишь за поку́пку.
Часть э́тих де́нег ко́пится на ка́рте.
А́нна : Пото́м я смогу́ их испо́льзовать?
Хун : Да.
А́нна : О́чень хорошо́. Где мо́жно офо́рмить?
Хун : У ка́ссы.
А́нна : Хорошо́.

이 상점이 마음에 드니?
응, 그런데 왜?
포인트 카드를 만들어라.
그럼 네게 이득이 돼.
돈 내야 되니?
아니, 무료야.
왜 이 카드가 이득인데?
네가 물건 값을 내지. 그럼 금액의 일부분이 카드에 적립돼.
나중에 내가 이 금액을 쓸 수 있는 거야?
그럼.
아주 좋네. 어디서 만들 수 있어?
계산대 옆에서.
알았어.

офо́рмить	작성하다, 만들다 (완)
ка́рту	ка́рта (여성) 대격 : 카드
постоя́нного	постоя́нный (남성) 생격 : 항시적인
покупа́теля	покупа́тель (남성) 생격 : 구매자
пла́тно	유료로 (부사)
беспла́тно	무료로 (부사)
чем	что 조격 : 무엇으로
вы́годна	유익하다, 이익이다 (여성)
пла́тишь	плати́ть + за 2인칭 단수 : 물건 값을 내다
за поку́пку	за + поку́пка (여성) 대격 : 구매품에 대해
часть	일부분 (여성)
э́тих	э́ти 생격 : 이러한
де́нег	де́ньги 생격 : 돈
ко́пится	копи́ться 3인칭 단수 : 적립되다
смогу́	смочь 1인칭 단수 : 할 수 있다 (완)
их	они 대격 : 그것들, 그들
испо́льзовать	+ что 이용하다
у ка́ссы	у + ка́сса (여성) 생격 : 계산대

[문법문형 이야기]

24. Э́та ка́рта вы́годна. 이 카드는 유익해.

Он	вы́годен	∅
Она́	вы́годна	-а
Оно́	вы́годно	-о
그것은	이득이 되다	어미형태

형용사는 명사를 꾸며주는 말입니다. 그러나 형용사는 술어로도 사용됩니다.

Э́то краси́вая ру́чка. Она́ краси́вая.
이것은 예쁜 펜입니다. 그것은 예쁩니다.

러시아어에서는 술어로만 쓰이는 형용사형이 있습니다. 형용사가 -ый, -ая, -ое와 같이 비교적 길이가 긴 어미를 갖는데 반해, 술어로만 사용하는 형용사는 어미가 짧다고 해서 단어미(短語尾)형이라고 부릅니다. 형용사 장어미가 항상적인 자질, 특성을 가리킨다면 단어미형은 일시적인 상황에서의 특성을 가리킵니다.

Ты не го́лоден? 너 배 안고프니?
Волк всегда́ голо́дный. 늑대는 항상 배가 고프다.
Она некраси́вая де́вушка. А вчера́ она́ была́ краси́ва на сва́дьбе.
그녀는 예쁘지 않은 아가씨이다. 그런데 그녀는 어제 결혼식에서는 예뻤다.

자주 사용하는 단어미형입니다.

Он (남성)	рад	бо́лен	гото́в	изве́стен	согла́сен
Она́ (여성)	ра́да	больна́	гото́ва	изве́стна	согла́сна
Они́ (복수)	ра́ды	больны́	гото́вы	изве́стны	согла́сны
	기쁘다	아프다	준비되다	유명하다	동의하다

※ 단어미 남성형(бо́лен, изве́стен, согла́сен)에서 자음이 연속해서 이어지는 경우, 자음 사이에 출몰모음 о, е 등을 삽입합니다.

25. 전치사 за

✽ за + 명사조격 : ~를 가지러, ~를 사러: 물건 사러 갑니다.

Тепе́рь	идём	за проду́ктами	.
이제	가다	물건들을 사러(조격)	

✽ за + 명사대격 : ~에 대하여, 대신하여: 물건 값을 어디에서 내죠?

Где	(ну́жно)	плати́ть	за проду́кты	?
어디에서	필요하다	지불하다	물건들에 대해(대격)	

의무적인 의미를 갖는 의문문에서 의문사와 동사부정형이 사용된 것을 볼 수 있습니다. 이 경우는 양상술어 на́до, ну́жно, мо́жно 등이 생략된 것으로 이해합시다.

[Дава́йте поговори́м!]

1. 본문을 읽고 옆 친구와 함께 다음의 질문과 대답을 주고 받아보세요.

1) Тебе́ нра́вится E-MART?
예 Да, мне нра́вится E-MART.
2) Тебе́ ну́жно офо́рмить ка́рту постоя́нного покупа́теля?
예 Да, мне ну́жно офо́рмить ка́рту постоя́нного покупа́теля.
3) Для чего́ ну́жно офо́рмить ка́рту постоя́нного покупа́теля?
예 Э́то бу́дет вы́годно.
4) Оформле́ние ка́рты – пла́тно и́ли беспла́тно?
예 Офо́рмить ка́рту – э́то беспла́тно.
5) Чем вы́годна ка́рта постоя́нного покупа́теля?
예 Де́ньги ко́пятся на ка́рте.
6) Каки́е де́ньги ко́пятся на ка́рте?
예 Де́ньги, кото́рые ты пла́тишь за поку́пку.

2. 옆 친구에게 다음 질문을 해 보세요. 번갈아 친구의 질문에 본인도 대답을 해보세요.

1) Кака́я систе́ма существу́ет в больши́х коре́йских универма́гах?
예 В Коре́е существу́ет накопи́тельная систе́ма.
2) Така́я систе́ма вы́годна для покупа́теля?
예 Да, така́я систе́ма вы́годна и для покупа́теля и для универма́га.
3) В Коре́е есть сезо́н ски́док?
예 Да, в Коре́е есть сезо́н ски́док.
4) В Росси́и существу́ет ка́рта постоя́нного покупа́теля?
예 Да, существу́ет.
5) Её удо́бно испо́льзовать?
예 Да, удо́бно.
6) Андре́й ча́сто испо́льзует ка́рту постоя́нного покупа́теля?
예 Нет, он не ча́сто её испо́льзует.

накопи́тельный, ая 적립의; ски́дка 할인; сезо́н 시즌, 계절; существова́ть, вую, вуешь (불) 존재하다; удо́бно (부) 편리하다

3. 다음 한국어 대화를 옆 친구에게 읽어주고 러시아어로 통역하게 해 보세요. 번갈아 친구에게 읽게 하고 본인도 통역을 해보세요.

3-1

1) 넌 E-MART가 좋니?
- 그래, 난 E-MART가 좋아.
2) 넌 포인트 카드를 만들어야 하니?
- 응, 난 포인트 카드를 만들어야 해.
3) 왜 포인트 카드를 만들어야 하니?
- 이득이 돼.
4) 카드를 만드는 것은 유료니 무료니?
- 카드를 만드는 것은 무료야.
5) 포인트 카드가 왜 이득이 되니?
- 카드에 돈이 적립돼.
6) 무슨 돈이 카드에 적립되니?
- 네가 물건 값으로 낸 금액이야.

3-2

1) 한국의 대형 백화점에는 어떤 시스템이 있니?
- 한국에는 적립 시스템이 있어.
2) 이런 시스템이 구매자들에게 이익이니?
- 응, 이런 시스템은 구매자도 백화점도 이익이야.
3) 한국에는 세일 시즌이 있니?
- 응, 한국에는 세일 시즌이 있어.
4) 러시아에는 포인트 카드가 있니?
- 그래, 있어.
5) 포인트 카드 사용하는 것이 편하니?
- 그래, 편해.
6) 안드레이는 포인트 카드를 자주 사용하니?
- 아니, 그는 포인트 카드를 자주 사용하지 않아.

[재미있게 읽어보는 문법이야기 3]

러시아어에는 6격이 있다!!
– 주격과 생격

러시아어에는 6개의 격이 있습니다. 격이 무엇일까요? 아마도 독어나 불어를 제2외국어로 공부해 봤다면 격이라는 용어가 그리 낯설지 않을 겁니다. 영어는 문장에서의 위치에 따라 주어, 목적어 등이 결정됩니다. 우리말에서는 조사가 있어 문장 안에서 주격조사가 사용되면 주어, 목적격 조사가 사용되면 목적어가 됩니다. 반면 러시아어에는 6개의 격이 있어서, 주어는 주격이 목적어는 목적격이 사용됩니다.

러시아어의 격: 주격, 생격, 여격, 목적격, 조격, 전치격

이번 문법이야기에서는 이 중 으뜸이 되는 주격과 생격에 대해서 알아봅시다.

❃주격 (Имени́тельный паде́ж)

주격은 문장 안에서 주어의 역할을 하는 격으로 우리가 외우는 단어의 형태가 주격형태입니다. 영어에서는 주어가 반드시 필요해서 주어가 없는 경우 가주어까지 두지만 러시아어에서는 주어의 생략이 자유로우며, 심지어는 주어가 없는 문장도 가능합니다.

다음은 주격을 확인할 수 있는 질문과 대답입니다:

КТО э́то? 이 사람은 누구니? Э́то ИВА́Н. 이반이야.	ЧТО э́то? 이건 뭐니? Э́то КНИ́ГА 책이야.	КТО чита́ет? 누가 읽고 있니? СТУДЕ́НТ чита́ет. 학생이 읽고 있어

❃생격 (Роди́тельный паде́ж)

러시아어에서 생격은 쓰임의 범위나 정도에서 가장 다채로운 격입니다. 생격의 생(生)은 '나다, 탄생하다'의 의미로서 생격이 갖는 생산성이 반영되어 있습니다. 생격의 쓰임은 매우 많지만 우선적으로 소유관계, 부정생격, 수량표현에서 사용됩니다.

1. 소유관계에서의 생격

ЧЕЙ э́то уче́бник? 이것은 누구 교과서니? Э́то уче́бник ИВА́НА. 이것은 이반의 교과서야.	Како́й э́то бе́рег? 이것은 어떤 기슭이니? Э́то бе́рег МО́РЯ 이것은 해변이야.

2. 수량 생격

оди́н рубль (час, день, год), одна́ во́на (мину́та, ночь, неде́ля)

1루블 (시간, 낮, 년), 1원 (분, 새벽, 일주일)

два (две) три, четы́ре + { РУБЛЯ́ (часа́, дня, го́да) / ВО́НЫ (мину́ты, но́чи, неде́ли) }

2, 3, 4 + 단수생격

пять~, мно́го, ско́лько + { РУБЛЕ́Й (часо́в, дней, лет) / ВОН (мину́т, ноче́й, неде́ль) }

5이상, 많은, 얼마나 + 복수생격

3. 부정 생격

У меня́ нет БРА́ТА. 나는 남자형제가 없다.	Сего́дня нет ДОЖДЯ́. 오늘은 비가 안 온다.	Я не зна́ю Э́ТОГО ЧЕЛОВЕ́КА. 나는 이 사람을 모른다.

주어의 위치에서는 부정될 때 주격과 생격이 반드시 교차하여 사용됩니다. 목적어 위치에서 부정되는 경우도 대격의 사물이나 사람이 생격으로 바뀌어 사용됩니다. 그러나 구체적인 사물인 경우 대격이 그대로 쓰이기도 합니다:

Она́ не купи́ла "Литерату́рную газе́ту". 그녀는 "문학신문"을 사지 않았다.
Она́ НИКАКО́Й ГАЗЕ́ТЫ не купи́ла. 그녀는 아무 신문도 사지 않았다.

4. 시간표현에서의 생격

Како́е сего́дня число́? 오늘 며칠이지? Сего́дня пе́рвое МА́РТА. 오늘은 3월 1일이야	Когда́ вы роди́лись? 언제 태어났죠? Я роди́лся ВТОРО́ГО ИЮ́НЯ. 6월 2일에 태어났어요.

5. 명사의 생격 어미 형태

	단수주격	단수생격	복수생격	복수어미형태
남성	студе́нт	студе́нтА	студе́нтОВ	-ОВ
	геро́й	геро́Я	геро́ЕВ	-ЕВ
	писа́тель	писа́телЯ	писа́телЕЙ	-ЕЙ
중성	о́зеро	о́зерА	озёр	∅ 어미
	мо́ре	мо́рЯ	морЕ́Й	-ЕЙ
	зда́ние	зда́ниЯ	зда́ний	∅ 어미
여성	студе́нтка	студе́нтκИ	студе́нток	∅ 어미
	пе́сня	пе́снИ	пе́сен	∅ 어미
	фотогра́фия	фотогра́фиИ	фотогра́фий	∅ 어미
	тетра́дь	тетра́дИ	тетра́дЕЙ	-ЕЙ

6. 생격지배 전치사

У ~옆에	Дере́вья расту́т у до́ма. 나무들이 집 옆에서 자라고 있다.
НЕДАЛЕКО́ ОТ ~멀지 않은 곳에	недалеко́ от до́ма 집에서 멀지않은 곳에서
ВОКРУ́Г ~주위에	вокру́г до́ма 집 주위에
О́КОЛО ~근처에	о́коло до́ма 집 가까이에서
ПОЗАДИ́ ~뒤에	позади́ до́ма 집 뒤에서
НАПРО́ТИВ ~맞은편에	напро́тив до́ма 집 맞은편에서
ПОСРЕДИ́ ~가운데에	посреди́ са́да 정원 가운데에서
МИ́МО ~옆으로	Я прошёл ми́мо магази́на. 나는 가게 옆으로 지나갔다.
ВДОЛЬ ~따라	Я иду́ вдоль реки́. 나는 강을 따라 걷는다.

ДО ~까지	Я бы́стро дошёл до магази́на. 나는 빨리 가게까지 갔다.
ДЛЯ ~위해	Э́то я́щик для пи́сем. 이것은 우체통이다.
КРО́МЕ ~제외하고	Все пришли́ кро́ме моего́ бра́та. 내 오빠를 제외하고 모두 왔다
БЕЗ ~없이	Мне ску́чно без тебя́. 네가 없으면 나는 심심하다.
С/ ИЗ ~로부터	Я вы́шел из ко́мнаты. 나는 방에서 나왔다. (Я вошёл в ко́мнату). (나는 방으로 들어갔다) Я встал со сту́ла. (Я сиде́л на сту́ле) 의자에서 일어섰다.

※ проси́ть, хоте́ть, тре́бовать, иска́ть, ждать 동사 뒤에 추상적이거나 불특정한 사물이 목적어인 경우 생격이 사용됩니다. 반면 구체적인 사람이나 사물이 목적어인 경우는 대격이 쓰입니다.

생격	Я хочу́ МИ́РА. 나는 평화를 원한다.	Он про́сит ВНИМА́НИЯ. 그는 집중하라고 요구한다.	Я жду АВТО́БУСА. 나는 버스를 기다린다.
대격	Я хочу́ я́блоко. 나는 사과를 원해.	Он про́сит биле́т. 그는 표를 요구하고 있어.	Я жду авто́бус No 5. 나는 5번 버스를 기다려.

※※ нали́ть, положи́ть, наре́зать, вы́пить, съесть 등의 동사는 목적어 전부를 다 취한 경우는 대격이, 일부만을 취한 경우에는 생격이 사용됩니다.

생격	нали́ть СО́КА в стака́н. 컵에 주스를 따를 때.	вы́пить МОЛОКА́. 우유를 컵에 따라 마실 때.
대격	нали́ть сок в кувши́н. 주스를 통째로 물통에 부을 때.	вы́пить молоко́. 우유를 통째로 들고 마실 때.

[흥미진진 러시아3]

마트료시카 이야기

Матрёшка

Матрёшка - наиболее известный и любимый всеми российский сувенир, явление мирового масштаба. Первая русская матрёшка появилась в конце XIX века, это символ русского народного искусства. Как правило, матрёшки изготавливают из древесины таких лиственных пород деревьев, как липа, берёза, ольха, осина. Самым благодатным материалом является липа. Первая русская матрёшка, выточенная Василием Звездочкиным и расписанная Сергеем Малютиным, была восьмиместной: за девочкой с чёрным петухом следовал мальчик, затем опять девочка и так далее. Все фигурки отличались друг от друга, а последняя, восьмая изображала спелёнатого младенца. В 1900 году русская матрёшка экспонировалась на Всемирной выставке в Париже, где получила медаль и мировое признание. Матрёшка - это произведение и скульптурное и живописное, это образ и душа России. Русская матрёшка стала модным сувениром. Красиво расписанные и дорогие матрёшки продаются иностранцам как своеобразный символ России, как типичный русский сувенир. За этим увлечением мы забыли, что матрёшка - не только украшение или сувенир, но что она - прежде всего игрушка для детей.

ТЕ́МА 3. МАГАЗИ́Н.

А́нна : Хун, у меня́ есть пробле́мы.

Хун : Каки́е?

А́нна : Я люблю́ пить чай.

Хун : И каки́е пробле́мы?

А́нна : Мне ну́жно купи́ть электри́ческий ча́йник.

Хун : А ещё что́-нибудь ну́жно?

А́нна : Да, мне ещё ну́жно купи́ть проду́кты.

Хун : Всё поня́тно.

А́нна : А есть магази́н, где мо́жно купи́ть всё сра́зу?

Хун : Да. Недалеко́ от нас нахо́дится E-MART.

А́нна : E-MART?

Хун : Да. Это большо́й универса́м. Там всё есть. Дава́й посмо́трим план магази́на.

А́нна : Дава́й.

(в магази́не)

Хун : На пе́рвом этаже́ - проду́кты. На второ́м - бытова́я те́хника и электро́ника.

А́нна : Снача́ла ку́пим ча́йник.

Хун : Посмотри́, здесь о́чень большо́й вы́бор ча́йников.

А́нна : Да. О́чень сло́жно вы́брать.

Хун : Како́й тебе́ нра́вится?

А́нна : Вот э́тот, металли́ческий.

Хун : Скажи́те, пожа́луйста, ско́лько сто́ит э́тот ча́йник?

Продаве́ц: 100,000 (сто ты́сяч) вон.

А́нна : До́рого.

Хун : Да, дорогова́то. А есть деше́вле?

Продаве́ц : Вот это то́же хоро́ший ча́йник из США.

А́нна : Ско́лько он сто́ит?

Продаве́ц : 70,000 (се́мьдесят ты́сяч) вон.

Хун : Мне ка́жется, цена́ норма́льная.

А́нна : Ку́пим его́.

Хун : Тепе́рь идём за проду́ктами.

А́нна : А где плати́ть за ча́йник?

Хун : Опла́тим вме́сте все поку́пки.

А́нна : Хорошо́.

Хун : Тебе́ нра́вится э́тот магази́н?

А́нна : Да, а что?

Хун : Тебе́ ну́жно офо́рмить ка́рту постоя́нного покупа́теля. Тогда́ тебе́ э́то бу́дет вы́годно.

А́нна : Э́то пла́тно?

Хун : Нет, беспла́тно.

А́нна : Чем вы́годна э́та ка́рта?

Хун : Ты пла́тишь за поку́пку. Часть э́тих де́нег ко́пится на ка́рте.

А́нна : Пото́м я смогу́ их испо́льзовать?

Хун : Да.

А́нна : О́чень хорошо́. Где мо́жно офо́рмить?

Хун : У ка́ссы.

А́нна : Хорошо́.

TÉMA 4

В БА́НКЕ

단원목표

① 친구에게 시간이 있는지 묻는 표현을 할 수 있나요?
② 친구에게 도움을 요청하는 표현을 할 수 있나요?
③ 친구에게 은행계좌 개설 필요가 있다는 표현을 할 수 있나요?
④ 걱정 말라는 표현을 할 수 있나요?
⑤ 먼저 번호표를 뽑아야 된다고 말할 수 있나요?
⑥ 버튼을 누르고 번호표를 뽑으라는 표현을 할 수 있나요?
⑦ 계좌개설을 하려면 신청서를 작성해야 된다는 표현을 할 수 있나요?
⑧ 직원에게 외국인등록증과 신청서를 제출하라는 표현을 할 수 있나요?
⑨ 스크린에 번호가 나온다는 표현을 할 수 있나요?
⑩ 직원이 일을 마친 다음 카드와 통장을 줄 거라는 표현을 할 수 있나요?
⑪ 계좌에 얼마나 남았느냐는 표현을 할 수 있나요?

학습방법

① 본문을 읽고 들어 본다.
② 친구와 함께 대화연습의 질문과 대답을 실습해 본다.
③ 사전을 이용해 〈돈 이야기〉를 읽고 가장 인상적인 부분에 밑줄을 긋고 간략하게 이야기를 나눠 본다.

대화12. 무엇을 도와드릴까요? Чем я могу́ помо́чь?

А́нна : Хун, у тебя́ есть сего́дня свобо́дное вре́мя?
Хун : Да, а что?
А́нна : Ты не мог бы помо́чь мне?
Хун : С удово́льствием. Чем я могу́ помо́чь?

А́нна : Мне ну́жно откры́ть счёт в ба́нке.
Хун : Хорошо́, это не сло́жно.
А́нна : Ура́! Я о́чень пережива́ла.
Хун : Не на́до пережива́ть. Пойдём.

훈아, 오늘 시간 있어?
그래, 왜?
날 좀 도와줄 수 있어?
기꺼이. 도와줄게.
무엇을 도와주면 되니?
은행 계좌를 만들고 싶어.
알았어. 어려운 일도 아닌데.
만세! 걱정을 많이 했어.
걱정할 필요 없어. 가자.

сего́дня	오늘 (부사)
свобо́дное	자유로운 (중성)
вре́мя	시간 (중성)
мог	мочь 과거 남성: 할 수 있다
могу́	мочь 현재 1인칭 단수: 할 수 있다
помо́чь	+ кому́ 돕다
с удово́льствием	с + удово́льствие (중성) 조격: 만족스럽게, 기꺼이
ну́жно	필요하다 (술어부사)
откры́ть	열다, 개설하다 (완)
счёт	계좌 (남성)
в ба́нке	в + банк (남성) 전치격: 은행에서
сло́жно	복잡하다 (부사)
о́чень	매우 (부사)
пережива́ла	пережива́ть 과거 여성: 염려하다
на́до	해야 하다 (술어부사)
пойдёмте	пойти́ 청유형 복수: 갑시다

문법문형 이야기

26. не могли́ бы ~ 해 주실 수 없으세요; ~ 좀 해 주세요

вы	не могли́ бы	помо́чь	мне	?
당신은	해주실 수 없으세요	도움을 주다	나에게(여격)	

Вы не могли́ бы ~ 표현은 Вы мо́жете ~ 표현보다 더 공손한 표현으로 러시아어에서는 부정으로 묻는 경우 더 공손한 어감을 갖게 됩니다.

Вы не могли́ бы { помо́чь мне? 저를 좀 도와주실 수 없나요?
сказа́ть мне? 제게 말씀 좀 해 주실 수 없나요?
переда́ть мне? 제게 전달 좀 해 주실 수 없나요? }

Вы мо́жете { помо́чь мне? 저를 도와줄 수 있나요?
сказа́ть мне? 제게 말해줄 수 있나요?
переда́ть мне? 제게 전달해줄 수 있나요? }

27. Чем я могу́ помо́чь 무엇을 도와드릴까요?

Чем	я	могу́	помо́чь	?
무엇을, 무엇으로	나는	할 수 있다	도움을 주다	

우리말 번역은 '무엇을'이지만 что가 아닌 чем으로 묻습니다. 즉, 무슨 방법으로 도움을 드리면 되는 지를 묻는 표현입니다. 우리말에서는 '누구를 돕다'이지만 러시아어 동사 помо́чь는 도움을 받는 사람이 여격으로 표현됩니다. 따라서 '돕다'는 '도움을 주다'로 이해하는 것이 좋습니다.

Вы не могли́ бы помо́чь { мне? / ему́? / ей? / им? } (여격) - Я помогу́ { тебе 너를 도와줄게. 네게 도움을 줄게. / ему́ 그를 도와줄게. / ей. 그녀를 도와줄게. / им. 그들을 도와줄게. } (여격)

28. нýжно, нáдо 필요하다, 해야 한다

нýжно, нáдо 등과 같이 필요나 의무를 나타내는 양상술어들은 동사원형과 함께 사용됩니다. 주어에 해당하는 사람은 여격으로 표현됩니다.

Мне	нýжно	откры́ть	счёт	.
나는(여격)	필요하다	개설하다	계좌를(대격)	

Мне Тебé Вам Емý Ей Им (여격)	нýжно откры́ть счёт	계좌를 개설할 필요가 있다.
	нáдо рабóтать	일해야만 한다.
	не нáдо переживáть	염려할 필요가 없다.

29. есть ли~ 간접의문문

Он	спроси́л,	есть ли	у меня́	кни́га	.
그는	묻다(완)	있는지 여부를	나한테	책이	

무언가를 물을 때 의문사나 억양을 통해 직접 묻는 직접의문문 외에 간접의문문을 사용할 수 있습니다. 의문사가 없는 간접의문문은 의문소사 ли를 통해 만듭니다. 묻는 말 뒤에 ли를 놓고 종속문의 맨 앞으로 옮기면 됩니다. 직접의문문을 간접의문문으로 바꿀 때는 인칭대명사와 동사의 인칭변화에 유의해야 합니다. 의문소사 ли를 통한 간접의문문에는 '~인지, 아닌지'와 같이 영어의 'whether...or not'에 해당하는 어감이 덧붙여집니다.

Он сказáл: "У тебя́ есть кни́га?" ⇨ Он спроси́л, есть ли у меня́ кни́га.
그는 말했다: "너는 책 있니?" ⇨ 그는 내가 책이 있는지 여부를 물었다.
Я не знáю, бýдет ли зáвтра контрóльная. 내일 시험이 있을지 (없을지) 모르겠다.
Я хочý узнáть, <u>скóро ли</u> вернётся пáпа. 아빠가 곧 오실 건지가 궁금하다.

[Дава́йте поговори́м! 1 2]

1. 본문을 읽고 옆 친구와 함께 다음의 질문과 대답을 주고 받아보세요.

1) У тебя́ есть сего́дня свобо́дное вре́мя?
예 Да, у меня́ есть свобо́дное вре́мя.
2) Почему́ ты спра́шиваешь, есть ли у меня́ свобо́дное вре́мя?
예 Потому́ что мне нужна́ твоя́ по́мощь.
3) Ты не мог бы помо́чь мне?
예 Я с удово́льствием помогу́ тебе́.
4) Чем я могу́ помо́чь?
예 Мне ну́жно откры́ть счёт в ба́нке.
5) Э́то сло́жно?
예 Нет, э́то не сло́жно.
6) Почему́ ты о́чень пережива́ла?
예 Потому́ что я ду́мала, что э́то сло́жно.
7) Пойдём сейча́с в банк.
예 Пойдём.

2. 옆 친구에게 다음 질문을 해 보세요. 번갈아 친구의 질문에 본인도 대답을 해보세요.

2-1
1) У Джи-ху́на за́втра бу́дет свобо́дное вре́мя?
예 Нет, у Джи-ху́на за́втра не бу́дет свобо́дного вре́мени.
2) Когда́ у Джи-ху́на бу́дет свобо́дное вре́мя?
예 Послеза́втра у него́ бу́дет свобо́дное вре́мя.
3) Заче́м Ка́те ну́жен Джи-хун?
예 Ка́те нужна́ его́ по́мощь.
4) Джи-хун смо́жет помо́чь Ка́те?
예 Джи-хун обеща́л, что он сде́лает всё, что смо́жет.
5) Кака́я по́мощь нужна́ Ка́те?
예 Ка́тя хо́чет отпра́вить письмо́ в Росси́ю.

спра́шивать, ваю, ваешь (+ кого́, + у кого́) (불) 질문하다 ; есть ли 있는지?; послеза́втра 모레; отпра́вить, влю, вишь 보내다; про́сто 단지, 단순히

6) Джи-хун помóжет ей отпрáвить письмó?

예 Конéчно, он помóжет Кáте.

2-2

1) Э́то не слóжно для Джи-хýна?

예 Нет, он сдéлает э́то с удовóльствием.

2) Отпрáвить письмó из Корéи в Росси́ю – слóжно?

예 Нет, ничегó слóжного.

3) Почемý Кáтя так си́льно переживáла?

예 Потомý что онá не знáла, что отпрáвить письмó так прóсто.

4) Тепéрь Кáтя не бýдет переживáть?

예 Онá не бýдет переживáть.

5) Почемý Кáтя бóльше не бýдет переживáть?

Потомý что тепéрь онá знáет, что отпрáвить письмó óчень прóсто.

3. 다음 한국어 대화를 옆 친구에게 읽어주고 러시아어로 통역하게 해 보세요. 번갈아 친구에게 읽게 하고 본인도 통역을 해보세요.

3-1

1) 오늘 시간이 있니?

- 응, 시간이 있어.

2) 너는 왜 내가 시간이 있는지 물어보니?

- 왜냐하면 나는 너의 도움이 필요하기 때문이야.

3) 너는 날 도와줄 수 없니?

- 기꺼이 널 도와줄게.

4) 내가 무엇을 도와줄까?

- 나는 은행계좌를 만들어야 해.

5) 만드는 것이 어렵니?

- 아니, 어렵지 않아.

6) 너는 왜 그렇게 걱정하니?

- 만들기가 어렵다고 생각했기 때문이지.

7) 지금 은행에 가자.

- 그래.

3-2

1) 지훈이는 내일 시간이 있니?
 - 아니, 지훈이는 내일 시간이 없어.
2) 지훈이는 언제 시간이 있니?
 - 지훈이는 모레 시간이 있어.
3) 카탸는 왜 지훈이가 필요하니?
 - 카탸는 그의 도움이 필요해.
4) 지훈이는 카탸를 도울 수 있니?
 - 지훈이는 자기가 할 수 있는 모든 것을 도와주기로 약속했어.
5) 카탸는 무슨 도움이 필요하니?
 - 카탸는 러시아로 편지를 보내고 싶어해.
6) 지훈이는 편지 보내는 것을 도울 수 있니?
 - 물론 그는 카탸를 도울 수 있어.

3-3

1) 지훈이는 카탸를 도와주는 것이 어렵니?
 - 아니, 그는 기꺼이 도와 줄 거야.
2) 한국에서 러시아로 편지를 보내는 것이 어렵니?
 - 아니, 전혀 어렵지 않아.
3) 카탸는 왜 그렇게 많이 걱정했니?
 - 왜냐하면 그녀는 편지를 보내는 것이 그렇게 간단할 것인 줄 몰랐기 때문이야.
4) 이제 카탸는 걱정하지 않아도 되니?
 - 그녀는 걱정하지 않을 거야.
5) 카탸는 왜 더 이상 걱정하지 않니?
 - 이제 그녀는 편지를 보내는 것이 간단하다는 것을 알기 때문이야.

대화13. 번호표를 뽑으세요. Возьми́те тало́нчик!

Хун : Снача́ла ну́жно взять тало́нчик о́череди.
А́нна : А где?
Хун : У вхо́да стои́т специа́льный аппара́т.
Нажми́ на кно́пку и возьми́ тало́нчик.

А́нна : Я взяла́. Но́мер 101 (сто оди́н).
Хун : 101. Зна́чит, мы сле́дующие.
А́нна : Отку́да ты зна́ешь?
Хун : Смотри́, на экра́не высве́чивается но́мер.
А́нна : О, как удо́бно!

Основан в 1841 году
СБЕРБАНК РОССИИ
СИБИРСКИЙ БАНК
КЕМЕРОВСКОЕ ОТДЕЛЕНИЕ

먼저 번호표를 뽑아야 해.
어디서?
입구 근처에 기계가 있어. 버튼을 누르고 뽑으면 돼.
뽑았어. 101번이야.
101번. 그러니까, 우리는 다음 차례다.
어떻게 알아?
봐, 화면에 번호가 나와 있지?
와, 정말 편하다.

снача́ла	처음에 (부사)
взять	가지다, 잡다; 뽑다 (완)
тало́нчик	표 (남성)
о́череди	о́чередь (여성) 생격 : 순서, 줄
взяла́	взять 과거 여성 : 잡다
но́мер	번호 (남성)
101	сто оди́н
зна́чит	зна́чить 3인칭 단수: 의미한다, 즉
сле́дующие	сле́дующий (남성) 복수 : 다음의
зна́ете	знать 2인칭 복수 : 알다
смотри́те	смотре́ть 명령형 : 보세요
на экра́не	на + экра́н (남성) 전치격 : 화면에서
высве́чивается	высве́чиваться 3인칭 단수 : 밝게 비춰진다
удо́бно	편하다 (부사)
аппара́т	기계 (남성)
возьми́	взять 명령형 : 뽑아라
кно́пку	кно́пка (여성) 대격 : 버튼
нажми́	нажа́ть + (на) что 명령형 : 눌러라

[문법문형 이야기]

30. Нажми́те на кно́пку. 버튼을 누르세요.

Нажми́те	на	кно́пку	.
누르다(완)	~로(방향)	버튼을(대격)	

нажа́ть의 어휘 의미는 '누르다. 압박을 가하다'입니다. 은행에서의 번호표 버튼 외에도 집의 현관 초인종을 누를 때도 같은 표현을 사용하면 됩니다. 혹은 힘으로 문을 미는 경우에도 사용됩니다. на를 생략해서 말하기도 합니다.

Нажми́те кно́пку две́ри. 초인종 버튼을 누르세요.

31. стои́т (서) 있다.

У вхо́да	стои́т	специа́льный	аппара́т	.
입구에	있다	특별한	기계가	

러시아어에는 '있다' 표현은 생략이 가능합니다. 만약 '있다'라는 표현을 하는 경우, '물건이 ~에 있다'는 표현을 할 때 물건이 놓여 있는 상태, 모습에 따라 사용하는 동사가 다릅니다. 물건이 수직으로 세워져 있는 경우에 стоя́ть '서 있다' 동사를 사용하지만 해석할 때는 적당한 우리말로 바꿔 표현합니다.

У вхо́да стои́т стул. 입구에 의자가 놓여 있다.
Там стои́т крова́ть. 거기에 침대가 있다.
Здесь стои́т ва́за. 여기에 꽃병이 세워져 있다.

32. Как удо́бно! 얼마나 편한가!

Как	удо́бно	!
얼마나	편리하다	

как과 부사를 이용하여 감탄문을 만들 수 있습니다. 여러 가지 부사가 사용된 감탄문의 예입니다.

Как хорошо́! 얼마나 좋은가!
Как смешно́! 얼마나 우스운가!
Как интере́сно! 얼마나 재미있는가!
Как хо́лодно! 얼마나 추운가!
Как до́рого! 얼마나 비싼가!

Как пло́хо! 얼마나 나쁜지!
Как серьёзно! 얼마나 진지한가!
Как ску́чно! 얼마나 지루한가!
Как тепло́! 얼마나 따뜻한가!
Как дёшево! 얼마나 값싼가!

✽ 동사활용형

нажать 누르다 (완)	
я нажму́ ты нажмёшь он нажмёт	мы нажмём вы нажмёте они нажму́т

стоять 서 있다 (불완)	
я стою́ ты стои́шь он стои́т	мы стои́м вы стои́те они стоя́т

[Дава́йте поговори́м! 1 3]

1. 본문을 읽고 옆 친구와 함께 다음의 질문과 대답을 주고 받아보세요.

1) Что ну́жно сде́лать снача́ла в ба́нке?
예 Снача́ла ну́жно взять тало́нчик.
2) Како́й тало́нчик ну́жно взять?
예 Ну́жно взять тало́нчик о́череди.
3) Где мо́жно взять тало́нчик о́череди?
예 У вхо́да стои́т специа́льный аппара́т.
4) Как доста́ть тало́нчик из специа́льного аппара́та?
예 Нажми́ на кно́пку и возьми́ тало́нчик.
5) Ты взяла́ тало́нчик?
예 Да, я взяла́ тало́нчик.
6) Како́й но́мер тало́нчика?
예 Но́мер тало́нчика — 15.
7) Когда́ на́ша о́чередь?
예 Мы сле́дующие.
8) Отку́да ты зна́ешь, что мы сле́дующие?
예 Я зна́ю, потому́ что на экра́не высве́чивается но́мер.

2. 옆 친구에게 다음 질문을 해 보세요. 번갈아 친구의 질문에 본인도 대답을 해보세요.

1) Что Сонг-мин сде́лал, когда́ пришёл на по́чту?
예 Он взял тало́нчик о́череди.
2) Сонг-мин знал как испо́льзовать аппара́т?
예 Он знал как испо́льзовать аппара́т и научи́л э́тому Ка́тю.
3) Аппара́т сло́жно испо́льзовать?
예 Нет, ну́жно про́сто нажа́ть на кно́пку, тогда́ появи́тся тало́нчик.
4) Что напи́сано на тало́нчике?
예 На тало́нчике напи́сан но́мер.
5) Когда́ бу́дет о́чередь Ка́ти?
예 Её о́чередь — сле́дующая.

доста́ть, ну, нешь (+ что) (완) 꺼내다; прийти́, приду́, придёшь (과) пришёл, пришла́ (완) 도착하다 ; научи́ть, чу, чишь, (+ чему́ кого́) (완) 가르치다; появи́ться, появлю́сь, вишься (완) 나타나다; напи́санный, (단) ан, ана, ан, ано, написа́ть의 (피동형과거) 적혀 있는 ; узна́ть, наю, наешь (완) 알아내다

6) Как узнáть, когдá бýдет её óчередь?

예 На экрáне сейчáс высвéчивается нóмер.

3. 다음 한국어 대화를 옆 친구에게 읽어주고 러시아어로 통역하게 해 보세요. 번갈아 친구에게 읽게 하고 본인도 통역을 해보세요.

3-1

1) 은행에서 먼저 무엇을 해야 되니?
- 먼저 표를 뽑아야해.
2) 무슨 표를 뽑아야하니?
- 번호표를 뽑아야 해.
3) 번호표를 어디에서 뽑니?
- 입구 옆에 기계가 있어.
4) 기계에서 표를 어떻게 꺼내니?
- 버튼을 누르고 표를 뽑으면 돼.
5) 넌 표를 뽑았니?
- 응, 표를 뽑았어.
7) 언제 우리 차례지?
- 우리는 다음 차례야.
8) 넌 우리가 다음 차례인 것을 어떻게 아니?
- 화면에 번호가 나타나서 알 수 있기 때문이야.

3-2

9) 성민이는 도착했을 때 무엇을 했니?
- 그는 번호표를 뽑았어.
10) 기계 사용하는 법을 성민이는 알고 있었니?
- 그는 기계 사용하는 법을 알고 있었고 카탸에게 가르쳐 주었어.
11) 기계를 사용하는 것이 어렵니?
- 아니, 단지 버튼을 누르기만 하면 표가 나와.
12) 표에 무엇이 쓰여 있니?
- 표에는 번호가 쓰여 있어.
13) 그녀의 차례는 언제니?
- 그녀의 차례는 다음이야.
14) 그녀의 차례를 어떻게 알았니?
- 지금 화면에 번호가 나오잖아.

대화14. 신청서를 작성하세요. Запóлните анкéту!

Хун : Нам нýжно запóлнить анкéту для откры́тия счёта.
Áнна : По-корéйски?
Хун : Да. Я напишý за тебя́.
У тебя́ есть регистрациóнная кáрта для инострáнцев?
Áнна : Да. Вот она.

Хун : А вот и нáша óчередь.
Дай рабóтнику анкéту и регистрациóнную кáрту для инострáнцев.
Áнна : Хорошó. Э́то всё?
Хун : Да. Э́то всё.

계좌를 개설하기 위해서는 신청서를 작성해야 해.
한국어로 써야하니?
응. 내가 써줄게. 외국인등록증이 있니?
응. 여기 있어.
자, 우리 차례다.
직원에게 신청서와 외국인등록증을 줘.
알았어. 이게 전부야?
응. 전부야.

нам	мы 여격: 우리
запóлнить	채우다
анкéту	анкéта (여성) 대격: 신청서
для	생격 지배 전치사: ~를 위해
откры́тия	откры́тие (중성) 생격: 열기, 개설
счёта	счёт (남성) 생격: 계좌
напишý	написáть 1인칭 단수: 쓰다 (완)
за нас	за + мы 대격: 우리를 대신해서
вот	바로 여기
нáша	наш (여성): 우리의
óчередь	순서, 줄 (여성)
дáйте	дать 명령형: 주세요
рабóтнику	рабóтник (남성) 여격: 직원에게
всё	весь (중성): 모두

[문법문형 이야기]

33. запо́лнить анке́ту. 신청서를 채우다.

Нам	ну́жно	запо́лнить	анке́ту	для откры́тия	.
우리는(여격)	필요하다	채우다	신청서를(대격)	개설을 위한	

빈 칸을 채워서 작성하는 서류에 사용하는 표현입니다.

Мне ну́жно запо́лнить	резюме́.	이력서를 작성해야만 합니다.
	квита́нцию.	영수증을 써야만 합니다.
	зая́вку.	신청서를 채워야만 합니다.
	(대격)	

анке́та나 зая́вка와 같이 일반적인 신청서에 두루 사용되는 말은 구체적으로 어떤 설문인지에 대해서 본문 대화에서와 같이 'для + 명사생격' 이나 'на + 명사대격'으로 표현합니다.

запо́лнить	анке́ту для загранпа́спорта	여권 신청서
	анке́ту для получе́ния креди́та	신용대출 신청서
	анке́ту на загранпа́спорт	여권 신청서
	анке́ту на креди́т	신용대출 신청서

34. Да́йте анке́ту! 신청서를 주세요!

да́йте	남성대격	журна́л 잡지를	!
		слова́рь 사전을	
	여성대격	кни́гу 책을	
		газе́ту 신문을	
	중성대격	я́блоко 사과를	
		зе́ркало 거울을	

러시아어 명령형은 만드는 법이 비교적 간단합니다. 먼저 동사의 현재형 변화를 시키고 3인칭 복수형 어간에 어간이 모음으로 끝나면 명령형 어미 -й, 자음으로 끝나면 강세 있는 -и́를 붙이면 됩니다. 드물지만 강세가 없는 경우에는 -ь가 됩니다. 존칭일 경우, 명령형 어미에 -те를 덧붙입니다.

чита́ть	чита́-ю	Чита́-й!	говори́ть	говор-ю́.	Говори́!
	чита́-ешь	Чита́-йте!		говор-и́шь	Говори́те!
	чита́-ет			говор-и́т	
	чита́-ем			говор-и́м	
	чита́-ете			говор-и́те	
	чита́-ют			говор-я́т	

동사 3인칭 복수	명령형	어미형태
откро́-ют	откро́й(те)! 열어라!	-й
ска́ж-ут	скажи́(те)! 말해라!	-и́
поста́в-ят	поста́вь(те)! 세워 두어라!	-ь

명령형은 동사의 완료상과 불완료상 모두 사용 가능합니다. 불완료상의 사용은 지시의 의미가 강하기 때문에 보통은 더 예의바른 표현으로 완료상이 사용됩니다. 친구들 사이에서는 명령형의 완료상과 불완료상 사용에 의미 차이가 없지만 학생과 선생님의 관계처럼 아랫사람이 윗사람에게 부탁하는 경우에는 완료상의 사용이 더 적합합니다.

Говори́!	Скажи́!	Скажи́те!	Скажи́те, пожа́луйста!
말 해!	말 해봐!	말씀해 주세요!	말씀 좀 해 주세요!

35. за вас 당신을 대신해서

Я	напишу́	за	вас	.
나는	쓰다 (완)	~을 대신해서	당신을(대격)	

'за + 사람대격'은 동사와 함께 사용하여 '~를 위하여', '대신해서'를 뜻합니다.

Я напишу́	за вас.	제가 대신 써 드리죠.
	за тебя́.	내가 대신 써 줄게.
	за него́.	그분 대신 써 드릴게요.
	за неё	그녀 대신 써 드릴게요.
	за них.	그분들 대신 써 드릴게요.
	(대격)	

Попроси́те за меня́. 제 대신 요청해 주세요.

Отве́тьте за меня́. 내 대신 대답해 주세요.

[Дава́йте поговори́м! 1 4]

1. 본문을 읽고 옆 친구와 함께 다음의 질문과 대답을 주고 받아보세요.

1) Для откры́тия счёта в ба́нке ну́жно запо́лнить анке́ту?
예 Да, ну́жно запо́лнить анке́ту для откры́тия счёта.
2) На како́м языке́ ну́жно запо́лнить анке́ту?
예 По-коре́йски.
3) Ты мо́жешь за меня́ запо́лнить анке́ту?
예 Да, я напишу́ за тебя́.
4) У тебя́ есть регистрацио́нная ка́рта для иностра́нцев?
예 Да, у меня́ есть регистрацио́нная ка́рта для иностра́нцев.
5) Что ну́жно дать рабо́тнику?
예 Ну́жно дать анке́ту и регистрацио́нную ка́рту для иностра́нцев.
6) Что ещё ну́жно сде́лать?
예 Бо́льше ничего́ не ну́жно, э́то всё.

2. 옆 친구에게 다음 질문을 해 보세요. 번갈아 친구의 질문에 본인도 대답을 해보세요.

1) Что ну́жно, что́бы отпра́вить письмо́ в Росси́ю?
예 Ну́жно положи́ть письмо́ в конве́рт и написа́ть на конве́рте а́дрес.
2) Адре́с получа́теля и́ли а́дрес отправи́теля?
예 Ну́жно написа́ть и а́дрес получа́теля и а́дрес отправи́теля.
3) Мо́жно написа́ть а́дрес по-ру́сски?
예 Мо́жно, но назва́ние страны́ лу́чше написа́ть по-коре́йски и́ли по-англи́йски.
4) Почему́ назва́ние страны́ нельзя́ про́сто написа́ть по-ру́сски?
예 Потому́ что рабо́тники коре́йской по́чты не зна́ют ру́сский язы́к.
5) Что ещё ну́жно сде́лать?
예 Ну́жно отда́ть письмо́ рабо́тнику по́чты.
6) Я могу́ отда́ть письмо́ рабо́тнику и уйти́?
예 Нет, ты должна́ заплати́ть.

получа́тель, ля, (남) 수신자; отправи́тель, ля, (남) 발신자

3. 다음 한국어 대화를 옆 친구에게 읽어주고 러시아어로 통역하게 해 보세요. 번갈아 친구에게 읽게 하고 본인도 통역을 해보세요.

3-1

1) 은행 계좌를 만들기 위해 신청서를 작성해야 하니?
- 그럼, 계좌를 만들기 위해서 신청서를 작성해야 해.
2) 신청서는 어느 나라 언어로 작성해야 하니?
- 한국어로 작성해야 해.
3) 내 대신 네가 신청서를 작성해줄 수 있니?
- 응, 내가 대신해 작성해줄 수 있어.
4) 너는 외국인등록증이 있니?
- 응, 난 외국인등록증이 있어.
5) 직원에게 무엇을 줘야 하니?
- 신청서와 외국인등록증을 줘야 해.
6) 또 무엇을 해야 하니?
- 더 이상 아무것도 필요 없어. 이것이 전부야.

3-2

1) 러시아로 편지를 보내기 위해서는 무엇이 필요하니?
- 편지 봉투에 편지를 넣고 봉투에 주소를 쓰면 돼.
2) 받는 사람의 주소 아니면 보내는 사람의 주소?
- 받는 사람의 주소도 보내는 사람의 주소도 써야 해.
3) 러시아어로 써도 되니?
- 가능해, 하지만 나라 명은 한국어나 영어로 쓰는 것이 더 나아.
4) 나라 명을 러시아어로 쓰면 왜 안 되니?
- 왜냐하면 한국 우체국 직원들이 러시아어를 모르기 때문이지.
5) 또 무엇을 해야 되니?
- 우체국 직원에게 편지를 줘야 해.
6) 편지를 직원에게 주고 가면 되니?
- 아니, 요금을 지불해야 해.

РОССИЙСКАЯ ФЕДЕРАЦИЯ
RUSSIAN FEDERATION
50№0001392
Подпись владельца
Holder's signature
РОССИЙСКАЯ ФЕДЕРАЦИЯ
ПАСПОРТ/ PASSPORT
Тип/Type
P
РОССИЙСКАЯ / RUSSIAN
ФЕДЕРАЦИЯ / FEDERATION
КАМЧАТСКАЯ ОБЛ.
USSR
17.02.1998
107
СССР
ПАСПОРТ

대화15. 어디에서 카드를 받아야 되지요? Где получи́ть ка́рту?

А́нна : А где мне получи́ть ка́рту?
Хун : Сейча́с рабо́тник всё сде́лает и даст тебе́ ка́рту и Тхо́нг-джанг.
А́нна : Что тако́е Тхо́нг-джанг?
Хун : Ты не зна́ешь?
А́нна : Нет, не зна́ю.

Хун : Тхо́нг-джанг - это ба́нковская кни́жка. В кни́жке ука́зываются все де́нежные опера́ции. Ты так же мо́жешь узна́ть, ско́лько у тебя́ оста́лось на счёте.
А́нна : Тепе́рь всё поня́тно. Ты о́чень помо́г мне.
Хун : Э́то бы́ло не сло́жно.

그런데 카드는 어디서 받아?
지금 직원이 접수를 하고 통장과 카드를 줄 거야.
통장이 뭐야?
모르니?
그래, 몰라.
통장은 은행 수첩이야. 수첩에는 모든 돈의 출입 내역이 적혀있어. 계좌에 잔금이 얼마가 남았는지 알 수 있어.
전부 이해했어. 네가 날 정말 많이 도와줬어.
어려운 일도 아니었는데.

получи́ть	받다, 수령하다 (완)
ка́рту	ка́рта (여성) 대격 : 카드
сейча́с	지금
сде́лает	сде́лать 3인칭 단수 : 하다 (완)
даст	дать 3인칭 단수 : 주다 (완)
вам	вы 여격 : 당신
ба́нковская	은행의 (여성)
кни́жка	수첩 (여성)
ука́зываются	ука́зываться 3인칭 복수 : 표시되어 있다
все	весь 복수 : 모든
де́нежные	де́нежный 복수 : 돈의
опера́ции	опера́ция (여성) 생격 : 작업, 처리
та́к же	또한, 역시
мо́жете	мочь 2인칭 복수 : 할 수 있다
узна́ть	알게 되다
оста́лось	оста́ться 과거 중성 : 남다

[문법문형 이야기]

36. Сейча́с сде́лает. 그가 지금 해 줄거예요.

Работник	сде́лает	и	даст	вам	ка́рту	.
직원이	하다(완)	그리고	주다(완)	당신에게(여격)	카드를(대격)	

✓완료상: 직원이 이 일을 끝내고 당신에게 카드를 줄 거예요.

러시아어에는 동사에 상(相)이 있습니다. 지금까지 배운 불완료상 동사들은 대개 완료상 쌍을 갖고 있습니다. 보통 동사의 불완료상은 '~을 한다'는 동사의 진행적 의미를 갖는데 반해, 완료상 동사는 일회적인 완료의 의미가 부가됩니다.

Сейча́с я де́лаю.	Сейча́с я сде́лаю.
지금 나는 하고 있어요.	지금 나는 다 할 거예요.

예처럼, 불완료상 동사의 인칭변화는 현재의 의미를 갖지만, 완료상 동사의 활용은 행위가 완료될 시점이 고려되어 미래의 의미를 갖게 됩니다.

Рабо́тник	де́лает	и	даёт	вам	ка́рту	.
직원이	하고 있다	그리고	주고 있다	당신에게(여격)	카드를(대격)	

✓불완료상: 직원이 일을 하면서 당신에게 카드를 주고 있어요.

동사의 불완료상은 현재 실제로 일어나는 행위를 말할 때뿐만 아니라 일반적인 행동을 뜻합니다. 완료상은 가까운 미래에 구체적으로 실행될 행위를 표현합니다.

Что ты де́лаешь?	- Я де́лаю дома́шние зада́ния.
뭐하니?	숙제해. (현재 상황 설명)
Что ты де́лаешь до́ма?	- Я де́лаю дома́шние зада́ния.
집에서 뭐하니?	숙제해. (일반적인 상황 설명)
Что ты сде́лаешь?	- Я сде́лаю дома́шние зада́ния.
뭐 할 거니?	숙제 끝낼 거야 (구체적인 미래 상황)

37. Вы не зна́ете? 모르세요?

Вы	не	зна́ете	?
당신은	안, 아니 (부정소사)	알다	

Нет,	не	зна́ю	.
아니요,	안, 아니	알다	

부정의문문의 대답에서는 러시아어와 우리말의 표현이 다릅니다. 다음의 러시아어와 우리말 표현을 비교해 보세요.

Ты не знаешь немецкий язык?	너는 독일어 모르니?
- Да, я знаю немецкий язык. (O)	- 응, 나는 독일어 알아.
- Нет, я не знаю немецкий язык.(O)	- 아니, 나는 독일어 몰라.
- Нет, я знаю немецкий язык. (X)	- 아니, 나는 독일어 알아.
- Да, я не знаю немецкий язык. (X)	- 응, 나는 독일어 몰라.

우리말에서는 부정으로 묻는 경우, 아래의 두 가지 대답이 더 자연스럽지만, 러시아어에서는 질문의 긍정, 부정 여부와 무관하게 언제나 да는 긍정문을, нет은 부정문을 수반합니다. 부정의문문의 대답에서는 러시아어가 우리말보다는 영어와 더 비슷하다는 것을 아시겠지요?

예

Ты не обе́дал?	식사 안했니?
- Нет, не обе́дал. Я го́лоден.	아니, 안 먹었어. 배고프다.
- Да, пообе́дал. Я сыт.	응, 먹었어. 배불러.

그렇지만 부정문으로 질문에 대한 답이 아니라 동의를 구하는 경우는 상황이 조금 다릅니다. 이때의 대화 방식은 201쪽 <부가설명 37> 부분을 참조하세요.

38. Ско́лько оста́лось? 얼마나 남았어요?

Ско́лько	у вас	оста́лось	на счёте	?
얼마나	당신은	남다	계좌에	

У меня́	на счёте	оста́лось	мно́го	.
나는	계좌에	남다	많이	

мно́го немно́го чуть-чу́ть сто ты́сяч вон миллио́н вон	оста́лось	많이 조금 아주 조금 100,000원 백만 원	남았다.
ничего́ не оста́лось		아무것도 안 남았다.	

✽ 동사활용형

дава́ть 주다 (불완)	
я даю́	мы даём
ты даёшь	вы даёте
он даёт	они даю́т

дать 주다 (완)	
я дам	мы дади́м
ты дашь	вы дади́те
он даст	они даду́т

[Давáйте поговорúм! 15]

1. 본문을 읽고 옆 친구와 함께 다음의 질문과 대답을 주고 받아보세요.

1) Где мóжно получúть кáрту?
예 Рабóтник бáнка сам даст тебé кáрту.
2) Когдá рабóтник даст мнé кáрту?
예 Пóсле тогó, как всё сдéлает.
3) Что ещё даст рабóтник?
예 Ещё рабóтник даст тебé Тхóнг-джанг.
4) Онá знáет, что такóе Тхóнг-джанг?
예 Нет, онá не знáет, что такóе Тхóнг-джанг.
5) Что такóе Тхóнг-джанг?
예 Тхóнг-джанг — это бáнковская кнúжка.
6) Что укáзывается в э́той кнúжке?
예 В кнúжке укáзываются все дéнежные оперáции.
7) Что ещё мóжно узнáть благодаря́ бáнковской кнúжке?
예 Мóжно тáкже узнáть, скóлько у тебя́ остáлось на счёте.
8) Что тебé ещё не поня́тно?
예 Тепéрь мне всё поня́тно.

2. 옆 친구에게 다음 질문을 해 보세요. 번갈아 친구의 질문에 본인도 대답을 해보세요.

1) Я отдáм рабóтнику пóчты письмó и заплачý, это всё?
예 Нет, ещё тебé нýжно получúть чек.
2) Где мне получúть чек?
예 Рабóтник сам даст тебé чек.
3) Для чегó нýжен чек?
예 Чек нýжно показáть, éсли письмó не дойдёт до получáтеля.
4) Знáчит, чек нельзя́ выкúдывать?
예 Да, чек нýжно сохранúть.

сам, самá, самó, сáми (한정대명사) 직접, 스스로; пóсле тогó, как ~ 한 이후에; благодаря́ (+комý-чемý) 덕분에; отдáть, отдáм, отдáст, отдадúм, отдадúте, отдадýт (+ комý что) 돌려주다, чек 영수증; дать, (+ комý что) (완) 주다; показáть, покажý, покáжешь (완) 보여주다; дойтú, дойдý, дойдёшь (완) 도착하다; до (+ когó-чегó) ~까지; выкúдывать, ваю, ваешь (불) 버리다; сохранúть, ню, нишь (완) 보관하다; вы́кинуть, ну, нешь (완) 버리다

5) Когда́ мо́жно вы́кинуть чек?

예 Чек мо́жно вы́кинуть, когда́ письмо́ дойдёт.

3. 다음 한국어 대화를 옆 친구에게 읽어주고 러시아어로 통역하게 해 보세요. 번갈아 친구에게 읽게 하고 본인도 통역을 해보세요.

3-1

1) 어디에서 카드를 받을 수 있니?
- 은행 직원이 직접 너에게 카드를 줄 거야.
2) 언제 직원이 나에게 카드를 주니?
- 접수를 다한 후에 줄 거야.
3) 직원은 또 무엇을 주니?
- 직원은 또 너에게 통장을 줄 거야.
5) 통장이 뭐니?
- 통장은 은행 수첩이야.
6) 이 수첩에는 무엇이 적혀 있니?
- 수첩에 모든 돈의 출입 내역이 적혀있어.
7) 통장으로 또 무엇을 알 수 있니?
- 네 통장에 잔금이 얼마가 남았는지도 알 수 있어.
8) 넌 또 무엇이 이해가 안 되니?
- 이제 다 이해했어.

3-2

1) 내가 편지를 우체국 직원에게 주고 지불하면 다 끝나는 거야?
- 아니, 또 넌 영수증을 받아야 해.
2) 영수증은 어디서 받니?
- 직원이 네게 직접 줄 거야.
3) 영수증이 왜 필요한데?
- 만약 편지가 받는 사람에게 도착하지 않으면 영수증을 보여줘야 해.
4) 그러니까, 영수증을 버리면 안 된다는 거야?
- 그래, 영수증은 보관해야 해.
5) 언제 영수증을 버릴 수 있어?
- 편지가 도착하면 영수증은 버려도 돼.

[재미있게 읽어보는 문법이야기 4]

러시아어에는 6격이 있다!!
– 여격과 대격

✽ 여격 (Да́тельный паде́ж)

여격은 우리말의 '~에게'에 해당합니다. 여격은 여격지배 동사 다음에 쓰입니다. 여격지배동사의 대표적인 것은 '~에게 ~을 주다'의 수여동사입니다. 또한 술어부사의 주어 위치에 쓰인 여격 주어나 나이 표현에서 사용되는 여격 주어가 흔히 볼 수 있는 경우들이지요.

1. 수여동사 문형

КОМУ́ вы даёте кни́гу? 당신은 책을 누구에게 주고 있나요? Я даю́ ДРУ́ГУ. 친구에게 주고 있어요.	КОМУ́ ты пода́ришь цветы́? 누구에게 꽃을 선물할거니? Я подарю́ СЕСТРЕ́. 누이에게 선물할거야

2. 술어부사 문형

КОМУ́ хо́лодно? 누가 춥니? МНЕ хо́лодно. 제가 추워요.	КОМУ́ ну́жно занима́ться? 누가 공부해야 하지? НАМ ну́жно занима́ться. 우리가 공부해야 해요.

3. 명사의 여격 어미 형태

	단수여격	어미형태	복수여격	어미형태
남성	университе́тУ	- У	университе́тАМ	-АМ
중성	окнУ́		о́кнАМ	
여성	газе́тЕ	-Е	газе́тАМ	

4. 여격지배 전치사

К ~에게로, ~집으로	Я иду́ к врачу́. 나는 의사한테(진찰 받으러) 간다. Мы пришли́ к дру́гу. 우리는 친구네 왔다. Они́ зашли́ к Мари́и. 그들은 마리야한테 들렀다.
ПО ~을 따라	Ло́дка плывёт по волна́м. 보트는 파도를 따라 가고 있다. Я иду́ по ле́су. 나는 숲길을 따라서 가고 있다. Мы е́хали по у́лице Сэ-джонг. 우리는 세종로를 따라 왔다. Подру́ги говоря́т по телефо́ну. 여자 친구들이 전화로 통화한다. Они́ смотре́ли футбо́л по телеви́зору. 그들은 TV로 축구를 시청했다. Поезда́ дви́жутся по расписа́нию. 기차는 시간표에 맞춰 운행된다. Друзья́ занима́ются по но́вому уче́бнику. 친구들은 새 교과서로 공부한다. Э́то ле́кция по матема́тике. 이것은 수학강의이다.
БЛАГОДАРЯ́ ~덕분에	Благодаря́ вам всё норма́льно! 당신 덕분에 모든 것이 괜찮아요.

* помога́ть (도와주다), зави́довать (부러워하다), удивля́ться (놀라다), ве́рить (믿다) 등의 동사는 여격을 지배합니다. 우리말에서는 목적어 '~을/를'에 해당하는 말이 여격 '~에게'로 사용되니 주의해서 표현하세요.

Я помога́ю друзья́м. 나는 친구들을 돕고 있다.
Я зави́дую моему́ дру́гу. 나는 내 친구를 부러워한다.
Мы удиви́лись его́ неожи́данному прие́зду. 우리는 그의 갑작스런 도착에 놀랐다.
Па́па всегда́ ве́рит мне. 아빠는 항상 나를(나의 말을) 믿으신다.

✽ 대격 (Вини́тельный паде́ж)

대격은 우리말의 목적격 조사 '~을/를'에 해당하는 격 어미 형태입니다. 따라서 타동사의 목적어 자리가 목적격이 사용되는 대표적 경우입니다. 대격은 행위가 일어나는 일정한 시간이나 일정한 공간을 나타낼 때도 사용됩니다. 이외에 대격을 지배하는 전치사와도 사용되는데, 대표적으로 장소를 나타내는 전치사 В/НА에 대격을 사용하면 방향을 가리키게 됩니다.

1. 타동사 문형

КОГО́ вы лю́бите? 누구를 좋아하세요? Я люблю́ ДРУ́ГА. 친구를 좋아해.	ЧТО ты лю́бишь? 무엇을 좋아하니? Я люблю́ КНИ́ГУ. 책을 좋아해.

2. 시간·공간 표현

ВЕСЬ ДЕНЬ я занима́лся. 하루 종일 나는 공부했다. Тэ-хван проплы́л ТЫ́СЯЧУ ме́тров 태환이가 1000미터 수영을 끝냈다.	КА́ЖЫЙ ВЕ́ЧЕР я хожу́ домо́й. 매일 밤 나는 집으로 간다. ВСЮ ДОРО́ГУ я шёл пешко́м. 길 내내 걸어서 갔다.

3. 방향 표현

КУДА́ вы е́дете? (차 타고) 어디가세요? Я е́ду В УНИВЕРСИТЕ́Т. 학교에 가요.	КУДА́ ты идёшь? 어디 가니? Я иду́ НА ЛЕ́КЦИЮ. 강의 (들으러) 가.

КУДА́ вы идёте?

в э́тот дом	이 저택으로	на пя́тый эта́ж	5층으로
в библиоте́ку	도서관으로	на заво́д	공장으로
в магази́н	상점으로	на по́чту	우체국으로
в теа́тр	극장으로	на о́перу “Карме́н”	오페라 “카르멘”보러
в о́перный теа́тр	오페라극장으로	на спекта́кль	연극 보러
в консервато́рию	콘서트홀으로	на конце́рт	콘서트 보러

남성명사는 주격과 대격의 어미 형태가 같고 여성의 경우는 어미 -а가 -у로 바뀝니다. 그러나 남성의 경우, 사람과 같은 활동체는 Я люблю́ дру́гА에서와 같이 대격의 격 어미 형태가 생격의 형태와 같습니다.

4. 명사의 대격 어미 형태

		단수주격	단수대격	복수대격 (복수주격)	복수 어미형태
남성	활동체	студе́нт	студе́нтА	студе́нтОВ (студе́нты)	생격 = 대격
	불활동체	университе́т	университе́т	университе́тЫ (университе́ты)	주격 = 대격
중성		окно́	окно́	о́кнА (о́кна)	
여성	활동체	студе́нтка	студе́нтку	студе́нток (студе́нтки)	생격 = 대격
	불활동체	газе́та	газе́тУ	газе́тЫ (газе́ты)	주격 = 대격

5. 대격 지배 전치사

ЧЕ́РЕЗ ~을 건너	Он перехо́дит че́рез у́лицу. 그는 길을 건너고 있다.
ЗА ~너머로	Он уе́хал за грани́цу. 그는 해외로(국경 너머로) 떠났다.
~ 때문에(교환)	Он пла́тит за поку́пку. 그는 물건 값을 내고 있다.
~ 때문에(원인)	Спаси́бо за по́мощь! 도와줘서 고마워.
ПРО ~에 대해	Я написа́л про тебя́. 나는 너에 대해 썼다.

[흥미진진 러시아 4]

돈 이야기

Что такое деньги и как они возникли?

Деньги пришли на смену натуральному обмену, когда люди просто обменивались между собой товарами. Деньги оказались очень удобной вещью: их брали в обмен на что угодно, они не портились при длительном хранении. Появились первые цены – за любую вещь давали определённое количество денег. Затем начали возникать определённые проблемы с деньгами, для больших покупок требовались целые горы денег. Тогда люди придумали деньги разного достоинства, появились бумажные деньги. Интересна история денег в России. Сейчас, например, в России используются монеты достоинством: 1 рубль, 2 рубля, 5 рублей и купюры: 10 рублей, 50 рублей, 100 рублей, 1000 рублей и 5000 рублей. Купить машину проще имея купюры достоинством 5000 рублей, а в магазин за молоком мы скорее пойдём имея в кармане 50 рублей. Лёгкие и удобные бумажные деньги быстро завоевали популярность. Но затем у людей возникла новая проблема: появились излишки денег, и люди не знали, где их хранить. Тогда люди решили построить склад для лишних денег – тихий, уютный и безопасный. Но чтобы не путать его с другими складами решили назвать его Банк. Людям понравилось держать свои деньги в банке. Для каждого человека в банке вёлся свой учёт денег – его личный счёт. Теперь в любой момент человек мог прийти в банк и положить или снять деньги со своего личного счёта.

ТЕ́МА4. В БА́НКЕ

А́нна : Хун, у тебя́ есть сего́дня свобо́дное вре́мя?

Хун : Да, а что?

А́нна : Ты не мог бы помо́чь мне?

Хун : С удово́льствием. Чем я могу́ помо́чь?

А́нна : Мне ну́жно откры́ть счёт в ба́нке.

Хун : Хорошо́, это не сло́жно.

А́нна : Ура́! Я о́чень пережива́ла.

Хун : Не на́до пережива́ть. Пойдём.

(в ба́нке)

Хун : Сначала́ ну́жно взять тало́нчик о́череди.

А́нна : А где?

Хун : У вхо́да стои́т специа́льный аппара́т.
Нажми́ на кно́пку и возьми́ тало́нчик.

А́нна : Я взяла́. Но́мер 101 (сто оди́н).

Хун : 101. Зна́чит, мы сле́дующие.

А́нна : Отку́да ты зна́ешь?

Хун : Смотри́, на экра́не высве́чивается но́мер.

А́нна : О, как удо́бно!

Хун : Нам ну́жно запо́лнить анке́ту для откры́тия счёта.

А́нна : По-коре́йски?

Хун : Да. Я напишу́ за тебя́.
У тебя́ есть регистрацио́нная ка́рта для иностра́нцев?

А́нна : Да. Вот она.

Хун : А вот и на́ша о́чередь.
Дай рабо́тнику анке́ту и регистрацио́нную ка́рту для иностра́нцев.

А́нна : Хорошо́. Э́то всё?

Хун : Да. Э́то всё.

А́нна : А где мне получи́ть ка́рту?

Хун : Сейча́с рабо́тник всё сде́лает и даст тебе́ ка́рту и Тхо́нг-джанг.

А́нна : Что тако́е Тхо́нг-джанг?

Хун : Ты не зна́ешь?

А́нна : Нет, не зна́ю.

Хун : Тхо́нг-джанг – это ба́нковская кни́жка. В кни́жке ука́зываются все де́нежные опера́ции. Ты так же мо́жешь узна́ть, ско́лько у тебя́ оста́лось на счёте.

А́нна : Тепе́рь всё поня́тно. Ты о́чень помо́г мне.

Хун : Э́то бы́ло не сло́жно.

TÉMA 5

СÓТОВЫЙ ТЕЛЕФÓН, ИНТЕРНÉТ

단원목표

① 친구에게 한국생활이 불편하지 않은지 질문하는 표현을 할 수 있나요?
② 한국의 불편한 것에 대해 이야기하는 표현을 할 수 있나요?
③ 친구에게 휴대전화 대리점이 근처에 있다고 알려주는 표현을 할 수 있나요?
④ 자기 마음에 드는 휴대폰을 지정해서 달라는 표현을 할 수 있나요?
⑤ 인터넷 연결업무를 하는 회사에 전화하라고 충고하는 표현을 할 수 있나요?
⑥ 친구에게 인터넷 연결을 위해 회사에 전화해줄 수 있는지 묻는 표현을 할 수 있나요?
⑦ 친구에게 장차 무엇이 되고 싶은지 묻는 표현을 할 수 있나요?
⑧ 인터넷 요금이 얼마냐고 물을 수 있나요?

학습방법

① 본문을 읽고 들어 본다.
② 친구와 함께 대화연습의 질문과 대답을 실습해 본다.
③ 사전을 이용하여 〈러시아 휴대폰 사용에 대한 글〉을 읽고 가장 인상적인 부분에 밑줄을 긋고 이야기를 나눠 본다.

대화16. 불편해. Мне неудóбно.

Áнна : Знáешь, Хун, мне неудóбно жить в Корéе.
Хун : Почемý?
Áнна : Потомý что у меня́ нет сóтового телефóна.
Хун : Да. Без сóтового телефóна óчень неудóбно.
Áнна : Поэ́тому я хотéла бы купи́ть сóтовый телефóн.
Хун : Без проблéм.

Хун : Давáй кýпим.
Áнна : Мне не нужнá дорогáя модéль. Глáвное — чтóбы телефóн рабóтал.
Хун : Поня́тно. Недалекó от нас есть магази́н сóтовых телефóнов.
Áнна : Давáй схóдим тудá.
Хун : Давáй.

훈아, 나는 한국에서 사는 게 불편해.
왜?
왜냐면 휴대폰이 없거든.
맞아. 휴대폰이 없으면 매우 불편해.
그래서 휴대폰을 사고 싶은데.
문제없어.
사자.
나는 고가의 모델은 필요 없어. 중요한 것은 전화가 되는 거니까.
알겠어. 우리 집에서 멀지 않은 곳에 휴대폰 가게가 있어.
거기 갔다 오자.
그러자.

знáешь	знать 2인칭 단수 : 알다
неудóбно	불편하다 (부사)
жить	살다
сóтового телефóна	сóтовый телефóн (남성) 생격 : 휴대폰
без телефóна	без + телефóн (남성) 생격 : 휴대폰 없이
хотéла	хотéть 과거 여성 : 원하다
дорогáя	소중한, 비싼 (여성)
модéль	모델 (여성)
глáвное	중요한 것은 (중성)
чтóбы	접속사: ~하기 위해
схóдим	сходи́ть 1인칭 복수 : 다녀오다 (완)

[문법문형 이야기]

39. Нет со́тового телефо́на 휴대폰이 없다.

у меня́	нет	со́тового телефо́на	.
나는	없다	휴대폰(생격)	

러시아어에서 없는 물건은 생격으로 표현한다는 것은 배웠습니다. нет со́тового телефо́на에서와 같은 명사구의 생격 형태를 알아봅시다.

✽ 부정생격

<table>
<tr><th colspan="2"></th><th>형용사</th><th>명사</th><th>어미형태 (형용사 + 보통명사)</th></tr>
<tr><td rowspan="3">단수</td><td>남성</td><td>ста́ршЕГО</td><td>бра́тА</td><td rowspan="2">-ого (-его) -а</td></tr>
<tr><td>중성</td><td>ста́рОГО</td><td>окнА́</td></tr>
<tr><td>여성</td><td>ста́ршЕЙ</td><td>сестрЫ́</td><td>-ой (-ей) -ы</td></tr>
<tr><td rowspan="3">복수</td><td>남성</td><td>ста́ршИХ</td><td>бра́тьЕВ</td><td>-ых (-их) -ев</td></tr>
<tr><td>중성</td><td>ста́рЫХ</td><td>о́кон</td><td rowspan="2">-ых (-их) -∅</td></tr>
<tr><td>여성</td><td>ста́ршИХ</td><td>сестёр</td></tr>
</table>

※ 중성, 여성과 같이 단수의 어미가 모음으로 끝나는 경우는 복수에서 끝 어미 о, а가 탈락됩니다. 이때 어간에 자음이 연속적으로 남게 되면 자음 사이에 모음 о, е 등을 삽입 합니다:
ко́мната → ко́мнат, карти́на → карти́н (어미탈락 예)
окно́ → о́кон, сестра́ → сестёр (어미탈락 후 자음 사이에 모음이 삽입된 예)

40. Хоте́ла бы купи́ть. 사고 싶은데.

앞에서 배웠던 'Вы не могли́ бы ~좀 해 주세요' 표현 기억하시죠? 러시아어에서 бы는 이 표현이 진짜 현재나 과거에서 일어난 일이 아니라는 표시입니다. хоте́л бы купи́ть에서도 бы가 사용되었으므로 동사 과거 '하고 싶었다'로 해석하는 것이 아니라 '샀으면 한다' 정도로 해석하시면 됩니다. 러시아어에서는 자신의 바람을 말할 때 그 주장의 정도를 다양하게 표현할 수 있습니다.

Я хочу́ купи́ть	Я хоте́л бы купи́ть	Мне хоте́лось бы купи́ть
사고 싶다 (의지표현, 사려고 한다)	샀으면 한다	샀으면 합니다만
	——————————→	공손함의 정도

41. что́бы телефо́н рабо́тал. 전화가 걸리도록.

Гла́вное		что́бы	телефо́н	рабо́тал	.
중요한 것	(이다)	~하도록	전화가	일하다	

러시아어에서는 물건이 작동하다는 의미로 рабо́тать 동사를 사용합니다. 이때는 물건에 맞는 적절한 한국어 표현으로 바꿔 말하도록 합시다.

Телефо́н рабо́тает 전화가 걸리다. 된다.
Лифт рабо́тает 엘리베이터가 작동한다.
Свет не рабо́тает 전기가 안 들어온다.

что́бы는 '~하기 위해, ~하도록'의 의미를 갖는 접속사로 뒤에 문장을 이끕니다. бы 은 이때의 동사 과거형은 실제 과거시제가 아닙니다. 현재 사실과 반대되는 사실을 표현합니다. 많은 경우 동사과거형을 동반하지만 우리말에서도 바람을 나타낼 때 '샀으면'과 같이 과거시제를 나타내는 어미 '았/ 었'을 사용하지만 진짜 과거의 의미가 아니라는 것을 압니다. 주절과 종속절의 주어가 동일한 사람인 경우에 종속절의 주어를 생략하고 동사부정형과 함께 씁니다.

Он преподаёт ру́сский язы́к, что́бы она́ говори́ла по-ру́сски.
그는 그녀가 러시아어로 말할 수 있도록 러시아어를 가르친다.
(현재 그녀는 러시아어를 말하지 못한다.)
Он изуча́ет ру́сский язы́к, что́бы говори́ть по-ру́сски.
그는 러시아어로 말하기 위해 러시아어를 공부한다.
(현재 그는 러시아어로 말하지 못한다.)

[Дава́йте поговори́м! 1 6]

1. 본문을 읽고 옆 친구와 함께 다음의 질문과 대답을 주고 받아보세요.

1) Тебе́ удо́бно жить в Коре́е?
예 Нет, мне неудо́бно жить в Коре́е.
2) Почему́ тебе́ неудо́бно жить в Коре́е?
예 Потому́ что у меня́ нет со́тового телефо́на.
3) Без со́тового телефо́на жить удо́бно?
예 Без со́тового телефо́на жить о́чень неудо́бно.
4) Ты хоте́ла бы купи́ть со́товый телефо́н?
예 Да, я хоте́ла бы купи́ть со́товый телефо́н.
5) Тебе́ нужна́ дорога́я моде́ль?
예 Мне не нужна́ дорога́я моде́ль.
6) Что для тебя́ гла́вное?
예 Гла́вное – что́бы телефо́н рабо́тал.
7) Где есть магази́н со́товых телефо́нов?
예 Недалеко́ от нас.
8) Дава́й схо́дим туда́.
예 Дава́й.

2. 옆 친구에게 다음 질문을 해 보세요. 번갈아 친구의 질문에 본인도 대답을 해보세요.

1) Почему́ Све́те неудо́бно жить в Коре́е?
예 Потому́ что у неё нет друзе́й.
2) Почему́ Сонг-ми́ну удо́бно жить в Росси́и?
예 Потому́ что все ему́ помога́ют.
3) Джи-ху́ну тяжело́ жить в Росси́и?
예 Да, ему́ тяжело́ жить в Росси́и.
4) Почему́ ему́ тяжело́ жить в Росси́и?
예 Потому́ что у Джи-ху́на о́чень ма́ло де́нег.
5) Све́те нужны́ дороги́е ве́щи?
예 Нет, ей не нужны́ дороги́е ве́щи.

вещь, и, (복) и, ей 물건; кре́пкий, ая 강력한, 진한; дру́жба, ы 우정

6) Сонг-ми́ну ну́жно мно́го де́нег?
예 Нет, ему́ не ну́жно мно́го де́нег.
7) Что для Сонг-ми́на са́мое гла́вное?
예 Са́мое гла́вное для него́ – кре́пкая дру́жба.

3. 다음 한국어 대화를 옆 친구에게 읽어주고 러시아어로 통역하게 해 보세요. 번갈아 친구에게 읽게 하고 본인도 통역을 해보세요.

3-1
1) 너 한국에서 사는 게 편하니?
- 아니, 한국에서 사는 것이 불편해.
2) 왜 한국에서 사는 것이 불편하니?
- 휴대폰이 없기 때문이야.
3) 휴대폰 없이 사는 것이 편하니?
- 휴대폰 없이 사는 것은 정말 불편해.
4) 너 휴대폰 사고 싶니?
- 응, 휴대폰을 사고 싶어.
5) 넌 비싼 모델이 필요하니?
- 난 비싼 모델이 필요 없어.
6) 무엇이 네게 중요하니?
- 중요한 것은 전화가 걸리기만 하면 되는 거야.
7) 휴대폰가게가 어디에 있니?
- 멀지 않은 곳에 있어.
8) 그리로 가자.
- 그래.

3-2
1) 왜 스베타는 한국에 사는 것이 불편하니?
- 그녀는 친구가 없기 때문이야.
2) 왜 성민이는 러시아에서 사는 것이 편하다는 거지?
- 모두들 그를 도와주기 때문이지.
3) 지훈이는 러시아에서 살기 힘들어 하니?
- 응, 그는 러시아에서 살기 힘들어 해.
4) 왜 그는 러시아에 사는 것을 힘들어 하니?
- 지훈이는 돈이 별로 없기 때문이야.

5) 스베타는 비싼 물건이 필요하니?

- 아니, 그녀는 비싼 물건이 필요치 않아.

6) 성민이는 많은 돈이 필요하니?

- 아니, 그는 많은 돈이 필요치 않아.

7) 성민에게는 무엇이 중요하니?

- 그에게 가장 중요한 것은 깨지지 않는 우정이야.

대화17. 나는 이걸 권해. Я рекомендýю э́тот.

А́нна : Мне нра́вится вот та моде́ль. Ско́лько она́ сто́ит?
Продаве́ц : Э́то дорога́я моде́ль. Она́ сто́ит 500,000 (пятьсо́т ты́сяч) вон.
А́нна : Нет, не ну́жно.
Продаве́ц : Тогда́ я рекоменду́ю вот э́тот телефо́н LG.
Хун : А, я зна́ю! Сейча́с э́то са́мая популя́рная моде́ль.

Хун : Ско́лько сто́ит?
Продаве́ц : Сейча́с а́кция, поэ́тому сто́ит всего́ 70,000 (се́мьдесят ты́сяч) вон.
А́нна : Тогда́ я куплю́. Здесь мо́жно подключи́ться?
Продаве́ц : Коне́чно. Я всё сде́лаю.
А́нна : Спаси́бо.

바로 그 모델이 마음에 들어요.
얼마에요?
이건 비싼 모델입니다. 50만원이에요.
아니요, 필요 없어요.
그럼 이 LG 전화기를 권해드리죠.
아, 나 알아. 지금 이게 제일 인기 있는 모델이잖아.
얼마예요?
지금 행사여서, 딱 7만원이에요.
그러면 살게요. 여기서 개통되나요?
물론이죠. 제가 다 해드릴게요.
고맙습니다.

та	그 (여성)
моде́ль	모델 (여성)
рекоменду́ю	рекомендова́ть 1인칭 단수 : 추천하다
са́мая	가장 (여성)
дорога́я	비싼 (여성)
популя́рная	인기 있는, 대중적인 (여성)
а́кция	할인행사, 주식 (여성)
всего́	전부해서, 모두
куплю́	купи́ть 1인칭 단수 : 사다 (완)
подключи́ться	개통되다, 연결되다 (완)
сде́лаю	сде́лать 1인칭 단수 : 하다 (완)

[문법문형 이야기]

42. са́мая популя́рная моде́ль 가장 인기 있는 모델

남성	са́мый хоро́ший друг	가장 좋은 친구
여성	са́мая хоро́шая сестра́	가장 좋은 여동생(누이)
중성	са́мое хоро́шее кафе́	가장 좋은 카페
복수	са́мые хоро́шие лю́ди	가장 좋은 사람들

형용사는 비교급 외에 최상급의 표현이 있습니다. 최상급 만드는 방법 중 가장 자주 쓰이는 표현은 매우 간단합니다. 형용사 앞에 са́мый를 성에 맞게 붙이면 됩니다.

✽ 형용사 최상표현

최상 표현은 в/на 장소 표현과 함께 자주 쓰입니다.
Он са́мый хоро́ший челове́к в фи́рме. 그는 회사에서 가장 좋은 사람이다.
Она́ са́мая краси́вая де́вушка в на́шей стране́. 그녀는 우리나라에서 제일 예쁘다.
Они́ са́мые трудолюби́вые в ми́ре. 그들은 세계에서 가장 근면하다.

43. Мне нра́вится. 마음에 든다.

Мне	нра́вится	та моде́ль	.
나는(여격)	마음에 들다	그 모델이(주격)	

люби́ть는 '사랑하다'와 '좋아하다' 모두를 뜻합니다. нра́виться '좋아한다'는 의미에서 люби́ть와 동의어입니다. 다만 нра́виться는 좋아하는 사람은 여격으로, 좋아하는 대상은 주격으로 표현합니다.

Я Мы	люблю́ лю́бим	му́зыку. э́ти журна́лы.	Мне Нам	нра́вится нра́вятся	му́зыка. э́ти журна́лы.
주격		대격	여격		주격

[Давáйте поговорúм! 17]

1. 본문을 읽고 옆 친구와 함께 다음의 질문과 대답을 주고 받아보세요.

1) Тебé нрáвится вот та модéль?

예 Да, мне нрáвится та модéль.

2) Э́та модéль дорогáя?

예 Да, э́то дорогáя модéль.

3) Скóлько стóит э́та модéль?

예 Онá стóит 600,000 (шестьсóт ты́сяч) вон.

4) Тебé нужнá э́та модéль?

예 Нет, мне не нужнá э́та модéль.

5) Какóй телефóн ты рекомендýешь?

예 Я рекомендýю вот э́тот телефóн Samsung.

6) Э́та модéль популя́рная?

예 Да, э́то сáмая популя́рная модéль.

7) Почемý э́та модéль стóит всегó 80,000 (вóсемьдесят ты́сяч) вон?

예 Потомý что сейчáс áкция.

8) Здесь мóжно подключи́ться?

예 Да, конéчно.

2. 옆 친구에게 다음 질문을 해 보세요. 번갈아 친구의 질문에 본인도 대답을 해보세요.

1) Свéте нрáвится э́тот фотоаппарáт?

예 Нет, ей не нрáвится э́тот фотоаппарáт.

2) Почемý ей не нрáвится э́тот фотоаппарáт?

예 Потомý что он óчень дорогóй.

3) Скóлько он стóит?

예 Он стóит 18,000 (рублéй.

4) Какáя модéль нужнá Свéте?

예 Ей нужнá недорогáя модéль.

5) Какýю кни́гу рекомендýет Кáтя Сонг-ми́ну?

예 Онá рекомендýет емý “Чáйку” Чéхова.

подключи́ться (완) 연결되다; подключи́ть (+что) (완) 연결하다

6) Како́й писа́тель сейча́с са́мый популя́рный в Росси́и?

예 Са́мый популя́рный писа́тель в Росси́и сейча́с - Бори́с Аку́нин.

7) Где мо́жно подключи́ть со́товый телефо́н?

예 Его́ мо́жно подключи́ть в магази́не со́товых телефо́нов.

3. 다음 한국어 대화를 옆 친구에게 읽어주고 러시아어로 통역하게 해 보세요. 번갈아 친구에게 읽게 하고 본인도 통역을 해보세요.

3-1

1) 너는 그 모델이 마음에 드니?
- 응, 그 모델이 마음에 들어.
2) 이 모델은 비싸니?
- 그래, 이것은 비싼 모델이야.
3) 이 모델은 얼마니?
- 600,000원이야.
4) 이 모델이 네게 필요하니?
- 아니, 이 모델은 나에게 필요 없어.
5) 너는 어떤 전화기를 추천하니?
- 나는 이 삼성 전화기를 추천해.
6) 이 모델이 인기 있니?
- 응, 이것이 가장 인기 있는 모델이야.
7) 왜 이 모델은 가격이 80,000원 이에요?
- 지금 할인행사를 하기 때문입니다.
8) 여기서 개통할 수 있나요?
- 네, 물론이죠.

3-2

1) 스베타는 이 사진기를 좋아하니?
- 아니, 그녀는 이 사진기를 좋아하지 않아.
2) 왜 그녀는 이 사진기를 좋아하지 않니?
- 왜냐하면 사진기가 너무 비싸기 때문이야.
3) 사진기는 얼마니?
- 사진기는 18,000루블이야.
4) 스베타는 어떤 모델이 필요한데?
- 그녀는 비싸지 않은 사진기가 필요해.

5) 카탸는 어떤 책을 성민이에게 권하니?

- 그녀는 체홉의 "갈매기"를 권해.

6) 지금 러시아에서 어떤 작가가 가장 인기가 있니?

- 지금 러시아에서 가장 인기 있는 작가는 보리스 아쿠닌이야.

7) 어디서 휴대폰을 개통할 수 있니?

- 휴대폰 가게에서 개통할 수 있어.

대화18. 부탁이 있어. У меня́ есть про́сьба.

А́нна : Хун, у меня́ есть ещё одна́ про́сьба.

Хун : Пожа́луйста.

А́нна : Я хочу́ подключи́ть интерне́т в общежи́тии.

Хун : Э́то про́сто. Тебе́ ну́жно позвони́ть в фи́рму, кото́рая занима́ется подключе́нием интерне́та.

А́нна : Ско́лько сто́ит по́льзование интерне́том?

Хун : По-ра́зному. Э́то зави́сит от тари́фа.
Са́мый дешёвый тари́ф, ка́жется, 10,000 (де́сять ты́сяч) вон.

А́нна : Тогда́ ты мо́жешь позвони́ть в фи́рму, что́бы мне подключи́ли интерне́т?

Хун : Хорошо́.

훈아, 부탁이 하나 더 있어.
그래 해봐
기숙사에서 인터넷을 개통하고 싶은데.
그거 간단해. 인터넷 개통하는 회사에 전화하면 돼.
인터넷 사용료 얼마니?
다양해. 요금제에 달려있어.
가장 싼 요금은 만원인 것 같다.
그러면 인터넷 개통할 수 있게 회사에 전화해 줄래?
좋아

одна́	한, 하나의 (여성)
про́сьба	요청 (여성)
общежи́тии	общежи́тие (중성) 전치격 : 기숙사
позвони́ть	전화하다 (완)
фи́рму	фи́рма (여성) 대격: 회사
кото́рая	선행사를 꾸미는 관계대명사 (여성)
занима́ется	занима́ться + чем 3인칭 단수 : 담당하다
подключе́ним	подключе́ние (중성) 조격 : 개통
по-ра́зному	다양하게
зави́сит оттари́фа	зави́сит от тариф (남성) 생격 : ~에 달려 있다, ~에 따른다
дешёвый	싼 (남성)
ка́жется	~인 것 같다 (삽입어)
позвони́	позвони́ть 명령형 : 전화해
по́льзование	+ чем 사용, 이용 (중성)
тари́ф	요금제 (남성)

[문법문형 이야기]

44. У меня́ одна́ про́сьба. 부탁이 하나 있어.

남성	оди́н час	1시간
여성	одна́ мину́та	1분
중성	одно́ я́блоко	사과 1개
복수	одни́ часы́	시계 1개

러시아어 수사는 성, 수를 상실했지만 оди́н은 성과 수 표지를 여전히 갖고 있습니다. 복수 одни́는 함께 사용하는 명사의 문법적 수가 복수일 뿐, 의미는 '한 개' 그대로입니다. 보통 1은 생략되지만 21, 31, 41 등에서는 뒤에 어떤 명사가 오는 지에 따라 성을 맞춰 사용합니다:

Сейча́с час. 지금은 한 시이다.
Сейча́с два́дцать оди́н час. 지금은 21시이다.

45. 관계대명사 кото́рый 구문

кото́рый는 동일한 명사가 반복되어 두 개의 인접된 문장에 있는 경우 이 두 문장을 하나로 연결하여 복문으로 만들 때 사용하는 대명사입니다.

(남성)

Я ви́жу студе́нта. 나는 학생을 보고 있다.	Студе́нт чита́ет кни́гу. 학생은 책을 읽고 있다.

студе́нт → кото́рый (주격)

Я ви́жу **студе́нта, кото́рый** чита́ет кни́гу
나는 책을 읽고 있는 학생을 보고 있다.

(여성)

Я люблю́ де́вушку 나는 아가씨를 좋아한다.	Де́вушка чита́ет кни́гу. 아가씨는 책을 읽고 있다.

де́вушка → кото́рая (주격)

Я люблю́ **де́вушку, кото́рая** чита́ет кни́гу
나는 책을 읽고 있는 아가씨를 좋아한다.

(남성)

Мне ну́жен журна́л 나는 잡지가 필요하다.	Он чита́ет журна́л. 그는 잡지를 읽고 있다.

↘ ↙ журна́л → кото́рый (대격)

Мне ну́жен журна́л, кото́рый он чита́ет
나는 그가 읽고 있는 잡지가 필요하다.

(여성)

Мне нужна́ кни́га 나는 책이 필요하다.	Он чита́ет кни́гу. 그는 책을 읽고 있다.

↘ ↙ кни́гу → кото́рую (대격)

Мне нужна́ кни́га, кото́рую он чита́ет.
나는 그가 읽고 있는 책이 필요하다.

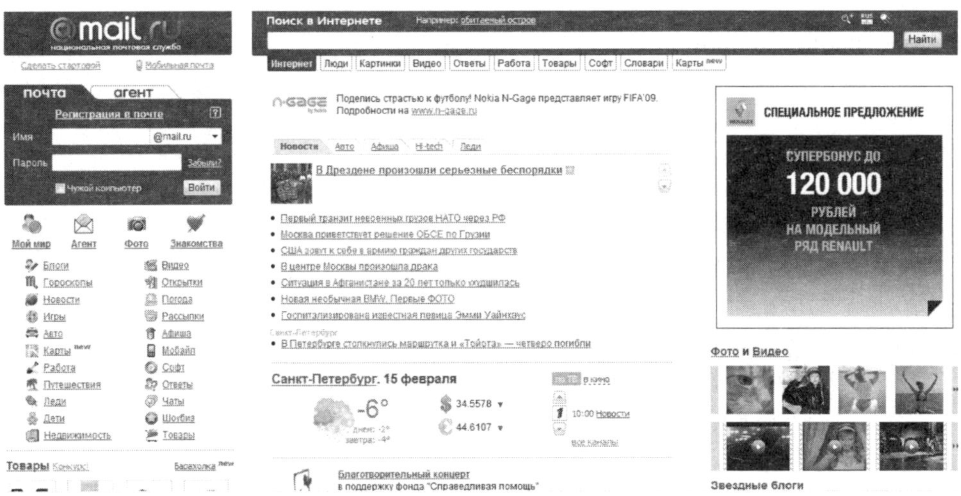

[Дава́йте поговори́м! 1 8]

1. 본문을 읽고 옆 친구와 함께 다음의 질문과 대답을 주고 받아보세요.

1) У тебя́ ещё есть про́сьбы?
예 Да, у меня́ есть ещё одна́ про́сьба.
2) Что ты хо́чешь?
예 Я хочу́ подключи́ть интерне́т до́ма.
3) Подключи́ть интерне́т – э́то сло́жно?
예 Нет, э́то про́сто.
4) Что для э́того ну́жно сде́лать?
예 Ну́жно позвони́ть в фи́рму.
5) В каку́ю фи́рму ну́жно позвони́ть?
예 В фи́рму, кото́рая занима́ется подключе́нием интерне́та.
6) Ско́лько сто́ит по́льзование интерне́том?
예 По-ра́зному.
7) От чего́ зави́сит цена́ интерне́та?
예 Цена́ зави́сит от тари́фа.
8) Како́й са́мый дешёвый тари́ф?
예 Са́мый дешёвый тари́ф, ка́жется, 10,000 (де́сять ты́сяч) вон.

2. 옆 친구에게 다음 질문을 해 보세요. 번갈아 친구의 질문에 본인도 대답을 해보세요.

1) Что хо́чет Джи-хун?
예 Джи-хун хо́чет подключи́ть интерне́т.
2) Ско́лько сто́ит подключе́ние интерне́та?
예 Оно́ сто́ит 2,000 (две ты́сячи) рубле́й.
3) Кака́я про́сьба есть у Све́ты?
예 Све́та про́сит установи́ть стира́льную маши́ну.
4) Установи́ть стира́льную маши́ну – э́то сло́жно?
예 Нет, э́то не о́чень сло́жно.

установи́ть, влю, вишь (+ что) (완) 설치하다; стира́льный, ая 세탁의; устано́вка, ки, (여) 설치

5) Что ну́жно, что́бы установи́ть стира́льную маши́ну?

예 Ну́жно позвони́ть в фи́рму, кото́рая занима́ется устано́вкой стира́льных маши́н.

6) Джи-хун мо́жет позвони́ть в фи́рму, что́бы Све́те установи́ли стира́льную маши́ну?

예 Да, он мо́жет позвони́ть.

3. 다음 한국어 대화를 옆 친구에게 읽어주고 러시아어로 통역하게 해 보세요. 번갈아 친구에게 읽게 하고 본인도 통역을 해보세요.

3-1

1) 너 또 다른 부탁이 있니?
- 응, 부탁이 하나 더 있어.

2) 무엇을 원하니?
- 집에 인터넷을 개통하고 싶어.

3) 인터넷 개통하는 것이 어렵니?
- 아니, 간단해.

4) 개통하기 위해서 무엇을 해야 되니?
- 회사로 전화해야 해.

5) 어떤 회사로 전화해야 하는데?
- 인터넷을 개통해 주는 회사지.

6) 인터넷 사용료는 얼마니?
- 여러 가지야.

7) 인터넷 가격은 무엇에 좌우되니?
- 요금제에 달려 있어.

8) 가장 저렴한 요금제는 어떤 것이니?
- 가장 저렴한 것은 10,000원인 것 같아.

3-2

1) 지훈이는 무엇을 원하니?
- 지훈이는 인터넷을 개통하고 싶어해.

2) 인터넷 개통은 얼마니?
- 2,000루블이야.

3) 스베타는 무슨 부탁이 있니?
- 스베타가 세탁기를 설치해 달라는데.

4) 세탁기 설치하는 것이 어렵니?
- 아니, 그렇게 어렵지 않아.
5) 세탁기를 설치하기 위해서는 무엇을 해야 하니?
- 세탁기 설치하는 회사에 전화를 해야 해.
6) 지훈이는 스베타 집에 세탁기를 설치할 수 있게 회사에 전화할 수 있니?
- 응, 그는 전화할 수 있어.

[재미있게 읽어보는 문법이야기 5]

러시아어에는 6격이 있다!!
- 조격과 전치격

✽조격 (Твори́тельный паде́ж)

물건의 경우는 어떤 도구를 가지고 사용할 때, 사람의 경우는 직업을 나타낼 때 조격이 사용됩니다.

1. 도구(물건), 직업(사람) 표현

ЧЕМ вы пи́шете? 무엇으로 쓰고 계세요? Я пишу́ КАРАНДАШО́М. 연필로 씁니다.	КЕМ ты хо́чешь стать? 뭐가(누가) 되고 싶니? Я хочу́ стать ПРЕПОДАВА́ТЕЛЕМ. 선생님이 되고 싶어.

2. 시간표현

때를 가리키는 말을 전치사 없이 조격으로 사용하면 시간 표현이 됩니다.

У́ТРОМ я занима́юсь заря́дкой.	아침에 나는 체조를 한다.
ДНЁМ мы игра́ем в футбо́л.	낮에 우리는 축구를 한다.
ВЕ́ЧЕРОМ я гуля́ю в па́рке.	저녁에 공원에서 산책한다.
НО́ЧЬЮ они́ спят.	그들은 밤에 잠을 잔다.

3. 피동구문 행위자

Аспира́нт	прово́дит	иссле́дования.	대학원생이 연구를 진행하고 있다.
Иссле́дования	прово́дятся	АСПИРА́НТОМ.	연구는 대학원생에 의해 진행되고 있다.

능동구문을 피동구문으로 바꿀 때, 능동구문의 행위자는 피동구문에서 조격으로 표시됩니다.

4. 명사의 조격 어미 형태

	단수주격	단수조격	복수조격	복수어미형태
남성	студе́нт геро́й писа́тель	студе́нтОМ геро́ЕМ писа́телЕМ	студе́нтАМИ геро́ЯМИ писа́телЯМИ	−ами (−ями)
중성	о́зеро мо́ре зда́ние	о́зерОМ мо́рЕМ зда́ниЕМ	озёрАМИ морЯ́МИ зда́ниЯМИ	
여성	студе́нтка пе́сня фотогра́фия тетра́дь	студе́нткОЙ пе́снЕЙ фотогра́фиЕЙ тетра́дьЮ	студе́нткАМИ пе́снЯМИ фотогра́фиЯМИ тетра́дЯМИ	

5. 조격 지배 전치사

С ~함께, 가지고	Я знако́млюсь с де́вушкой. 나는 아가씨와 인사를 하고 있다 Я разгова́риваю с роди́телями. 부모님과 이야기를 나누고 있다. Я перепи́сываюсь с друзья́ми. 친구들과 펜팔을 하고 있다. Пришла́ мать с сы́ном. 엄마가 아들을 데리고 왔다.
НАД ~위에	Над столо́м виси́т ла́мпа. 탁자 위에 전등이 걸려 있다.
ПОД ~밑에	Под столо́м сиди́т ко́шка. 탁자 밑에 고양이가 앉아 있다.
ПЕ́РЕД ~앞에	Де́рево растёт пе́ред до́мом. 나무가 집 앞에서 자라고 있다.
ЗА ~뒤에	За столо́м сидя́т брат и сестра́. 탁자(뒤)에 오누이가 앉아 있다.
МЕ́ЖДУ ~사이에	Ме́жду столо́м и стено́й стои́т телеви́зор. 탁자와 벽 사이에 텔레비전이 (서) 있다.

* бесе́довать (토의하다), здоро́ваться (인사하다), знако́миться (소개하다), сове́товаться (충고하다), ссо́риться (말다툼 하다) 등의 동사는 모두 상대방을 두고 하는 행위입니다. 따라서 С + 조격전치사구와 함께 쓰입니다.

Я сове́товался с преподава́телем. 선생님과 상의했다.
Я здоро́ваюсь с друзья́ми при встре́че. 만날 때 친구들과 인사를 나눈다.

✽전치격 (Предло́жный паде́ж)

전치격은 전치격 전치사와만 함께 쓰이는 격 형태입니다.

1. 전치사 о '~에 대해서'

О КОМ вы ду́маете? 누구에 대해 생각하세요? Я ду́маю О ДРУ́ГЕ. 친구에 대해 생각해요.	О ЧЁМ ты ду́маешь? 무엇에 대해 생각하니? Я ду́маю ОБ ЭКЗА́МЕНАХ. 시험에 대해 생각해.

2. 전치사 в/ на '~에서'

ГДЕ вы живёте? 어디에서 사세요? Я живу́ В СЕУ́ЛЕ. 서울에서 살아요.	ГДЕ ты у́чишься? 어디에서 배우니? Я учу́сь В УНИВЕРСИТЕ́ТЕ. 대학교에서 배워.

장소를 나타내는 전치사 В와 НА는 위치나 장소에 따라 달리 사용됩니다. 보통 В는 사물의 내부에 위치할 때 사용되고, НА는 표면에 위치할 때 사용됩니다. 예컨대 책상 서랍에 책이 있는 경우에는 в столе́가, 책상 위에 책이 있는 경우에는 на столе́를 씁니다.

장소의 경우, 일반적으로 닫힌 공간에는 В가 열린 공간에는 НА가 사용되지만 (в зда́нии 건물 안에, на у́лице 거리에, 밖에), 장소에 따라 В와 НА의 사용이 고정되어 있는 경우가 많습니다. 보통 물리적인 공간이 있는 장소는 В, 사람들의 모임인 추상적인 장소의 경우에는 НА를 쓰는 경향이 있습니다.

в го́роде	도시에서	на конце́рте	콘서트에서
в стране́	나라에서	на ро́дине	조국에서
в университе́те	대학에서	на 1-ом ку́рсе	1학년에서
в библиоте́ке	도서관에서	на ле́кции	강의에서
в музе́е	박물관에서	на вы́ставке	전람회에서
в клу́бе	클럽에서	на та́нцах	댄스장에서
в теа́тре	극장에서	на о́пере "Карме́н"	오페라"카르멘"에서

* 전치사 НА + 교통수단(전치격)은 '~을 타고'를 의미합니다.

Я е́ду в университе́т на авто́бусе. 나는 학교에 버스를 타고 가고 있다.
Е́здить на метро́ удо́бно. 전철타고 다니는 것이 편하다.

✓명사의 전치격 어미 형태입니다.

<table>
<tr><th></th><th>단수전치격</th><th>어미형태</th><th>복수전치격</th><th>어미형태</th></tr>
<tr><td>남성</td><td>на столЕ́
в музе́Е</td><td rowspan="3">- е</td><td>на столА́Х
в музе́ЯХ</td><td rowspan="3">-ах (-ях)</td></tr>
<tr><td>중성</td><td>на окнЕ́</td><td>на о́кнАХ</td></tr>
<tr><td>여성</td><td>на стенЕ́
в дере́внЕ</td><td>на стенА́Х
в дере́вньЯХ</td></tr>
</table>

[흥미진진 러시아5]

러시아도 전화를 많이 쓸까?

Много ли говорят в России по телефону или нет?

Много аналитиков считают, что несмотря на большой процент проникновения мобильной связи и появление новых услуг, наши соотечественники по-прежнему предпочитают использовать мобильный телефон исключительно для совершения звонков. Так, к примеру, статистика говорит о том, что среднестатистический западноевропейский пользователь посылает 100 и 150 текстовых сообщений в месяц, русский пользователь посылает лишь десять. С этим, конечно, трудно согласиться. С другой стороны, есть ведь и такой “феномен русской культуры мобильного телефона” как, простой обмен “бипами”. То есть, люди заранее договариваются о чём-то, а знаком подтверждения “дого-вора”, служит не разговор по телефону, а простой звонок другу или приятелю, на который ответа не следует. Договорённостей подобного рода существует много. Одна из них может означать: “Перезвони мне”. То есть даже без посылания SMS, получив “бип”, абонент перезванивает звонившему. Чаще всего это делается исходя из стоимости тарифного плана говорящих. Звонит, обычно, тот, у кого более дешёвый тариф. Как бы там ни было, доход МТС от одного только развлекательного контента, скачиваемого пользователями, на конец января 2008 года составил 800 тысяч долларов. Это говорит о том, что польз-ователи, окупают содержание своих телефонов, даже если не говорят по нему.

ТЕ́МА 5. СО́ТОВЫЙ ТЕЛЕФО́Н, ИНТЕРНЕ́Т

А́нна : Зна́ешь, Хун, мне неудо́бно жить в Коре́е.

Хун : Почему́?

А́нна : Потому́ что у меня́ нет со́тового телефо́на.

Хун : Да. Без со́тового телефо́на о́чень неудо́бно.

А́нна : Поэ́тому я хоте́ла бы купи́ть со́товый телефо́н.

Хун : Без пробле́м. Дава́й ку́пим.

А́нна : Мне не нужна́ дорога́я моде́ль. Гла́вное - что́бы телефо́н рабо́тал.

Хун : Поня́тно. Недалеко́ от нас есть магази́н со́товых телефо́нов.

А́нна : Дава́й схо́дим туда́.

Хун : Дава́й.

(в магази́не)

А́нна : Мне нра́вится вот та моде́ль. Ско́лько она́ сто́ит?

Продаве́ц : Э́то дорога́я моде́ль. Она́ сто́ит 500,000 (пятьсо́т ты́сяч) вон.

А́нна : Нет, не ну́жно.

Продаве́ц : Тогда́ я рекоменду́ю вот э́тот телефо́н LG.

Хун : А, я зна́ю! Сейча́с э́то са́мая популя́рная моде́ль. Ско́лько сто́ит?

Продаве́ц : Сейча́с а́кция, поэ́тому сто́ит всего́ 70,000 (се́мьдесят ты́сяч) вон.

А́нна : Тогда́ я куплю́. Здесь мо́жно подключи́ться?

Продаве́ц: Коне́чно. Я всё сде́лаю.

А́нна : Спаси́бо.

А́нна : Хун, у меня́ есть ещё одна́ про́сьба.

Хун : Пожа́луйста.

А́нна : Я хочу́ подключи́ть интерне́т в общежи́тии.

Хун : Э́то про́сто. Тебе́ ну́жно позвони́ть в фи́рму, кото́рая занима́ется подключе́нием интерне́та.

А́нна : Ско́лько сто́ит по́льзование интерне́том?

Хун : По-ра́зному. Э́то зави́сит от тари́фа.
Са́мый дешёвый тари́ф, ка́жется, 10,000 (де́сять ты́сяч) вон.

А́нна : Тогда́ ты мо́жешь позвони́ть в фи́рму, что́бы мне подключи́ли интерне́т?

Хун : Хорошо́.

ТЕ́МА 6

ВСТРЕ́ЧА

단원목표

① 상대방에게 전화를 잘못 걸었다는 표현을 할 수 있나요?
② 알렉세이가 지금까지 왜 안 오느냐고 묻는 표현을 할 수 있나요?
③ 약속을 했느냐고 물어보는 표현을 할 수 있나요?
④ 구체적으로 을지로가 어디냐고 묻는 표현을 할 수 있나요?
⑤ 상대가 우리 약속을 잊었냐는 질문을 할 수 있나요?
⑥ 내가 착각했다는 표현을 할 수 있나요?
⑦ 빨리 오라고 하는 표현을 할 수 있나요?
⑧ 서두르라고 말하는 표현을 할 수 있나요?
⑨ 친구가 한 시간 후에 도착한다는 표현을 할 수 있나요?

학습방법

① 본문을 읽고 들어 본다.
② 친구와 함께 대화연습의 질문과 대답을 실습해 본다.
③ 사전을 이용해 〈러시아의 크리스마스〉를 읽고 러시아에서는 왜 크리스마스가 1월 7일인지에 대해 이야기를 나눠 본다.

대화19. 전화 잘못 거셨어요. Вы не туда́ попа́ли.

А́нна : Тебе́ кто́-то звони́т! Мо́жет, э́то Алексе́й?
Хун : Алло́?... Вы не туда́ попа́ли.
А́нна : Кто э́то был?
Хун : Оши́блись но́мером.

А́нна : Стра́нно. Почему́ Алексе́й до сих пор не пришёл?
Хун : Да. Он си́льно опа́здывает.
А́нна : Ты пра́вильно объясни́л ме́сто, да́ту и вре́мя встре́чи?
Хун : Коне́чно.

너한테 전화가 왔어! 알렉세이 같은데?
여보세요?... 전화 잘못 거셨습니다.
누구니?
잘못 온 전화야.
이상하네. 왜 알렉세이가 아직까지 안 오지?
그러게. 아주 많이 늦네.
너 만나는 장소, 요일, 시간 정확히 말했지?
물론이지.

кто́-то	누군가
мо́жет	мочь '할 수 있다'의 3인칭 단수형이지만, 삽입어로 사용되면 '~인 것 같다'의 의미
алло́, алё	여보세요?
попа́ли	попа́сть в кого-что 과거 복수 : 명중하다, 연결되다.
оши́блись	ошиби́ться 과거 복수 : 실수하다
но́мером	но́мер (남성) 조격: 번호
стра́нно	이상하다 (부사)
до сих пор	지금까지
пришёл	прийти́ 과거 남성 : 도착하다 (완)
си́льно	강하게, 심하게 (부사)
опа́здывает	опа́здывать на что 3인칭 단수 : 늦다, 지각하다
пра́вильно	맞게 (부사)
объясни́л	объясни́ть 과거 남성 : 설명하다 (완)
ме́сто	장소 (중성)
да́ту	да́та (여성) 대격 : 날짜
встре́чи	встре́ча (여성) 생격 : 만남

[문법문형 이야기]

46. Вы не туда́ попа́ли. 전화 잘못 거셨어요.

Вы	не туда́	попа́ли	.
당신은	거기 아닌 곳으로	도달하다(완)	

попа́сть는 관용구에 매우 자주 쓰이는 동사입니다. Вы не туда́ попа́ли 역시 잘못 걸린 전화에 대해 관용적으로 쓰는 표현입니다. 주어에 따라 동사의 성과 수를 주의합시다.

Он не туда́ попа́л.　　Она́ не туда́ попа́ла.

잘못 온 전화에 대해 쓸 수 있는 표현으로 Вы оши́блись 도 있습니다. '실수하셨습니다' 로 전화 상황에서 자주 사용합니다. 만약 대화에서처럼 실수한 내용을 연결한다면, 조격으로 표현하는 것도 잊지 맙시다: Вы оши́блись но́мером. '번호가 틀렸습니다'

47. Си́льно опа́здывает. 많이 늦네.

Он	си́льно	опа́здывает	на встре́чу	.
그는	많이	지각하다	만남에 (대격)	

우리말에서는 '늦고 있어'라는 표현은 어색합니다. 우리말에서는 가는 거리를 고려할 때 약속시간에 늦을 것이 확실한 경우 혹은 늦을 것 같은 경우에도 '늦었어'로 말합니다. 그러나 러시아어에서는 대개 늦을 것 같아도 아직 약속시간이 지나지 않은 경우는 현재시제로, 이미 약속시간이 지난 경우에는 과거시제로 말합니다.

약속시간이 9시인 경우
⌛ 8시 30분 Я опа́здываю! 늦었어!
⌛ 9시 10분 Я опозда́л! 늦었어!

어디에 늦은 것인지를 말하고 싶을 때는 'на + 장소대격'으로 표현합니다.

Я опа́здываю на ле́кцию. 강의에 늦었어.
Мы опа́здываем на заня́тия. 우리는 수업에 늦었어.
Он опозда́л на рабо́ту. 그는 직장에 늦었다.

[Дава́йте поговори́м! 19]

1. 본문을 읽고 옆 친구와 함께 다음의 질문과 대답을 주고 받아보세요.

1) Тебе́ кто́-то звони́т?
예 Да, мне кто́-то звони́т.
2) Алло́, э́то Све́та?
예 Нет, вы не туда́ попа́ли.
3) Кто звони́л?
예 Оши́блись но́мером.
4) Почему́ она́ до сих пор не пришла́?
예 Потому́ что она́ всегда́ опа́здывает.
5) Ты объясни́л ме́сто, да́ту и вре́мя встре́чи?
예 Да, я объясни́л.

2. 옆 친구에게 다음 질문을 해 보세요. 번갈아 친구의 질문에 본인도 대답을 해보세요.

1) Кто звони́л Све́те?
예 Све́те звони́л Джи-хун.
2) Алло́, позови́те, пожа́луйста, Све́ту.
예 Э́то я.
3) Алло́, я могу́ поговори́ть с Сонг-ми́ном?
예 Его́ сейча́с нет до́ма.
4) Алло́, э́то Ка́тя?
예 Нет, перезвони́те по́зже.
5) Почему́ Све́та всегда́ опа́здывает?
예 Потому́ что она́ всегда́ занята́.
6) Сонг-мин уже́ пришёл?
예 Нет, его́ до сих пор нет.
7) Ка́тя пра́вильно объясни́ла нам ме́сто и вре́мя встре́чи?
예 Да, она́ пра́вильно объясни́ла.

ошиби́ться, бусь, бёшься, (과) оши́бся, лась (+ чем) 실수하다; позва́ть, зову́, зовёшь (명) зови́ (+ кого́-что) 부르다, 호출하다; поговори́ть, рю, ришь (완) 대화하다; перезвони́ть, ню, нишь (+ кому́) 다시 전화를 걸다; по́зже (부) 나중에; за́нятый, ая, (단) за́нят, занята́ 바쁜, 통화중인; объясни́ть, ню, нишь (+ кому́ что) (완) 설명하다

3. 다음 한국어 대화를 옆 친구에게 읽어주고 러시아어로 통역하게 해 보세요. 번갈아 친구에게 읽게 하고 본인도 통역을 해보세요.

3-1

1) 네 전화기가 울리는 것 같은데?
- 그래, 누군가 나에게 전화를 하네.
2) 여보세요, 스베타니?
- 아니요, 전화 잘 못 거셨습니다.
3) 누가 전화했어?
- 잘 못 걸린 전화야.
4) 그녀는 왜 아직까지 안 오니?
- 그녀는 항상 늦기 때문이야.
5) 너는 만나는 장소, 날짜 그리고 시간을 설명해 주었니?
- 응, 설명했어.

3-2

1) 누가 스베타에게 전화했니?
- 지훈이가 스베타에게 전화했어.
2) 여보세요, 스베타 좀 바꿔주세요.
- 나야.
3) 여보세요, 성민이랑 통화할 수 있나요?
- 집에 없어요.
4) 여보세요, 카탸니?
- 아니요, 조금 있다가 전화 다시 하세요.
5) 스베타는 왜 항상 늦니?
- 그녀는 항상 바쁘기 때문이야.
6) 성민이는 벌써 도착했니?
- 아니, 아직까지 안왔어.
7) 카탸는 만나는 장소와 날짜, 시간을 우리에게 맞게 설명했니?
- 응, 맞게 설명했어.

대화20. 약속했다! Мы договори́лись!

А́нна : Как вы договори́лись?
Хун : В суббо́ту два́дцать пе́рвого декабря́
на у́лице Ыль-джи Ильга.
А́нна : Где и́менно на у́лице Ыдь-джи?
Хун : Напро́тив YMCA.
А́нна : А вре́мя?
Хун : В час дня.
А́нна : Всё пра́вильно. Почему́ он не идёт?
Хун : А́нна, звони́ ему́.
А́нна : Хорошо́...

어떻게 약속했는데?
12월21일 수요일 을지로 1가에서 만나기로 했지.
을지로 어디서?
YMCA 맞은편에서.
시간은?
낮 1시.
다 맞는데. 왜 안 오지?
안나, 전화해봐.
알았어...

договори́лись	договори́ться 과거 복수 : 약속하다
в суббо́ту	в + суббо́та (여성) 대격 : 토요일에
пе́рвого	пе́рвый (남성) 생격 : 첫 번째의, 1일의
декабря́	дека́брь (남성) 생격 : 12월
на у́лице	на + у́лица (여성) 전치격 : 거리에서
и́менно	바로
в час	в + час (남성) 대격 : 1시에
дня	день (남성) 생격 : 낮, 오후
идёт	идти́ 3인칭 단수 : 가다, 오다
звони́	звони́ть 명령형 : 전화해
ему́	он 여격 : 그

[문법문형 이야기]

48. Како́й сего́дня день неде́ли? 오늘 무슨 요일이니?

Како́й	сего́дня	день	неде́ли	?
어떤(남성)	오늘	날(남성)	일주일의(생격)	

우리말의 요일은 러시아어로 день неде́ли입니다. 요일을 물을 때는 '일주일의'는 생략하고 Како́й сего́дня день?으로 말하기도 합니다. '~요일에'의 표현은 대격을 지배하는 전치사 в로 표현합니다.

Како́й сего́дня день? 오늘 무슨 요일이니? - Сего́дня суббо́та. 토요일이야.
Когда́ заня́тия? 수업 언제 있어? - В суббо́ту. 토요일에 있어.

✽ 일주일

요일	в + 요일 대격	의미	어미형태
понеде́льник	в понеде́льник	월요일에	남성: 주격=대격
вто́рник	во вто́рник	화요일에	
среда́	в сре́ду	수요일에	여성: а → у
четве́рг	в четве́рг	목요일에	남성: 주격=대격
пя́тница	в пя́тницу	금요일에	여성: а → у
суббо́та	в суббо́ту	토요일에	
воскресе́нье	в воскресе́нье	일요일에	중성: 주격=대격

49. Како́е сего́дня число́? 오늘 며칠이니?

Како́е	сего́дня	число́	?
어떤(중성)	오늘	날짜 (중성)	

Сего́дня	два́дцать пе́рвое	декабря́	.
오늘	21번째의 (중성)	12월의 (생격)	

날짜를 묻는 표현은 직역하면 ‘오늘은 몇 번째 숫자니?’로 순서 수사가 사용됩니다. 대답할 때는 보통 числó는 생략하며 달과 함께 대답하기도 합니다.

Какóе сегóдня числó? 오늘 며칠이니?
- Двáдцать пéрвое. 21일이야.
- Двáдцать пéрвое декабря́. 12월 21일이야.

✻ 1월 - 6월

	1월	2월	3월	4월	5월	6월
주격	янвáрь	феврáль	март	апрéль	май	ию́нь
생격	января́	февраля́	мáрта	апрéля	мáя	ию́ня

✻ 7월~12월

	7월	8월	9월	10월	11월	12월
주격	ию́ль	áвгуст	сентя́брь	октя́брь	ноя́брь	декáбрь
생격	ию́ля	áвгуста	сентября́	октября́	ноября́	декабря́

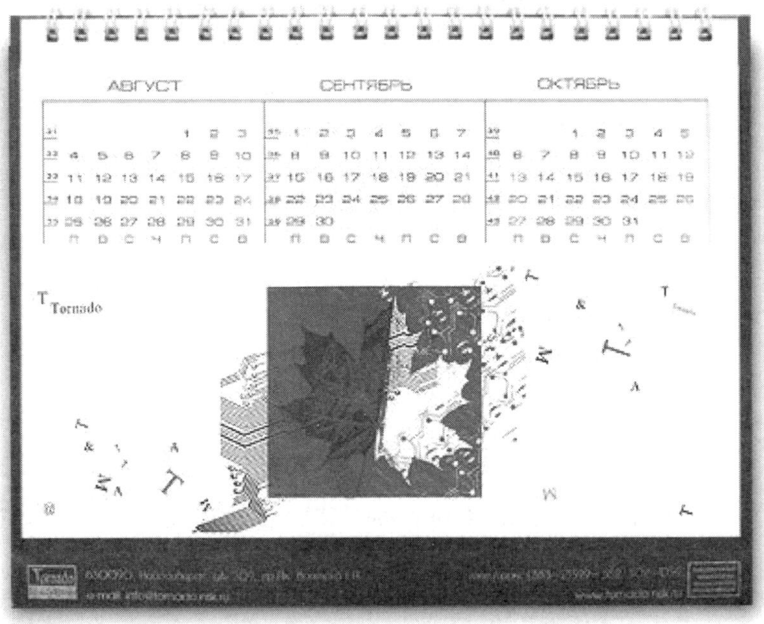

[Дава́йте поговори́м! 2 0]

1. 본문을 읽고 옆 친구와 함께 다음의 질문과 대답을 주고 받아보세요.

1) Как вы договори́лись о встре́че?
예 В воскресе́нье пе́рвого февраля́ на у́лице Ыль-джи Ильга.
2) Где и́менно на у́лице Ыль-джи Ильга?
예 У вы́хода из метро́.
3) Во ско́лько?
예 В два часа́ дня.
4) Ты всё пра́вильно объясни́ла?
예 Да, всё пра́вильно.
5) Ты звони́шь ему́?
예 Да, я звоню́ ему́.

2. 옆 친구에게 다음 질문을 해 보세요. 번갈아 친구의 질문에 본인도 대답을 해보세요.

1) Све́та и Сонг-мин договори́лись встре́титься?
예 Да, они́ договори́лись встре́титься.
2) Где они́ договори́лись встре́титься?
예 Они́ договори́лись встре́титься у вхо́да в Кремль.
3) Во ско́лько пришла́ Све́та?
예 Све́та пришла́ в по́лдень.
4) Почему́ Сонг-мин не пришёл?
예 Потому́ что он заболе́л.
5) Сонг-мин звони́л Све́те?
예 Нет, он не звони́л ей.
6) Како́го числа́ договори́лись встре́титься Ка́тя и Джи-хун?
예 Они́ договори́лись встре́титься пе́рвого января́.

вы́ход 출구; вход 입구; по́лдень, (남) 정오; заболе́ть, заболе́ю, леешь, (완) 병이 나다

3. 다음 한국어 대화를 옆 친구에게 읽어주고 러시아어로 통역하게 해 보세요. 번갈아 친구에게 읽게 하고 본인도 통역을 해보세요.

3-1

1) 어떻게 만나기로 약속했는데?
- 2월1일 일요일 을지로 1가에서.

2) 을지로 1가, 어디?
- 지하철역 출구 옆에서.

3) 몇 시에?
- 낮 2시.

4) 너 모두 맞게 설명했어?
- 응, 모두 맞게 설명했어.

5) 네가 그에게 전화할래?
- 응, 내가 전화할게.

3-2

1) 스베타와 성민이가 만나기로 약속했니?
- 그래, 그들은 만나기로 약속했어.

2) 어디서 그들은 만나기로 약속했니?
- 그들은 크렘린 입구에서 만나기로 약속했어.

3) 스베타는 몇 시에 왔니?
- 스베타는 정오에 왔어.

4) 성민이는 왜 안 오니?
- 아프기 때문이야.

5) 성민이는 스베타에게 전화했니?
- 아니, 전화 안 했어.

6) 카탸와 지훈이는 며칠에 만나기로 약속했니?
- 그들은 1월 1일에 만나기로 약속했어.

대화21. 착각했어. Я перепу́тал.

А́нна : Алло́? Алексе́й, где ты?
Алексе́й : До́ма, а что?
А́нна : Как до́ма? Мы тебя́ ждём!
Алексе́й : Почему́?
А́нна : Ты забы́л про на́шу встре́чу?
Алексе́й : Нет. Я по́мню. Мы встреча́емся в сре́ду.
А́нна : Ничего́ себе́! В суббо́ту, а не в сре́ду! И́менно сего́дня!
Алексе́й : Я всё перепу́тал.
А́нна : Приезжа́й скоре́е! Когда́ ты смо́жешь?
Алексе́й : Че́рез час.
А́нна : Хорошо́, торопи́сь...

А́нна : Хун, представля́ешь? Он до сих пор до́ма.
Хун : Почему́?
А́нна : Он перепу́тал дни неде́ли. Но че́рез час он придёт.
Хун : Что де́лать! Ждём.

여보세요? 알렉세이 너 어디야?
집인데, 왜?
왜 집에 있어? 우린 널 기다리고 있는데!
왜?
너 우리약속 잊었어?
아니. 기억해. 우리 수요일에 만나잖아.
맙소사! 수요일이 아니고 토요일이야! 바로 오늘!
내가 헷갈렸어.
빨리 와! 언제 올수 있어?
한 시간 뒤에.
알았어, 서둘러...
훈아, 상상이 되니? 얘 아직 집에 있어.
왜?
요일을 혼동했어. 한 시간 뒤에 올거야.
어쩌겠어! 기다리자.

ждём	ждать 1인칭 복수: 기다리다
забы́л	забы́ть 과거 남성: 잊다
про на́шу встре́чу	про + на́ша встре́ча (여성) 대격: 우리 약속
по́мню	по́мнить 1인칭 단수: 기억하다
встреча́емся	встреча́ться + с кем-чем 1인칭복수: 만나다
в сре́ду	в + среда́ (여성) 대격: 수요일에
ничего́ себе́	맙소사
перепу́тал	перепу́тать 과거 남성: 헷갈리다
приезжа́й	приезжа́ть 명령형: 와라
скоре́е	서둘러, 더 빨리 (부사 비교급)
смо́жешь	смочь 2인칭 단수: 할 수 있다(완)
че́рез час	че́рез + час 대격: 1시간 지나서
торопи́сь	торопи́ться 명령형: 서둘러라
представля́ешь	представля́ть 2인칭 단수: 상상하다
до сих пор	지금까지
дни неде́ли	요일
придёт	прийти́ 3인칭 단수: 도착하다 (완)
де́лать	하다
что де́лать!	관용적으로 '할 수 없지!'

[문법문형 이야기]

50. В суббо́ту, а не в сре́ду! 수요일이 아니고 토요일이라고!

В суббо́ту	,	а не	в сре́ду	!
토요일에	,	~이 아니고	수요일에	

영어의 'not A but B, A가 아니고 B 이다' 구문에 해당하는 문형입니다. 접속사 а와 부정소사 не를 이용하여 어감을 실어 다양하게 표현할 수 있습니다. 이때 비교되는 대상 사이에 쉼표를 꼭 찍는 것도 잊지 맙시다.

Мы встреча́емся в суббо́ту, а не в сре́ду.
Мы встреча́емся не в сре́ду, а в суббо́ту.
우리는 수요일이 아니라 토요일에 만난다.

Я люблю́ ру́сский язы́к, а не матема́тику.
Я люблю́ не матема́тику, а ру́сский язы́к.
나는 수학이 아니라 러시아어를 좋아한다.

이외에 '~뿐만 아니라'에 해당하는 표현은 'не то́лько ~, но и ~' 구문 유형을 이용하여 표현합니다.

Я люблю́ не то́лько ру́сский язы́к, но и матема́тику.
나는 러시아어뿐만 아니라 수학도 좋아한다.

Мы встреча́емся не то́лько в суббо́ту, но и в сре́ду.
우리는 토요일뿐만 아니라 수요일에도 만난다.

[Дава́йте поговори́м! 21]

1. 본문을 읽고 옆 친구와 함께 다음의 질문과 대답을 주고 받아보세요.

1) Ты где?
예 Я на рабо́те.
2) Почему́ ты спра́шиваешь?
예 Потому́ что я тебя́ жду.
3) Ты забы́л про на́шу встре́чу?
예 Нет, не забы́л, я по́мню.
4) Мы встреча́емся в суббо́ту?
예 Нет, не в суббо́ту, а в воскресе́нье.
5) Когда́ ты смо́жешь прие́хать?
예 Я смогу́ прие́хать че́рез пол часа́.
6) Почему́ ты до сих пор на рабо́те?
예 Потому́ что я перепу́тал дни неде́ли.
7) Что мне де́лать?
예 Жди меня́, пожа́луйста, в кни́жном магази́не.

2. 옆 친구에게 다음 질문을 해 보세요. 번갈아 친구의 질문에 본인도 대답을 해보세요.

1) Что де́лает Све́та?
예 Она́ ждёт Сонг-ми́на.
2) Почему́ ты спра́шиваешь?
예 Потому́ что я то́же его́ жду.
3) Где сейча́с Сонг-мин?
예 Он е́дет в метро́.
4) Он ско́ро прие́дет?
예 Ка́жется, че́рез пятна́дцать мину́т.
5) Мы не опозда́ем?
예 Ну́жно торопи́ться, что́бы не опозда́ть.

ждать, ду, дёшь, (명령형) ди (+ кого́-что, + кого́-чего́) (불) 기다리다; встреча́ться, чаюсь, чаешься (+ с кем) (불) 만나다, прие́хать, еду, едешь, (완) 도착하다; опозда́ть, даю, даешь (완) 지각하다; попа́сть, ду, дёшь, (과) попа́л, ла, (+в кого́-что, кому́) (완) 명중시키다, 들어맞다; про́бка 교통체증

6) Почему́ она́ опозда́ла?

예 Потому́ что она́ попа́ла в про́бку.

3. 다음 한국어 대화를 옆 친구에게 읽어주고 러시아어로 통역하게 해 보세요. 번갈아 친구에게 읽게 하고 본인도 통역을 해보세요.

3-1

1) 너 어디니?
- 직장이야.
2) 왜 물어보는 거니?
- 널 기다리고 있기 때문이지.
3) 너 우리 약속을 잊었니?
- 아니, 안 잊었어. 기억해.
4) 우리 토요일에 만나는 거니?
- 아니, 토요일이 아니라 일요일이야.
5) 너 언제 올 수 있니?
- 30분 후에 도착할 수 있어.
6) 너 왜 아직까지 직장에 있니?
- 왜냐하면 내가 요일을 혼동했기 때문이야.
7) 나 어떻게 해야 하지?
- 서점에서 기다려 줘.

3-2

1) 스베타는 무엇을 하고 있니?
- 성민이를 기다려.
2) 너 왜 물어보는 거니?
- 나도 그를 기다리고 있기 때문이야.
3) 성민이는 지금 어디에 있니?
- 그는 지하철을 타고 오고 있어.
4) 그는 곧 오니?
- 15분 후에 올 것 같아.
5) 우리 안 늦었어?
- 안 늦으려면 서둘러야 해.
6) 그녀가 왜 늦지?
- 교통체증 때문이야.

[재미있게 읽어보는 문법이야기 6]

시간은 걷기도(идёт), 뛰기도(бежи́т), 날기도(лети́т) 한다!
- 시간표현

러시아어에는 영어의 Good morning! Good afternoon! Good evening! 등에 해당하는 인사표현 До́брое у́тро! До́брый день! До́брый ве́чер! 등이 있습니다. 그렇다면 두 문화권의 인사가 뜻하는 바가 같을까요? 물론, 전혀 아닙니다. 영어는 물리적인 시간을 기준으로 정오 이전은 아침, 이후는 점심이 됩니다. 반면 러시아어에서는 행위를 기준으로 인사의 시간대를 구분합니다. 적어도 '인사 표현의 세계'에서는 물리적인 시간은 후순위인 셈이지요. 무슨 말이냐고요? 바로 이렇습니다. 여러분이 일어나서 그날 하루의 정상적인 업무를 위해 집에서 나설 때까지의 시간이 아침입니다. 아침 9시에 택시를 잡아타고 뭐라고 인사 하시겠습니까? До́брое у́тро뿐만 아니라 До́брый день!도 일반적입니다. 택시 기사님은 이미 근로 현장에서 열심히 일하고 계시니까요.

ве́чер는 하루 업무를 마치고 잠자리에 들기 이전까지의 시간대입니다. 따라서 저녁 7시에 귀가하는 딸아이의 인사도, 밤 10시에 귀가하는 아들의 인사도 러시아에서는 모두 До́брый ве́чер!입니다.

러시아어 ночь는 우리말의 새벽이 아닙니다. 러시아 사람들이 잠자리에 들어서 단꿈에 빠지는 수면 시간대가 바로 ночь이죠. 잘 자라고 인사할 때 Споко́йной но́чи! '잘자-평안한 잠자리가 되세요' 라고 인사하는 것에서도 러시아의 시간 개념이 보입니다.

그렇다면 새벽 근무를 하는 당직자, 혹은 하루 3교대, 4교대로 일하는 근로자가 새벽에 일터에 왔다면 동료에게 뭐라고 인사할까요? До́брая ночь? 아니겠죠! 자면서는 인사할 수 없습니다. 이런 까닭에 물리적인 시간을 기준으로 하는 영어의 'Good night!'이 잠 잘 때는 물론이고 헤어질 때의 인사로 쓰이는 것과는 달리 러시아어에서는 'добрая ночь'가 불가능합니다. 대신 Здра́вствуйте! Приве́т!으로 인사 합니다. '좋은/상쾌한 아침!' 정도를 제외하고는 시간대를 구별하지 않고 '안녕하세요?'로만 인사를 건네는 우리말과도 구별됩니다. 문화가 반영된 러시아어의 독특한 시간표현을 몇 가지만 살펴보도록 합시다.

1. 우리말 표현에서 시간은 (천천히) 흘러가거나 (빠르게) 화살처럼 지나갑니다.

러시아어에서는 시간은 갈 수도 вре́мя идёт, 뛸 수도 вре́мя бежи́т, 날 수도 вре́мя лети́т 있습니다.

2. 우리는 월요일부터 금요일까지 일한다고 러시아 사람에게 말한다면 오해가 생길 수도 있습니다. '~부터 ~까지' 표현에는 생격을 지배하는 전치사 С, ДО가 사용됩니다. 러시아어의 '~부터'를 뜻하는 전치사 с는 우리말과 의미가 비슷하지만 '~까지'에 해당하는 전치사 до는 사용할 때 주의가 필요합니다. 우리말의 '~까지'는 까지가 사용된 시간을 포함하지만 러시아어 전치사 до는 '직전까지'를 의미합니다. 따라서 12시까지는 12시 직전까지, 토요일까지는 토요일 직전까지, 즉 우리말의 금요일까지에 해당합니다. 따라서 '한시부터 두시까지'의 경우에는 의미에 큰 차이를 느끼지 못하지만 '월요일부터 금요일까지'의 경우에는 하루 차이가 생기게 됩니다. 비교해 보세요.

Я рабо́таю с ча́са до двух.	나는 한 시부터 두 시까지 일합니다.
Я рабо́таю с понеде́льника до пя́тницы.	나는 월요일부터 금요일 (직전)까지, 즉 월요일부터 목요일까지 일합니다.
Я рабо́таю с понеде́льника до суббо́ты.	나는 월요일부터 금요일까지 일합니다.

따라서 우리말의 '월요일부터 금요일까지 일한다'는 러시아어로는 토요일까지로 표현하셔야 합니다. 혹은 '~을 따라'를 의미하는 전치사 по를 사용하는 경우, 우리말의 '~까지' 표현과 유사해집니다. 보통 по는 여격을 지배하지만, 이때에 한해서 대격을 지배합니다.

Я рабо́таю с понеде́льника по пя́тницу. 월요일부터 금요일에 (이르기)까지 일합니다.

3. 마지막으로 시간을 묻고 대답하는 표현에 대해서 알아보죠. 러시아어에는 기수사를 통한 '몇 시 몇 분' 표현 외에 순서수사를 이용하여 '몇 번째 시간의 몇 분'이라는 표현 방법이 있습니다.

기수표현은 우리말과 같습니다. 시계를 보고 한 시면 час, 두 시면 два часа́라고 말합니다. 만약 3시 15분이면 три часа́ пятна́дцать мину́т이라고 하면 됩니다.

물론 이때 수사의 수의 크기에 따라 2~4인 경우에는 час, мину́та의 단수생격 5이상인 경우에는 복수생격 형태를 적절하게 사용해야 합니다.

반면 서수표현은 우리에게 조금은 낯섭니다. 먼저 시계를 상상해 보세요. 시계의 12~1까지의 첫째 칸을 пе́рвый час, 1~2는 второ́й час, 2~3는 тре́тий час, 이런 식으로 순서를 매기면, 11~12 칸은 двена́дцатый час가 됩니다. 만약 2시 15분이라면 시침은 몇 번째 칸에 있나요? 세 번째 칸, тре́тий час에 놓이게 됩니다. 따라서 러시아어로 2시 15분은 пятна́дцать мину́т тре́тьего ча́са가 됩니다. 즉 세 번째 시간의 15분인 셈이지요. 이때 мину́т과 ча́са는 대개 생략하고 пятна́дцать тре́тьего라고 말합니다. 헷갈리신다고요? 헷갈리지 마세요. 간단합니다. 여러분이 말하고 싶은 시간보다 하나 더 큰 수의 서수 생격 형태를 사용하시면 됩니다. 연습해 볼까요?

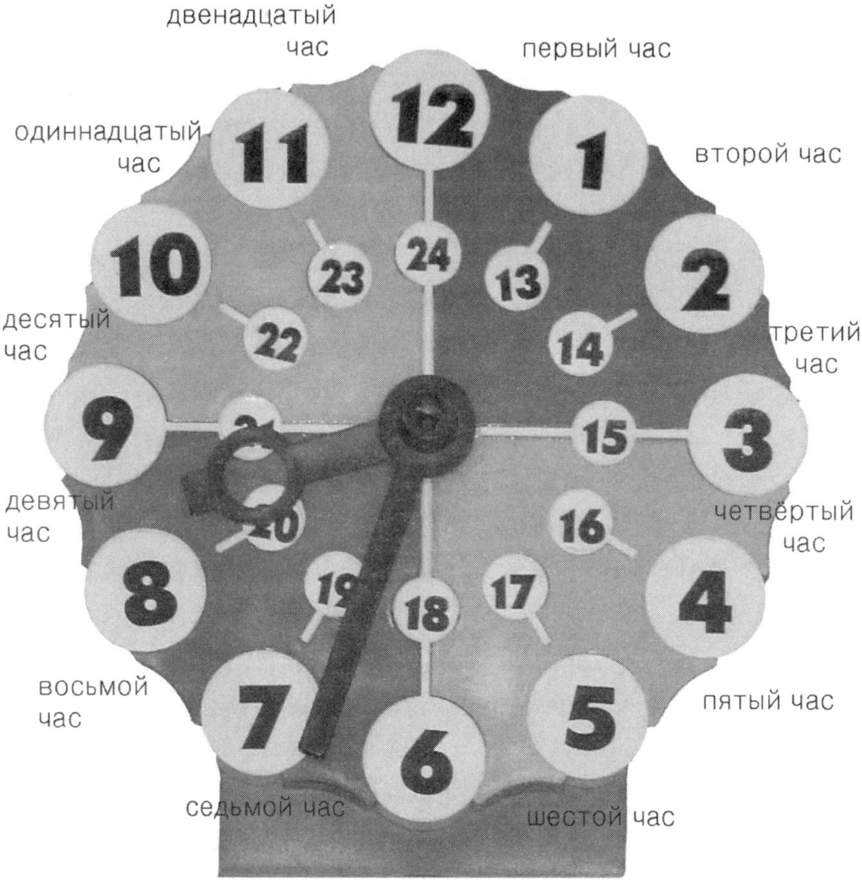

4시 20분	два́дцать пя́того.	
5시 30분	три́дцать шесто́го.	(пол шесто́го 5시 반)
6시 45분	со́рок пять седьмо́го.	(без че́тверти семь 15분전 7시)
7시 50분	пятьдеся́т восьмо́го.	(без десяти́ во́семь 10분전 8시)

우리말에서 30분은 '반'이라고 한다거나 7시 50분 대신 '8시 10분전에' 라고 하듯이 러시아어에도 이와 유사하게 바꿔 표현하기도 합니다. '~전에'의 표현은 정각을 기준으로 하기 때문에 7, 8이 기수로 표현되며 '~부족한, 없는'을 나타내는 생격 지배 전치사 без가 사용됩니다. че́тверть는 1/4을 뜻합니다. 60분의 1/4은 15분이기 때문에 시간표현에서 15분의 의미로 사용됩니다.

[흥미진진 러시아 6]

왜 러시아에서는 크리스마스가 1월7일인가?

Почему Рождество на Западе празднуют 25 декабря, а в России - 7 января ?

В Древнем Риме началом года долгое время считали 1 марта, пока в 45 году до нашей эры Юлий Цезарь не преобразовал календарь. Началом года стал самый короткий день года - день зимнего солнцестояния.

Люди праздновали начало нового года. Дни становились длиннее, солнце рождалось вновь и близился конец зимы. День зимнего солнцестояния считали победой Сатурна над зимой. Этот праздник назывался Сатурналиями. Римляне пировали и дарили друг другу подарки.

В начале 4-го века Христианская церковь пришла к власти в Римской Империи и легализовала христианство. Церковь не одобряла дикие празднества “языческого” бога Сатурна. Так приблизительно в 10-м веке церковью было решено заменить Сатурналии днём рождения Христа (дата рождения Христа в действительности неизвестна).

Временное несоответствие празднования Рождества различными церквами в настоящее время связано с тем, что ряд церквей (русская, болгарская, сербская и другие православные церкви) пользуются Юлианским календарём, 25-е декабря которого соответствует 7-му января григорианского календаря.

В России григорианский календарь был введён в 1918 году, но русская церковь продолжает пользоваться юлианским календарём до сих пор.

ТЕ́МА 6. ВСТРЕ́ЧА.

А́нна : Тебе́ кто́-то звони́т! Мо́жет, э́то Алексе́й?

Хун : Алло́?... Вы не туда́ попа́ли.

А́нна : Кто э́то был?

Хун : Оши́блись но́мером.

А́нна : Стра́нно. Почему́ Алексе́й до сих пор не пришёл?

Хун : Да. Он си́льно опа́здывает.

А́нна : Ты пра́вильно объясни́л ме́сто, да́ту и вре́мя встре́чи?

Хун : Коне́чно.

А́нна : Как вы договори́лись?

Хун : В суббо́ту два́дцать пе́рвого декабря́ на у́лице Ыль-джи Ильга.

А́нна : Где и́менно на у́лице Ыль-джи?

Хун : Напро́тив YMCA.

А́нна : А вре́мя?

Хун : В час дня.

А́нна : Всё пра́вильно. Почему́ он не идёт?

Хун : А́нна, звони́ ему́.

А́нна : Хорошо́... Алло́? Алексе́й, где ты?

Алексе́й: До́ма, а что?

А́нна : Как до́ма? Мы тебя́ ждём!

Алексе́й: Почему́?

А́нна : Ты забы́л про на́шу встре́чу?

Алексе́й: Нет. Я по́мню. Мы встреча́емся в сре́ду.

А́нна : Ничего́ себе́! В суббо́ту, а не в сре́ду! И́менно сего́дня!

Алексе́й: Я всё перепу́тал.

А́нна : Приезжа́й скоре́е! Когда́ ты смо́жешь?

Алексе́й: Че́рез час.

А́нна : Хорошо́, торопи́сь...

А́нна : Хун, представля́ешь? Он до сих пор до́ма.

Хун : Почему́?

А́нна : Он перепу́тал дни неде́ли. Но че́рез час он придёт.

Хун : Что де́лать! Ждём.

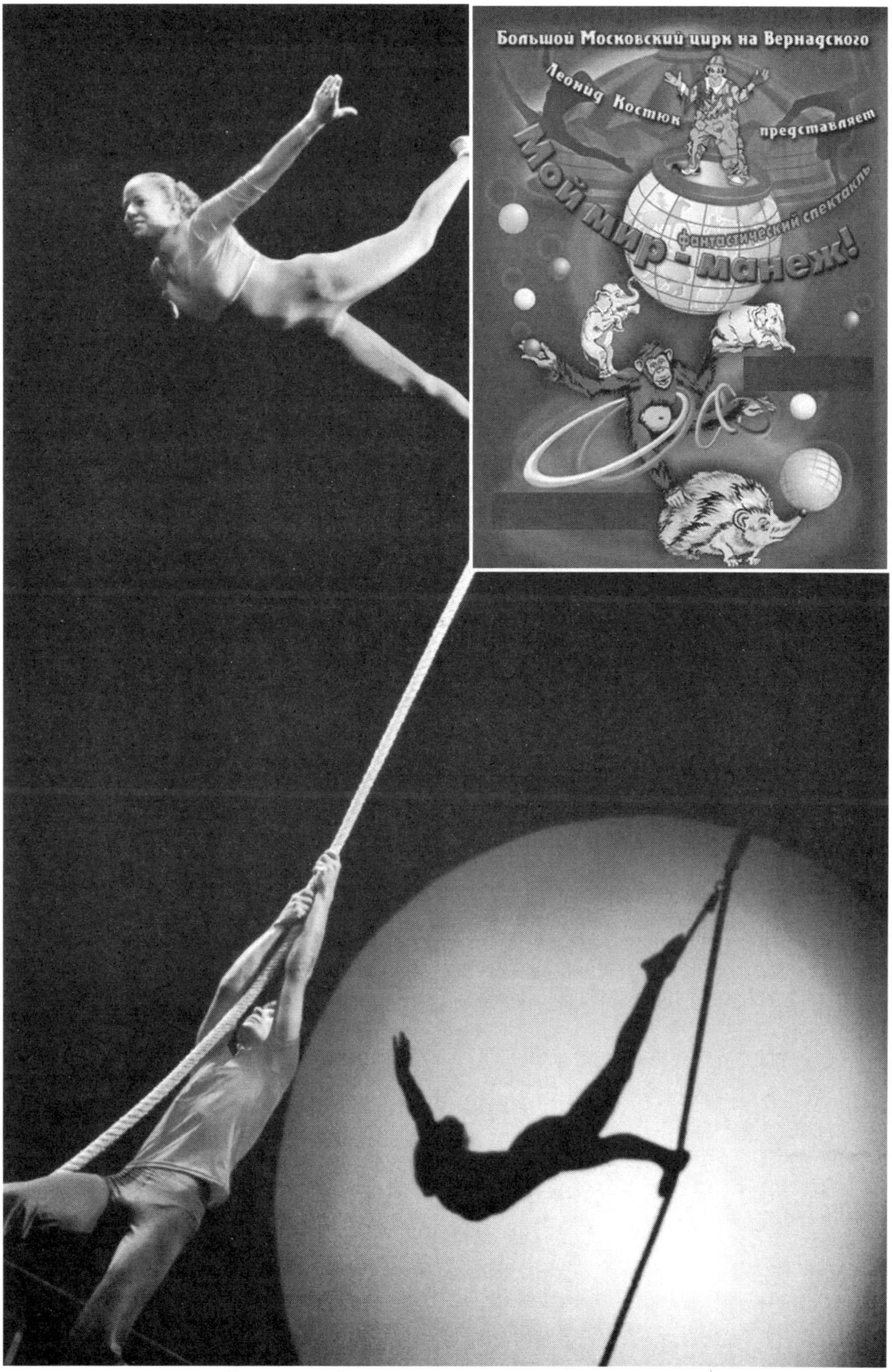
Большой Московский цирк на Вернадского
Леонид Костюк
представляет
Мой мир - манеж!
фантастический спектакль

ТЕ́МА 7

ВНЕ́ШНОСТЬ

단원목표

① 친구에게 초대해 줘서 고맙다는 인사 표현을 할 수 있나요?
② 친구에게 와주서 고맙다는 인사표현을 할 수 있나요?
③ 여동생이 학교에서 아직 안 왔다는 표현을 할 수 있나요?
④ 친구 집에 가서 벽의 액자 사진을 보고 있는 중이라는 표현을 할 수 있나요?
⑤ 친구 엄마가 젊어 보인다는 칭찬 표현을 할 수 있나요?
⑥ 내 누이는 긴 생머리의 예쁜 아가씨라는 표현을 할 수 있나요?
⑦ 내 누이가 나 보다 두 살 어리다는 표현을 할 수 있나요?
⑧ 내 동생이 아버지를 닮았다는 표현을 할 수 있나요?
⑨ 곱슬머리의 웃고 있는 소년이 내 동생이라는 표현을 할 수 있나요?

학습방법

① 본문을 읽고 들어 본다.
② 친구와 함께 대화연습의 질문과 대답을 실습해 본다.
③ 사전을 이용해 〈미스월드 수히노바 이야기〉를 읽고 가장 인상적인 부분은 어디인지 이야기를 나눠 본다.

대화22. 초대해줘서 고마워! Спаси́бо за приглаше́ние!

А́нна : Хун, спаси́бо, что пригласи́л меня́ в го́сти.
Хун : Спаси́бо, что пришла́.
А́нна : У тебя́ до́ма о́чень ую́тно.
Хун : Спаси́бо.
А́нна : А где твои́ роди́тели?
Хун : Они́ сейча́с на рабо́те.

А́нна : У тебя́ есть брат и́ли сестра́?
Хун : Да. У меня́ есть и сестра́ и брат.
А́нна : Их то́же нет до́ма?
Хун : Да, Сестра́ ещё не пришла́ из университе́та.
А брат ещё в шко́ле.
А́нна : Поня́тно. Я ви́жу на стене́ фотогра́фию в ра́мке.
Хун : Э́то вся моя́ семья́.

훈아, 초대해줘서 고마워
와줘서 고맙지.
집이 참 아늑하구나.
고마워.
부모님은 어디 계셔?
아직 직장에서 일하시지.
너 형제나 자매가 있니?
응, 누이하고 남동생이 있어.
누이와 남동생 역시 집에 없는 거야?
그래, 누이는 아직 대학교에서 안 왔고, 동생은 슈꼴라에 있어.
그래. 벽에 사진액자가 있네.
응, 우리 가족이야.

пригласи́л	пригласи́ть 과거 남성 : 초대하다
в го́сти	в + го́сти (남성복수) : 손님으로
пришла́	прийти́ 과거 여성 : 도착하다
ую́тно	편하다 (부사)
ви́жу	ви́деть 1인칭 단수: 보다
на стене́	на + стена́ (여성) 전치격 : 벽에
на рабо́те	на + рабо́та (여성) 전치격 : 직장에
фотогра́фию	фотогра́фия (여성) 대격 : 사진
в ра́мке	в + ра́мка (여성) 전치격 : 액자에
вся	모든 (여성)
в школе	в + школа (여성) 전치격 : 초중고에서

[문법문형 이야기]

51. Спаси́бо, что пришла́. 와 줘서 고마워.

Спаси́бо	что	пригласи́л меня́ в го́сти	.
고맙다	~것을 (접속사)	나를 손님으로 초대했다	

Спаси́бо	что	пришла́	.
고맙다	~것을 (접속사)	오다(완)	

고마운 마음을 전할 때 쓰는 표현입니다. что 뒤에 고마운 이유를 문장으로 연결하면 됩니다. 만약 간단하게 명사로 쓸 경우는 대격 지배 전치사 за와 함께 표현합니다.

Спаси́бо	за	приглаше́ние	.
고맙다	~에 대해(대격)	초대	

Спаси́бо, что помогли́ мне. 도와줘서 고마워.
Спаси́бо за по́мощь. 도움 고마워.
Спаси́бо за ру́чку. 펜 고마워.
Спаси́бо за информа́цию. 정보 고마워.

☞ 부가설명 37

대화 15 - 문법문형 이야기 37에서 부정의문문에 대해서 배웠습니다. 그런데 이번 <대화 22>의 안나와 훈의 대화에서 조금 다른 답변을 발견하게 됩니다. 어딘지 아시겠어요?

А́нна :	Их то́же нет до́ма?
Хун :	Да. Сестра́ ещё не пришла́ из университе́та.

네, 맞습니다. 안나가 형제들도 집에 없냐고 묻자, 훈이가 누이는 학교에서 아직 안 왔다고 대답합니다. 부정의문문의 설명에 따르면 이 경우, 러시아어에서는 ‘아니. 아직 안 왔어’가 되어야 합니다. 그렇다면 여기서는 왜 да가 될까요? 이때의 안나의 질문은 진짜 질문이 아닙니다. 대화의 내용을 살펴보면, 안나는 집에 아무도 없는 것을 보고 부모님이 직장에 계시냐고 묻고, 동생들도 집에 없는 것을 확인하고 있습니다. 이렇듯

모르는 사항에 대한 질문이 아니라 대강 알고는 있지만 한 번 더 확인하며 질문자가 동의를 구하는 경우에, 동의를 구하는 내용에 동의하면 да로, 동의하지 않으면 нет으로 대답합니다: '그들도 집에 없는 거구나? - 그래(동의해)'.

❀ 동사활용형

ви́деть 보다 (불완)	
я ви́жу ты ви́дишь он ви́дит	мы ви́дим вы ви́дите они́ ви́дят

лежа́ть 누워 있다 (불완)	
я лежу́ ты лежи́шь он лежи́т	мы лежи́м вы лежи́те они́ лежа́т

прийти́ 오다 (완) 과거	
он пришёл она́ пришла́	они́ пришли́

[Дава́йте поговори́м! 2 2]

1. 본문을 읽고 옆 친구와 함께 다음의 질문과 대답을 주고 받아보세요.

1) Он пригласи́л её в го́сти?
예 Да, он пригласи́л её в го́сти.
2) У тебя́ до́ма ую́тно?
예 Да, у меня́ до́ма о́чень ую́тно.
3) Где твои́ роди́тели?
예 Они́ до́ма.
4) У тебя́ есть брат?
예 Нет, у меня́ нет бра́та.
5) Твоя́ сестра́ сейча́с до́ма?
예 Нет, её сейча́с нет до́ма.
6) Где сейча́с твой брат?
예 Он сейча́с в университе́те.
7) Что ты ви́дишь на стене́?
예 Я ви́жу на стене́ карти́ну.

2. 옆 친구에게 다음 질문을 해 보세요. 번갈아 친구의 질문에 본인도 대답을 해보세요.

1) Кто пригласи́л Све́ту в го́сти?
예 Джи-хун пригласи́л Све́ту в го́сти.
2) У тебя́ до́ма тепло́?
예 Нет, у меня́ до́ма хо́лодно.
3) В ко́мнате Ка́ти светло́?
예 Да, в ко́мнате Ка́ти светло́.
4) Где твоя́ ба́бушка?
예 Она́ на да́че.
5) Твоя́ ма́ма сейча́с в ко́мнате?
예 Нет, она́ на ку́хне.
6) Твой па́па уже пришёл с рабо́ты?
예 Нет, он ещё не пришёл с рабо́ты.

светло́ (비인칭술어) 밝다; да́ча 주말농장; с рабо́ты 직장으로부터; лежа́ть, лежу́, лежи́шь, (불) 누워있다;

7) Что лежи́т на столе́?

예 На столе́ лежи́т кни́га.

3. 다음 한국어 대화를 옆 친구에게 읽어주고 러시아어로 통역하게 해 보세요. 번갈아 친구에게 읽게 하고 본인도 통역을 해보세요.

3-1

1) 그는 그녀를 초대했니?
- 그래, 그는 그녀를 초대했어.
2) 너희 집은 아늑하니?
- 응, 우리 집은 아주 아늑해.
3) 너희 부모님은 어디 계시니?
- 집에 계셔.
4). 넌 형이 있니?
- 아니, 난 형이 없어.
5) 너희 누나는 지금 집에 있니?
- 아니, 지금 집에 없어.
6) 너희 형은 지금 어디 있니?
- 지금 대학교에 있어.
7) 너는 벽에서 무엇을 보고 있니?
- 난 벽에 걸린 그림을 보고 있어.

3-2

1) 누가 스베타를 초대했니?
- 지훈이가 스베타를 초대했어.
2) 너희 집은 따뜻하니?
- 아니, 우리 집은 추워.
3) 카탸의 방은 밝니?
- 응, 카탸의 방은 밝어.
4) 너희 할머니는 어디 계시니?
- 농장에 계셔.
5) 너희 엄마는 지금 방에 계시니?
- 아니, 부엌에 계셔.
6) 너희 아빠는 직장에서 벌써 오셨니?
- 아니, 아직 직장에서 오시지 않았어.

7) 테이블에 무엇이 있니?
- 테이블에는 책이 있어.

✽신체 구조 (Челове́ческое те́ло)

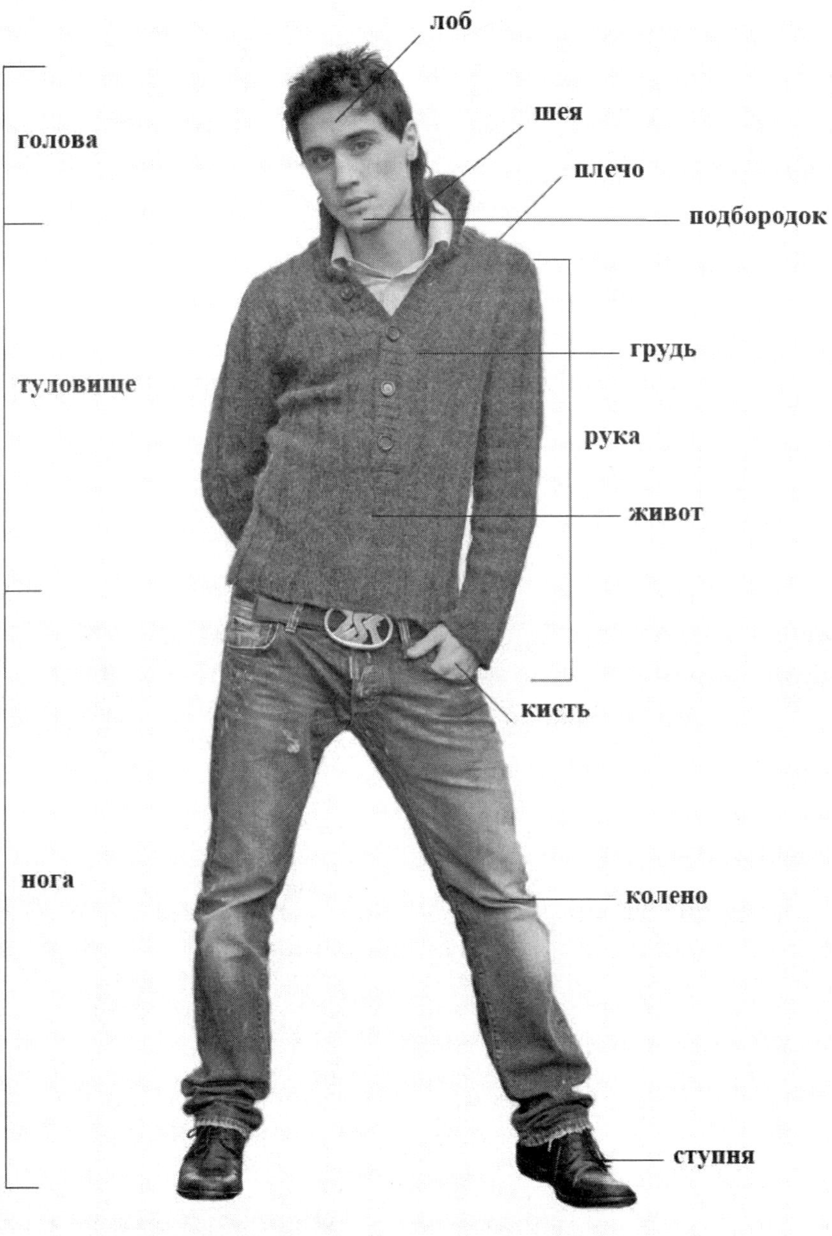

대화23. 누나가 두 살 더 많아.

Сестра́ ста́рше меня́ на два го́да.

А́нна : Я узнаю́ тебя́. А кто все остальны́е?
Хун : В це́нтре - мой оте́ц.
А́нна : Седо́й мужчи́на с уса́ми?
Хун : Да.
А́нна : А ря́дом с ним, наве́рное, твоя́ мать?
Хун : Да, э́то моя́ ма́ма.

А́нна : Она́ о́чень мо́лодо вы́глядит.
Снача́ла я поду́мала, что э́то твоя́ сестра́.
Хун : Нет. Моя́ сестра́ сиди́т спра́ва от меня́.
А́нна : Молода́я краси́вая де́вушка с дли́нными прямы́ми волоса́ми?
Хун : Да, э́то моя́ краса́вица-сестра́.
А́нна : Она́ ста́рше и́ли мла́дше тебя́?
Хун : Она́ ста́рше меня́ на два го́да.

널 알아보겠다. 다른 분들은 누구야?
가운데 계신분이 아버님이야.
콧수염에 하얀 머리인 남자 분?
그래.
그분 옆에 계신 분이 너희 어머님 같은데?
맞아. 우리 어머니야.
아주 젊어 보이시네. 처음엔 너희 누나인줄 알았어.
아니야. 내 오른편에 앉아 있는 사람이 누나야.
긴 머리의 젊고 예쁜 아가씨?
그래, 내 예쁜 누이야.
누나니 여동생이니?
누이는 나보다 2살이 많아.

узнаю́	узнава́ть 1인칭 단수 : 알아 보다
остальны́е	остально́й (남성) 복수 : 남은
в це́нтре	в + центр (남성) 전치격 : 가운데에
с уса́ми	с + усы́ (복수) 조격 : 콧수염을 한
наве́рное	아마도 (부사)
сиди́т	сиде́ть 3인칭 단수 : 앉아 있다
спра́ва от	~로부터 오른쪽에
дли́нными	дли́нные (복수) 조격 : 긴
прямы́ми	прямы́е (복수) 조격 : 곧은
с волоса́ми	с + во́лосы (복수) 조격 : 머리카락을 가진
краса́вица	미녀 (여성)
ста́рше	ста́рший 비교급 : 연상의
мла́дше	мла́дший 비교급 : 연하의
на два го́да	두 살 차이
все	모든 (복수)
мужчи́на	남자 (여성)
вы́глядит	вы́глядеть 3인칭 단수 : ~하게 보이다
мо́лодо	젊게 (부사)
поду́мала	поду́мать 과거 여성 : 생각하다 (완)
во́лосы	머리카락 (복수) : воло́с(생), волоса́м(여), во́лосы(대), волоса́ми(조), о волоса́х(전)

[문법문형 이야기]

52. ста́рше на два го́да. 두 살 더 먹었어.

Она́	ста́рше	меня́	на два го́да	.
그녀는	나이가 더 많다	나보다(생격)	두 살만큼	

앞 과에서 비교급 문형은 배웠습니다. 형용사, 혹은 부사의 비교급에 비교 받는 대상을 생격으로 표현한 것, 기억나시죠? 만약 얼마만큼 차이가 있는지를 말하고 싶다면 대격을 지배하는 전치사 на를 사용합니다.

Па́па ста́рше ма́мы на три го́да. 아빠는 엄마보다 세 살 더 많다.
Ма́ма моло́же па́пы на три го́да. 엄마는 아빠보다 세 살 더 적다.
Преподава́тель ста́рше нас на два́дцать лет. 선생님은 우리보다 20살 더 많다.
Мы моло́же преподава́теля на два́дцать лет. 우리는 선생님보다 20살 더 어리다

✽ 동사활용형

узнава́ть 알아보다 (불완)		узна́ть 알아보다 (완)	
я узнаю́ ты узнаёшь он узнаёт	мы узнаём вы узнаёте они́ узнаю́т	я узна́ю ты узна́ешь он узна́ет	мы узна́ем вы узна́ете они́ узна́ют

53. Седо́й мужчи́на с уса́ми. 콧수염에 흰 머리의 남성

Седо́й	мужчи́на	с уса́ми	.
희끗 희끗한(남성)	남자(남성)	콧수염을 한	

친구나 좋아하는 사람의 인상착의를 설명할 때 어떤 표현들을 쓸까요? 형용사로 꾸미거나(седо́й) с + 명사조격 형태로(с уса́ми, с волоса́ми) 덧붙이거나 생격 형태(высо́кого ро́ста)로 나타내는 등 표현 방법이 다양합니다.

рост	высо́кого ро́ста, 큰 키의	сре́днего ро́ста, 보통 키의	ни́зкого ро́ста 작은 키의

Он высо́кого ро́ста. 그는 큰 키야.

во́лосы	с прямы́ми волоса́ми, 생머리를 한	с кудря́выми волоса́ми, 곱슬머리를 한	с коро́ткими волоса́ми 짧은 머리를 한

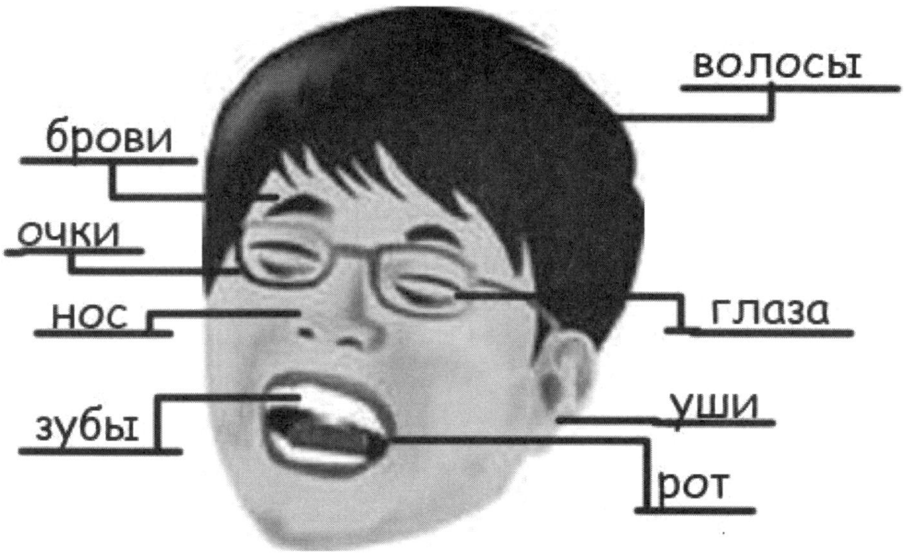

[Дава́йте поговори́м! 2 3]

1. 본문을 읽고 옆 친구와 함께 다음의 질문과 대답을 주고 받아보세요.

1) Ты меня́ узнаёшь?
예 Да, я тебя́ узнаю́.
2) Кто нахо́дится в це́нтре?
예 В це́нтре – моя́ мать.
3) Седа́я же́нщина – это твоя́ мать?
예 Да, э́то моя мать.
4) Кто нахо́дится ря́дом с ней?
예 Ря́дом с ней – мой де́душка.
5) Где сиди́т твой брат?
예 Он сиди́т сле́ва от сестры́.
6) Как вы́глядит мой де́душка?
예 Он мо́лодо вы́глядит.
7) Твоя́ сестра́ ста́рше и́ли мла́дше тебя́?
예 Она́ мла́дше меня́.
8) На ско́лько она́ мла́дше?
예 На три го́да.

2. 옆 친구에게 다음 질문을 해 보세요. 번갈아 친구의 질문에 본인도 대답을 해보세요.

1) Джи-хун узна́л Све́ту?
예 Нет, он не узна́л её.
2) Почему́ он не узна́л Све́ту?
예 Потому́ что она́ си́льно измени́лась.
3) Как она́ вы́глядит?
예 Она́ вы́глядит моло́же чем ра́ньше.
4) Почему́ у Джи-ху́на нет усо́в?
예 Потому́ что он сбрил их.

сле́ва от (+ кого́-чего́) ~의 왼편에; вы́глядеть, жу, дишь, ~한 외모를 가지고 있다; измени́ться, нюсь, нишься (완) 변화하다; сбрить, сбре́ю, сбре́ешь (완) 면도하다

5) Каки́е во́лосы у Ка́ти?

예 У неё дли́нные во́лосы.

6) Каки́е во́лосы у Джи-ху́на?

예 У него́ коро́ткие во́лосы.

7) Кто ста́рше: Све́та и́ли Сонг-мин?

예 Сонг-мин ста́рше Све́ты на год.

3. 다음 한국어 대화를 옆 친구에게 읽어주고 러시아어로 통역하게 해 보세요. 번갈아 친구에게 읽게 하고 본인도 통역을 해보세요.

3-1

1) 넌 날 알아보겠니?
- 응, 난 넌 알아보겠어.

2) 중앙에 계신 분이 누구니?
- 중앙에 계신 분은 우리 어머니야.

3) 흰머리의 여성분이 너희 어머니니?
- 그래, 우리 어머니야.

4) 그녀 옆에 계신 분은 누구니?
- 그녀 옆에 계신 분은 우리 할아버지야.

5) 너희 형은 어디에 앉아 있니?
- 그는 누나 옆에 앉아 있어.

6) 우리 할아버지 어떻게 보여?
- 젊어 보이셔.

7) 너의 누이는 너보다 나이가 많니 아니면 적니?
- 나보다 어려.

8) 얼마나 어린데?
- 3살 어려.

3-2

1) 지훈은 스베타를 알아봤니?
- 아니, 그는 그녀를 못 알아봤어.

2) 그는 왜 스베타를 못 알아봤니?
- 왜냐하면 그녀가 많이 변했기 때문이야.

3) 그녀의 외모는 어때?
- 그녀는 예전보다 어려 보여.

4) 지훈이는 왜 콧수염이 없어?
- 면도를 했기 때문이야.
5) 카탸는 어떤 머리 스타일이니?
- 그녀는 긴머리야.
6) 지훈이의 머리 스타일은 뭐니?
- 짧은 머리야.
7) 누가 더 나이가 많니: 스베타니 성민이니?
- 성민이가 스베타보다 한 살 더 많아.

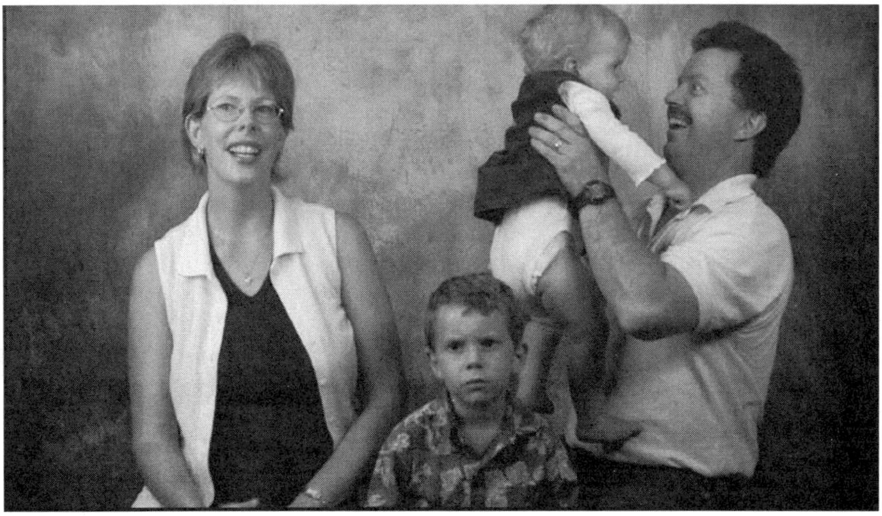

대화24. 너는 아빠를 닮았구나. Ты похóж на пáпу.

А́нна : Ты похóж на пáпу.

Хун : Да. Все так говоря́т.

А́нна : Я ви́жу на фотогрáфии твоегó млáдшего брáта. Он, кáжется, óчень весёлый.

Хун : Да, Мáленький смею́щийся мáльчик с кудря́выми волосáми – это мой брат. Он всегдá óчень бóдрый.

А́нна : Стрáнно, твои́ сестрá и брат совсéм не похóжи на тебя́.

Хун : Потомý что они́ похóжи на мáму.

А́нна : Ну, да. О́чень похóжи на мáму.

Хун : Соглáсен.

А́нна : О́чень хорóшая фотогрáфия. Вы вы́глядите счастли́выми.

Хун : Спаси́бо. Так и есть.

넌 아빠를 닮았구나.
응. 모두들 그렇게 얘기해.
사진 속에서 남동생을 찾았다. 남동생이 아주 밝아 보이네.
그래, 곱슬머리에 웃고 있는 작은 남자애가 내 남동생이야. 남동생은 항상 명랑해.
이상하네. 누나랑 남동생은 너와 전혀 안 닮았네.
왜냐면 엄마를 닮아서 그래.
음, 그렇구나. 엄마를 많이 닮았구나.
그래.
사진이 아주 좋다. 아주 행복해 보여.
고마워. 그렇지.

кáжется	삽입어 : ~인 것 같다
бóдрый	씩씩한, 활기 있는 (남성)
похóж на	похóж на + когó : 닮다
смею́щийся	웃고 있는 (남성)
не похóжи на тебя́	похóж на + ты 대격 : 너와 닮지 않았다
соглáсен	동의하다 (단어미형, 남성)
вы́глядите	вы́глядеть 2인칭 복수 : ~하게 보이다
счастли́выми	счастли́вые 조격 : 행복한
так и есть	진짜 그래

[문법문형 이야기]

54. Я похо́ж на па́пу. 나는 아빠 닮았어.

На кого́	ты	похо́ж	?
누구를	너는	닮다	

Я	похо́ж	на па́пу	.
나는	~ 닮다	아빠를(대격)	

'~를 닮았다'는 표현에 사용되는 구문입니다. 주어의 성에 따라 похо́ж의 어미를 일치시킵니다.

Он похо́ж на па́пу. 그는 아빠를 닮았다.
Она́ похо́жа на свою́ сестру́. 그녀는 자기 언니와 닮았다.
Они́ похо́жи на роди́телей. 그들은 부모님을 닮았다.

✽ 명사구의 대격 형태를 복습해 봅시다.

		주격	대격	어미변화(형용사 + 명사)
남성	활동체	но́вый студе́нт	но́вого студе́нта	-ого -а
	불활동체	но́вый журна́л	но́вый журна́л	주격=대격
여성	활동체	но́вая студе́нтка	но́вую студе́нтку	-ую - у
	불활동체	но́вая кни́га	но́вую кни́гу	
복수		но́вые студе́нты	но́вых студе́нтов	-ых - ов
		но́вые журна́лы	но́вые журна́лы	주격=대격
		но́вые студе́нтки	но́вых студе́нток	-ых - ∅ (а 탈락)
		но́вые кни́ги	но́вые кни́ги	주격=대격

✓ 활동체 여성명사는 복수 대격에서 어미 -a가 탈락합니다. 이때 어간 끝에 자음이 연속하게 되는 경우 o, e 등의 모음이 자음 사이에 나타나게 됩니다:

Я ви́жу мои́х студе́нток (студе́нтки - студе́нтОк).
Я люблю́ свои́х сестёр (сёстры - сестЁр).

55. Вы вы́глядите счастли́выми. 행복해 보이네요.

Вы	вы́глядите	счастли́выми	.
당신은	보이다	행복한(조격)	

인사에서 자주 쓰이는 표현입니다. вы́глядеть는 조격을 지배하는 동사로 '~하게 보이다'를 의미합니다. '어떠하다'의 의미로 부사가 자주 사용됩니다.

Вы вы́глядите больны́ми. 당신은 아파 보입니다.

Он вы́глядит
- хорошо́. 그는 좋아 보인다.
- моло́же. 어려 보인다.
- лу́чше. 더 좋아 보인다.
- мо́лодо. 젊게 보인다.

[Дава́йте поговори́м! 2 4]

1. 본문을 읽고 옆 친구와 함께 다음의 질문과 대답을 주고 받아보세요.

1) Твой брат весёлый?
예 Да, он о́чень весёлый.
2) Ты похо́ж на па́пу и́ли на ма́му?
예 Я похо́ж на ма́му.
3) Кто говори́т, что ты похо́ж на ма́му?
예 Все так говоря́т.
4) Кого́ ты ви́дишь на фотогра́фии?
예 Я ви́жу на фотогра́фии твою́ подру́гу.
5) Твой мла́дший брат похо́ж на тебя́?
예 Нет, он совсе́м не похо́ж на меня́.
6) Почему́ он не похо́ж на тебя́?
예 Потому́ что он похо́ж на па́пу.
7) Как они́ вы́глядят?
예 Они́ вы́глядят счастли́выми.

2. 옆 친구에게 다음 질문을 해 보세요. 번갈아 친구의 질문에 본인도 대답을 해보세요.

1) Ка́тя – до́брая де́вушка?
예 Да, она́ до́брая де́вушка.
2) Джи-хун – сме́лый челове́к?
예 Да, он сме́лый.
3) На кого́ похо́ж Сонг-мин?
예 Он похо́ж на Вон-би́на.
4) У Све́ты кудря́вые во́лосы?
예 Нет, у неё прямы́е во́лосы.
5) Кто покра́сил во́лосы?
예 Ка́тя покра́сила во́лосы.

сме́лый, ая, 용감한; покра́сить, шу, сишь, (+ кого́-что) (완) 염색하다; брюне́тка, и, (여). 검은 머리 여자; блонди́нка, и, (여). 금발을 가진 여자, шатенка, и (여) 갈색 머리 여자

6) Свéта – брюнéтка и́ли блонди́нка?

예 Онá шатéнка.

7) Какóй харáктер у Свéты?

예 У неё спокóйный харáктер.

3. 다음 한국어 대화를 옆 친구에게 읽어주고 러시아어로 통역하게 해 보세요. 번갈아 친구에게 읽게 하고 본인도 통역을 해보세요.

3-1

1) 너희 형은 명랑한 성격이니?
- 응, 그는 아주 명랑한 성격이야.
2) 넌 아빠를 닮았니? 엄마를 닮았니?
- 난 엄마를 닮았어.
3) 네가 엄마를 닮았다고 누가 그러니?
- 모두들 그렇게 말해.
4) 사진에서 넌 누구를 보고 있니?
- 사진 속에서 난 네 여자 친구를 보고 있어.
5) 네 남동생은 널 닮았니?
- 아니, 남동생은 나와 전혀 닮지 않았어.
6) 왜 네 남동생은 너를 닮지 않았지?
- 아빠를 닮았기 때문이야.
7) 그들이 어떻게 보이니?
- 그들은 행복해 보여.

3-2

1) 카탸는 착한 아가씨니?
- 그래, 그녀는 착한 아가씨야.
2) 지훈이는 용감한 사람이니?
- 그래, 그는 용감해.
3) 성민이는 누굴 닮았니?
- 성민이는 원빈 닮았어.
4) 스베타는 곱슬머리니?
- 아니, 그녀는 생머리야.
5) 누가 머리염색을 했니?
- 카탸가 머리염색을 했어.

6) 스베타는 검은 머리니, 금발 머리니?
- 갈색머리야.
7) 스베타는 어떤 성격이니?
- 조용한 성격이야.

[재미있게 읽어보는 문법이야기 7]

많으면 많을수록 더 좋다 Чем бо́льше, тем лу́чше!!
— 비교급과 최상급

러시아어를 처음 배울 때는 예쁘다, 좋다만 표현해도 만족했지만, 이제는 더 예쁘다는 말이나 덜 좋다는 식으로 사람이나 사물을 비교해 보고 싶어질 겁니다. 이때 필요한 표현이 비교급입니다. 러시아어에서도 우리말에서와 같이 형용사의 다양한 비교표현을 통해 그 질적 정도를 나타냅니다. 크게 비교급과 최상급으로 구분해 볼 수 있습니다.

Бори́с сильне́е Анто́на. (чем Анто́н) 보리스는 안톤 보다 더 강하다.	Пётр са́мый си́льный. (сильне́е всех) 표트르는 가장 강하다.

1. 비교급 (Сравни́тельная сте́пень)

비교급은 단순비교급과 합성비교급 두 가지 유형이 있습니다. 합성비교급은 бо́лее와 함께 성, 수, 격에 관계없이 모든 형용사에서 만들 수 있습니다. 합성비교급에서는 비교되는 대상은 '~ ,ЧЕМ' 뒤에 주격으로만 나타납니다.

Э́то бо́лее { краси́вый го́род / краси́вая река́. / краси́вое мо́ре. / краси́вые го́ры. }

이것은 더 아름다운 { 도시이다. / 강이다. / 바다이다. / 산맥이다. }

Я не зна́ю бо́лее краси́вого го́рода, чем го́род Петербу́рг.
나는 페테르부르크시보다 더 아름다운 도시를 알지 못한다.

단순비교급은 형용사의 어간에 비교급 접미사 -ee나 -e를 붙여서 만듭니다. 이 한 가지 형태로 모든 성과 수에 사용됩니다. 단순비교급에서는 비교되는 대상을 '~, чем 주격'이나 생격형태로 사용합니다.

Э́тот го́род	красúвее	того.	이 도시는 저 도시보다	더 아름답다.
Э́та река́		той.	이 강은 저 강보다	
Э́то мо́ре		того.	이 바다는 저 바다보다	
Э́ти го́ры		тех.	이 산맥은 저 산맥보다	

✓ 접미사 -e로 만들어진 단순비교급 중 일부는 자음교체가 일어납니다.

дорого́й - доро́ЖЕ	더 귀중한		молодо́й - моло́ЖЕ	더 젊은
стро́гий - стро́ЖЕ	더 엄한		твёрдый - твёрЖЕ	더 단단한
кре́пкий - кре́пЧЕ	더 견고한		бога́тый - бога́ЧЕ	더 부자인
гро́мкий - гро́мЧЕ	더 큰		круто́й - кру́ЧЕ	더 험한
ти́хий - ти́ШЕ	더 조용한		то́лстый - то́лЩЕ	더 뚱뚱한
сухо́й - су́ШЕ	더 건조한		чи́стый - чи́ЩЕ	더 깨끗한
ни́зкий - ни́ЖЕ	더 낮은		ча́стый - ча́ЩЕ	더 잦은
бли́зкий - бли́ЖЕ	더 가까운		просто́й - про́ЩЕ	더 단순한
у́зки - у́ЖЕ	더 좁은		высо́кий - вы́ШЕ	더 높은

✓기타 특이한 경우:

хоро́ший - лу́чше 더 좋은
плохо́й - ху́же 더 나쁜
ма́ленький - ме́ньше 더 적은

2. 최상급

최상급도 단순최상급과 합성최상급이 있습니다. 합성최상급은 형용사구 앞에 **са́мый**를 성, 수, 격에 일치시켜 붙이면 됩니다.

Э́то	са́мый краси́вый го́род.	이것은 가장 아름다운	도시이다.
	са́мая краси́вая река́.		강이다.
	са́мое краси́вое мо́ре.		바다이다.
	са́мые краси́вые го́ры.		산맥이다.

✓단순최상급은 단순비교급에 **весь**의 복수 생격형 **всех**를 붙여서 만듭니다.

Э́тот го́род	краси́вее всех.	이 도시는	가장 아름답다
Э́та река́		이 강은	
Э́то мо́ре		이 바다는	
Э́ти го́ры		이 산맥은	

접미사를 통한 단순최상급 형태도 있습니다. 형용사 어근에 최상급 접미사 **-ейший** (**ж, ч, ш, щ** 뒤에서는 **-айший**)를 붙이면 됩니다.

Челове́к - са́мое у́мное живо́тное.
Челове́к - умне́йшее живо́тное.
인간은 가장 영리한 동물이다.

Эвере́ст - са́мая высо́кая верши́на на Земле́.
Эвере́ст - высоча́йшая верши́на на Земле́.
에베레스트는 지구에서 가장 높은 산봉우리이다.

합성최상급과 접미사를 통한 단순최상급의 의미적 차이는 합성최상급이 여러 가지를 비교하여 최상급 의미를 갖는데 반해 접미사로 표현된 단순최상급은 그 자체로 최고치의 성질을 갖는다는 의미입니다. 예를 들어 합성최상급인 첫 번째 문장은 다른 동물들과 비교할 때 가장 영리한 동물이라는 뜻인데 반해, 두 번째 단순최상급은 특별하게 아주 영리한 동물이라는 의미에서의 최상급으로 다른 동물들과의 비교의 의미는 담고 있지 않습니다.

СТОП
СТОП
SALE

가족관계 (남자 기준)

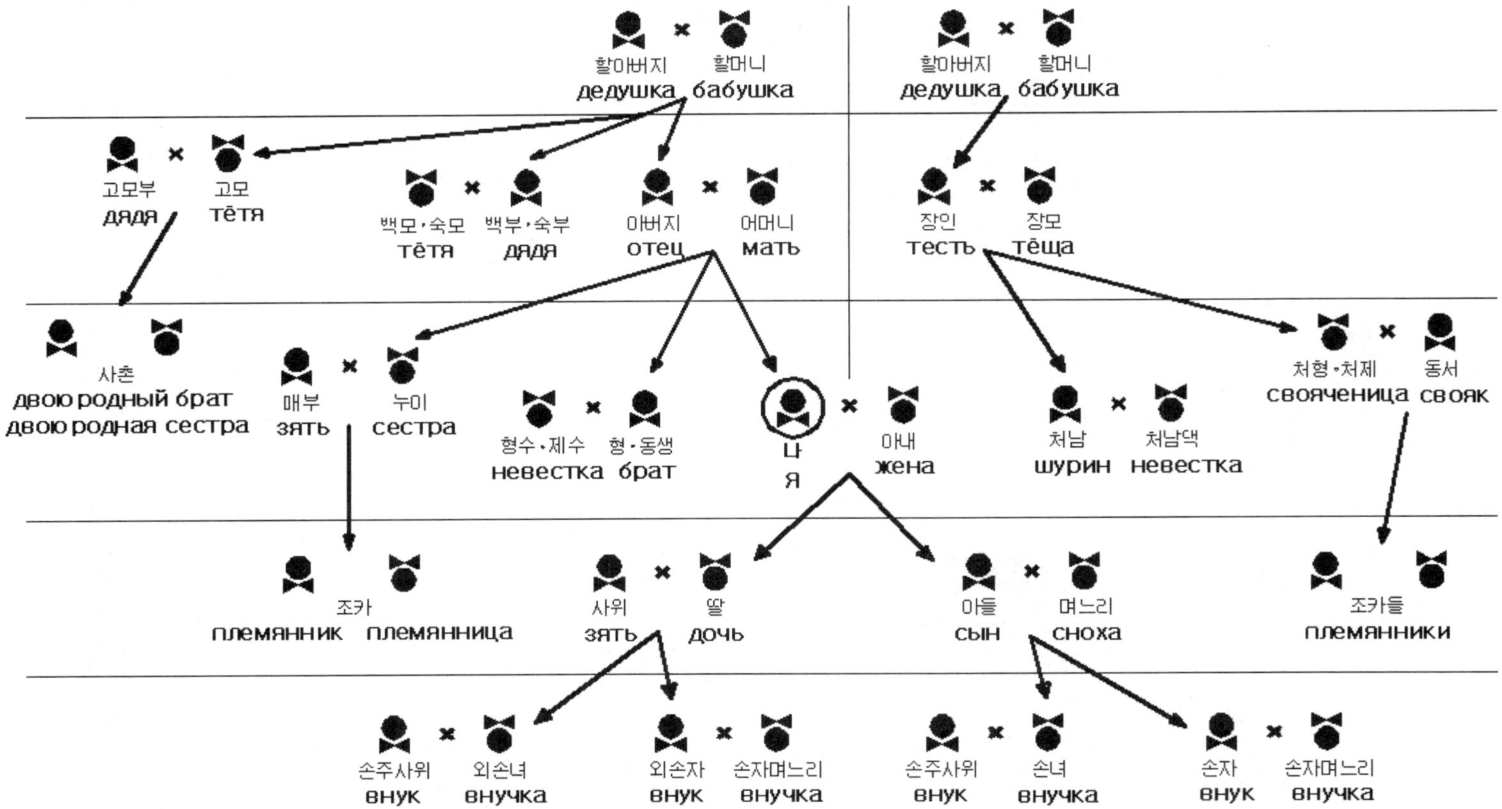
할아버지 할머니
дедушка бабушка
할아버지 할머니
дедушка бабушка
고모부 고모
дядя тётя
백모·숙모 백부·숙부
тётя дядя
아버지 어머니
отец мать
장인 장모
тесть тёща
사촌
двоюродный брат
двоюродная сестра
매부 누이
зять сестра
형수·제수 형·동생
невестка брат
나
я
아내
жена
처남 처남댁
шурин невестка
처형·처제 동서
свояченица свояк
조카
племянник племянница
사위 딸
зять дочь
아들 며느리
сын сноха
조카들
племянники
손주사위 외손녀
внук внучка
외손자 손자며느리
внук внучка
손주사위 손녀
внук внучка
손자 손자며느리
внук внучка

가족관계 (여자 기준)

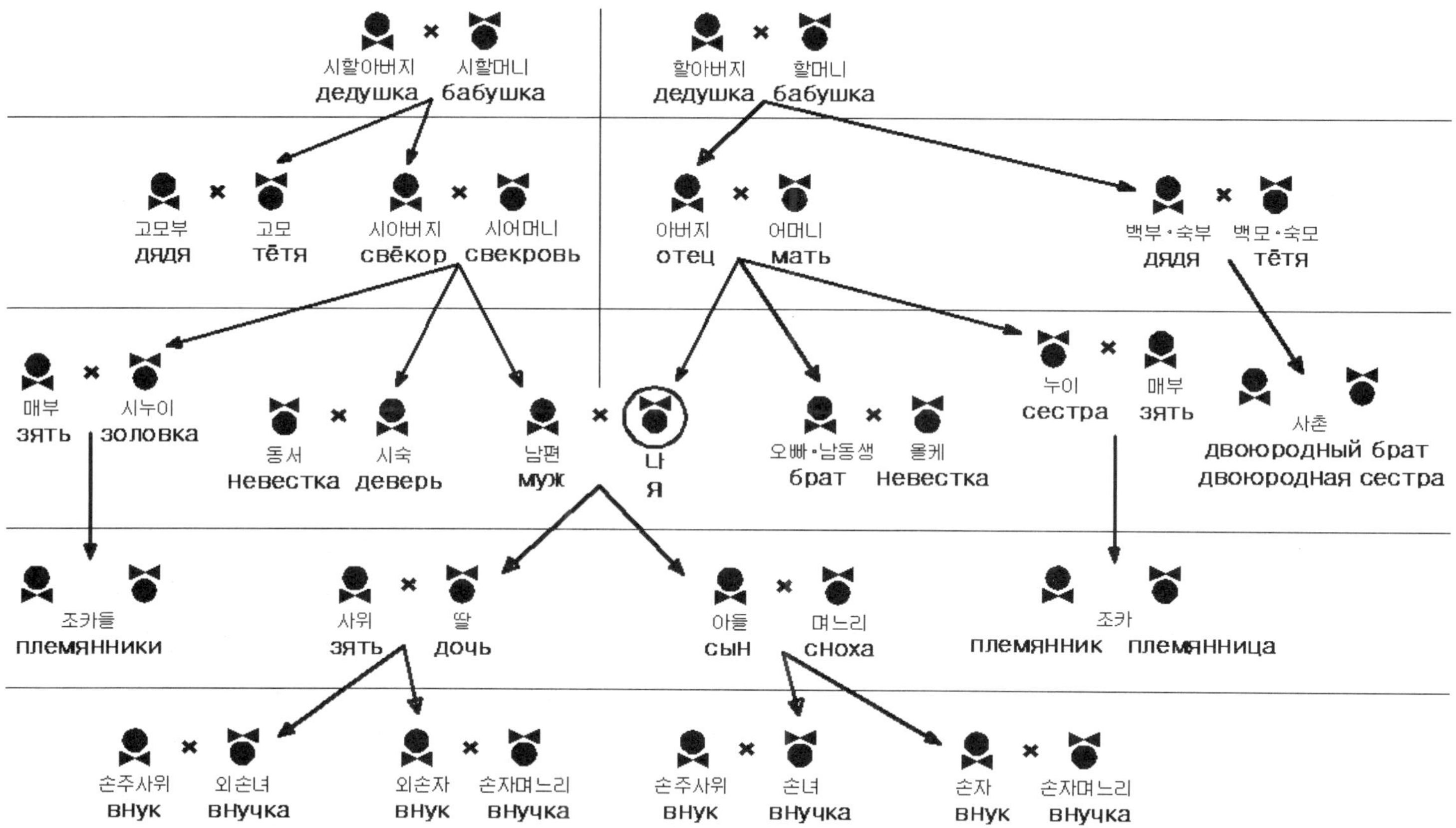
시할아버지
дедушка
시할머니
бабушка
할아버지
дедушка
할머니
бабушка
고모부
дядя
고모
тётя
시아버지
свёкор
시어머니
свекровь
아버지
отец
어머니
мать
백부·숙부
дядя
백모·숙모
тётя
매부
зять
시누이
золовка
동서
невестка
시숙
деверь
남편
муж
나
я
오빠·남동생
брат
올케
невестка
누이
сестра
매부
зять
사촌
двоюродный брат
двоюродная сестра
조카들
племянники
사위
зять
딸
дочь
아들
сын
며느리
сноха
조카
племянник
племянница
손주사위
внук
외손녀
внучка
외손자
внук
손자며느리
внучка
손주사위
внук
손녀
внучка
손자
внук
손자며느리
внучка

[흥미진진 러시아 7]

2008년 미스월드가 된 러시아 미녀 수히노바 이야기

Россиянка Ксения Сухинова стала “Мисс мира-2008”

13 декабря 21-летняя жительница Тюмени Ксения Сухинова завоевала титул “Мисс мира-2008”. В этом году в международном конкурсе красоты, проходившем в Йоханнесбурге (Южная Африка), приняли участие девушки из 120 стран мира. Представительница России была признана самой красивой. Ксения родом из Нижневартовска, сейчас она является студенткой Тюменского государственного нефтегазового университета. Среди увлечений первой к расавицы мира - художественная гимнастика, плавание и биатлон. В финале “Мисс мира-2008” Ксения Сухинова боролась за первое место с представительницами “Мисс Тринидад и Тобаго” Габриэль Уолкотт и “Мисс Индия” Парвати Оманакуттан. До этого только одна россиянка - Юлия Курочкина из подмосковной Щербинки - удостаивалась звания “Мисс мира” в 1992 году. В 2002 году россиянка Оксана Фёдорова завоевала титул “Мисс Вселенная”. Прямую трансляцию конкурса красоты посмотрели более двух миллиардов человек.

ТЕ́МА 7. ВНЕ́ШНОСТЬ

А́нна : Хун, спаси́бо, что пригласи́л меня́ в го́сти.

Хун : Спаси́бо, что пришла́.

А́нна : У тебя́ до́ма о́чень ую́тно.

Хун : Спаси́бо.

А́нна : А где твои́ роди́тели?

Хун : Они́ сейча́с на рабо́те.

А́нна : У тебя́ есть брат и́ли сестра́?

Хун : Да. У меня́ есть и сестра́ и брат.

А́нна : Их то́же нет до́ма?

Хун : Да. Сестра́ ещё не пришла́ из университе́та.
А брат ещё в шко́ле.

А́нна : Поня́тно. Я ви́жу на стене́ фотогра́фию в ра́мке.

Хун : Э́то вся моя́ семья́.

А́нна : Я узнаю́ тебя́. А кто все остальны́е?

Хун : В це́нтре - мой оте́ц.

А́нна : Седо́й мужчи́на с уса́ми?

Хун : Да.

А́нна : А ря́дом с ним, наве́рное, твоя́ мать?

Хун : Да, э́то моя́ ма́ма.

А́нна : Она́ о́чень мо́лодо вы́глядит.
Снача́ла я поду́мала, что э́то твоя́ сестра́.

Хун : Нет. Моя́ сестра́ сиди́т спра́ва от меня́.

А́нна : Молода́я краси́вая де́вушка с дли́нными прямы́ми волоса́ми?

Хун : Да, э́то моя́ краса́вица-сестра́.

А́нна : Она́ ста́рше и́ли мла́дше тебя́?

Хун : Она́ ста́рше меня́ на два го́да.

А́нна : Ты похо́ж на па́пу.

Хун : Да. Все так говоря́т.

А́нна : Я ви́жу на фотогра́фии твоего́ мла́дшего бра́та.
Он, ка́жется, о́чень весёлый.

Хун : Да, Ма́ленький смею́щийся ма́льчик с кудря́выми волоса́ми
— это мой брат. Он всегда́ о́чень бо́дрый.

Áнна : Стрáнно, твоѝ сестрá и брат совсéм не похóжи на тебя́.
Хун : Потомý что онѝ похóжи на мáму.
Áнна : Ну, да. Óчень похóжи на мáму.
Хун : Соглáсен.
Áнна : Óчень хорóшая фотогрáфия. Вы вы́глядите счастлѝвыми.
Хун : Спасѝбо. Так и есть.

ТЕ́МА 8

СТОЛО́ВАЯ

단원목표

① 친구에게 배가 고픈지 질문하는 표현을 할 수 있나요?
② 교수식당에서는 1시 이후에 학생들이 식사할 수 있다는 표현을 할 수 있나요?
③ 양식으로 돈가스를 먹었다는 표현을 할 수 있나요?
④ 새로운 것을 먹으려면 청운관 식당으로 가보라는 표현을 할 수 있나요?
⑤ 나는 매운 음식을 못 먹는다는 표현을 할 수 있나요?
⑥ 휴일에는 기숙사 근처 식당에서 먹거나 또는 시켜먹을 수 있다고 알려주는 표현을 할 수 있나요?
⑦ 자장면 곱빼기가 4,500원이라는 표현을 할 수 있나요?
⑧ 휴일에 전화로 자장면을 주문해 보겠다는 표현을 할 수 있나요?

학습방법

① 본문을 읽고 들어 본다.
② 친구와 함께 대화연습의 질문과 대답을 실습해 본다.
③ 사전을 이용하여 〈러시아 음식에 관한 글〉을 읽고 가장 인상적인 부분에 대해 이야기를 나눠 본다.

대화25. 너 배 안고프니? Ты не голоднá?

Хун : Ты не голоднá?

Áнна : Да, я ужé голоднá. Порá обéдать.
Давáй схóдим в столóвую.

Хун : В какýю столóвую ты хóчешь пойти́?
В университéте мнóго столóвых.

Áнна : Я былá в столóвой для преподавáтелей в здáнии Халлим-кван.

Áнна : Идём тудá.

Хун : Студéнты мóгут кýшать там тóлько пóсле чáса.
Сейчáс котóрый час?

Áнна : Ужé час. Знáчит, ужé мóжно.

Хун : Да, ты правá. Что ты там рáньше кýшала?

Áнна : Я éла европéйскую едý: свинýю отбивнýю с ри́сом.

Хун : Там есть и корéйские блюда.

Áнна : Да, я ви́дела.

너 배 안고프니?
그래, 벌써 배고파. 식사할 때야.
식당에 갔다 오자.
학교 안에 식당들이 많아.
나는 한림관 건물에 있는 교수용 식당에 가 본적이 있어.
그리로 가자.
학생들은 한 시 이후에만 먹을 수 있어. 지금 몇 시니?
이미 한시야. 그러니까 이제 먹을 수 있어.
그래, 네 말이 맞다. 너 전에 거기서 뭐 먹었니?
양식을 먹었어, 밥이 곁들여진 돈가스.
거기에는 한국 요리도 있어.
그래, 봤어.

голоднá	배가 고프다 (단어미·여성)
порá	~할 때이다
обéдать	(점심) 식사하다
давáй схóдим	давáй + сходи́ть 1인칭 복수 (완) : 갔다 옵시다
в столóвую	в + столóвая (여성) 대격: 식당으로
в столóвой	в + столóвая (여성) 전치격: 식당에서
преподавáтелей	преподвáтели 생격: 선생님들
	для преподавáтелей 선생님들을 위한
пóсле чáса	пóсле + час (남성) 생격: 한 시 후에
кýшала	кýшать 과거 여성: 먹다
éла	есть 과거 여성: 먹다
европéйскую	европéйская (여성) 대격: 유럽의
едý	едá (여성) 대격: 음식
свинýю	свинáя (여성) 대격: 돼지고기의
отбивнýю	отбивнáя (여성) 대격: 커틀렛의
с ри́сом	с + рис (남성) 조격: 밥이 곁들여진
блюда	блюдо (중성) 복수: 요리, 음식
в здáнии	в + здáние (중성) 전치격: 건물에
знáчит	знáчить 3인칭 단수: 의미하다, 즉 (삽입어)

[문법문형 이야기]

56. Что ты там ра́ньше ку́шала? 거기서 뭘 먹었니?

Что	ты	там	ра́ньше	ку́шала	?
무엇을	너는	거기에서	전에	먹다	

Я	е́ла	европе́йскую еду́	.
나는	먹다	양식을	

ку́шать, есть 모두 '먹다'의 뜻이지만, есть가 더 일반적인 사용입니다. ку́шать는 러시아혁명 이전에는 문학어에 포함되지 못하고 평민들 사이에서 주로 사용되던 말이었지만, 현재는 표준러시아어에 속합니다. 그러나 이전에 사용되던 어감이나 용법이 남아 있어 특정 상황에서 관용적으로 사용된다거나 가까운 사이, 특히 어린아이에게 정감 있게 말하는 표현으로 주로 쓰입니다. 현재는 젊은이들 사이에서 есть와 별 차이 없이 사용됩니다. 다음은 우샤코프의 러시아어 해석사전에 나와 있는 кушать의 설명입니다.

Толковый словарь русского языка Ушакова

1. 음식이나 차를 마시자고 예의를 갖춰 혹은 부드럽게 권하는 경우, 명령형이나 동사부정형으로 사용된다.

Ку́шайте, пожа́луйста, пиро́г!	파이 좀 드시죠!
Пожа́луйста, ку́шайте!	드세요!
Сади́тесь чай ку́шать!	앉아서 차 드시죠!

2. 매우 공손한 표현에서 사용된다. 주로 혁명 전까지는 하인이 고관이나 윗분이 식사하신다고 말할 때 사용되었다. 따라서 이러한 의미로는 1인칭 단수는 사용되지 않는다.

Ба́рыня ку́шают.*	마님께서 드시고 계십니다.

3. 지역적으로 '먹다'의 뜻으로 모든 인칭에 사용됩니다.

Я тако́го мя́са не ку́шаю.	나는 그런 고기는 먹지 않는다.

* 여기서 동사는 단수 3인칭이나 복수 3인칭의 형태를 취한다.

57. В каку́ю столо́вую ты хо́чешь пойти́? 어떤 식당에 가고 싶니?

В каку́ю столо́вую	ты	хо́чешь	пойти́	?
어떤 식당에(대격)	너는	~고 싶다	가다	

Я	хочу́	пойти́	в европе́йскую столо́вую	.
나는	~고 싶다	가다	양식당에(대격)	

바람을 나타내는 동사 хоте́ть는 동사 부정형과 함께 사용되어 어떤 행동을 하고 싶다는 의미를 전달합니다. 이때 일반적인 행위를 나타내는 경우는 불완료상이 사용되고 구체적으로 어떤 행동을 취한다는 의미를 전하기 위해서는 완료상이 사용됩니다. 대화에서 어딘가를 가고 싶다는 내용은 구체적인 맥락인 경우가 대부분이므로 대체로 완료상 동사가 사용됩니다.

Ты хо́чешь полете́ть в Москву́? 모스크바에 (비행기로) 가고 싶니?
Ты хо́чешь пое́хать в теа́тр? 극장에 (차를 타고) 가고 싶니?
Я хочу́ пойти́ на конце́рт. 콘서트에 가고 싶다.

✓불완료상과의 결합을 선호하는 люби́ть 동사구문과 의미의 차이를 비교해 보세요.

Ты лю́бишь е́здить в теа́тр? 극장에 (차 타고) 다니는 것 좋아하니?
Я люблю́ ходи́ть на конце́рт. 콘서트에 (걸어) 다니는 것을 좋아해.

✽ 동사활용형

есть 먹다 (불완) 현재	
я ем ты ешь он ест	мы еди́м вы еди́те они́ едя́т

есть 먹다 (불완) 과거	
он ел она́ е́ла	они́ е́ли

[Дава́йте поговори́м! 2 5]

1. 본문을 읽고 옆 친구와 함께 다음의 질문과 대답을 주고 받아보세요.

1) Ты не го́лоден?
예 Нет, я не го́лоден, я уже́ ел.
2) Где ты обе́дал?
예 Я обе́дал в столо́вой.
3) Ты был в столо́вой для преподава́телей?
예 Да, я был в столо́вой для преподава́телей в зда́нии Халлим-кван.
4) Студе́нтам мо́жно обе́дать в столо́вой для преподава́телей?
예 Да, мо́жно.
5) Со скольки́ мо́жно ку́шать в столо́вой?
예 В столо́вой мо́жно ку́шать с оди́ннадцати утра́.
6) Что ты обы́чно ку́шаешь в столо́вой?
예 Обы́чно я ем рис с закусками.

2. 옆 친구에게 다음 질문을 해 보세요. 번갈아 친구의 질문에 본인도 대답을 해보세요.

1) Све́та хо́чет ку́шать?
예 Да, она́ хо́чет ку́шать, она́ с утра́ ничего́ не е́ла.
2) В како́й ресторáн хо́чет пойти́ Джи-хун?
예 Он хо́чет пойти́ в италья́нский ресторáн.
3) Ка́тя была́ в кита́йском ресторáне?
예 Да, она́ ча́сто хо́дит в кита́йский ресторáн.
4) Во ско́лько закрыва́ется кафе́ “Ста́рбакс”?
예 Оно́ закрыва́ется в де́сять часо́в ве́чера.
5) Что заказа́л Джи-хун?
예 Он заказа́л пи́ццу и спаге́тти.
6) Ско́лько сейча́с вре́мени?
예 Сейча́с полови́на деся́того.
7) Како́й гра́фик рабо́ты ресторáна?
예 В бу́дние дни ресторáн рабо́тает с десяти́ утра́ до десяти́ ве́чера, а по выходны́м — с десяти́ утра́ до ча́са но́чи.

заку́ска, и, (여). 전채요리, 반찬; заказа́ть, жу, жешь, (+ что), (완) 주문하다; гра́фик рабо́ты 영업시간; бу́дний, яя, 평일의; выходно́й, ая, 휴일의

3. 다음 한국어 대화를 옆 친구에게 읽어주고 러시아어로 통역하게 해 보세요. 번갈아 친구에게 읽게 하고 본인도 통역을 해보세요.

3-1

1) 너 배 고프니?
- 아니, 안 고파. 벌써 먹었어.

2) 너는 어디서 점심 먹었니?
- 학생식당에서 먹었어.

3) 너 교수식당에 가봤니?
- 응, 한림관에 있는 교수식당에 가봤어.

4) 교수식당에 학생들도 갈 수 있니?
- 응, 갈 수 있어.

5) 학생식당에서는 몇 시부터 식사할 수 있니?
- 아침 11시부터 먹을 수 있어.

6) 너는 보통 학생식당에서 뭘 먹니?
- 난 보통 백반 먹어.

3-2

1) 스베타는 배가 고프니?
- 그래, 그녀는 아침부터 아무것도 먹지 않아서 배고프지.

2) 지훈은 어떤 레스토랑에 가고 싶어 하니?
- 그는 이탈리안 레스토랑에 가고 싶어해.

3) 카탸는 중국집에 가봤니?
- 그래, 그녀는 중국집에 자주 다녀.

4) 커피숍 "스타벅스"는 몇 시에 문을 닫니?
- 저녁 10시에 문을 닫아.

5) 지훈이는 무엇을 주문했니?
- 피자와 스파게티를 주문했어.

6) 지금 몇 시니?
- 지금은 9시 30분이야.

7) 레스토랑의 영업시간은 어떻게 되니?
- 레스토랑은 평일에는 아침 10시부터 저녁 10시까지, 주말에는 아침 10시부터 새벽 1시까지 영업해.

대화26. 거기 메뉴가 뭐야? Какóе там меню́?

Хун : Éсли ты хóчешь попрóбовать чтó-то нóвое, то мóжно сходи́ть в столóвую в здáнии Чонг-ун-кван.

А́нна : А какóе там меню́?

Хун : Э́то студéнческая столóвая. В ней разнообрáзное меню́. Там есть пельмéни, лапшá, корéйские рóллы "Кимпаб", китáйская лапшá, токк-пок-и.

А́нна : Там едá не сли́шком óстрая? Я не могу́ есть óстрые блю́да.

Хун : Тогдá идём в столóвую в здáнии Халлим-кван.

А́нна : Хорошó. Пошли́.

훈 뭔가 새로운 것을 맛보고 싶으면 청운관에 있는 식당으로 가 볼 수도 있어.
안나 거기에 어떤 메뉴가 있는데?
훈 거긴 학생 식당이야. 거기에는 다양한 메뉴가 있지. 만두, 라면, 김밥, 자장, 떡볶기가 있어
안나 거기 음식 너무 매운 것 아냐? 나는 매운 음식은 못 먹어.
훈 그러면 한림관 식당으로 간다.
안나 좋아. 출발하자.

попрóбовать	맛보다, 시도해 보다
чтó-то	무언가
то	조건문 주절에서 : 그러면
меню́	메뉴 (중성)
студéнческая	학생의 (여성)
разнообрáзное	다양한 (중성)
пельмéни	만두 (복수)
лапшá	라면 (여성)
рóллы	롤 (복수)
сли́шком	지나치게 (부사)
óстрая	매운 (여성)

[문법문형 이야기]

58. Како́е там меню́? 거기 메뉴가 뭐니?

Како́е	там	меню́	?
어떤 (중성)	거기에	메뉴 (중성)	

Там	-	разнообра́зное меню́	.
거기에	(있다)	다양한 메뉴가 (중성)	

меню́는 외래어로 중성 불변명사입니다. 외래어의 경우, 대체로 중성으로 사용하며 격변화를 시키지 않는 경향이 있습니다: метро́, такси́, кафе́

형용사 разнообра́зное가 меню́를 꾸며주기 때문에 현재시제 '있다'에 해당하는 동사 есть는 생략됩니다.

Како́е там меню́? 거기 메뉴가 뭐니?

- Там есть Кимпаб, лапша́ и т.д. 거기에는 김밥, 라면 등이 있어
- Там разнообра́зное меню́. 거기에는 다양한 메뉴가 있어.

59. Еда́ сли́шком о́страя? 음식이 너무 맵니?

Еда́	сли́шком	о́страя	?
음식이(여성)	지나치게	맵다(여성)	

По-мо́ему,	не така́я	о́страя	.
내 생각에는	그렇게는 아니다	맵다(여성)	

외국 사람들에게 한국 음식은 매우 맵다고 알려져 있습니다. 그래서 한국에 온 러시아 사람들이 식사를 할 때 이런 질문을 많이 합니다. 식사와 관련된 표현들입니다.

Прия́тного аппети́та! 맛있게 드세요!

Спаси́бо за вку́сную еду́. 맛있는 식사 감사합니다.

Я ел с аппети́том. 잘 먹었습니다.

Я перекуси́л. 조금 먹었습니다(허기를 채울 정도로만 먹었다).

Я нае́лся. 배불리 먹었습니다.

Я сыт. 배부르다.

пре́сные блю́да,	солёные блю́да,	сла́дкие блю́да,	го́рькие блю́да,	ки́слые блю́да
싱거운 음식	짠 음식	단 음식	쓴 음식	신 음식

[Давáйте поговори́м! 26]

1. 본문을 읽고 옆 친구와 함께 다음의 질문과 대답을 주고 받아보세요.

1) Что ты хо́чешь попро́бовать?
예 Я хочу́ попро́бовать что́-то но́вое.
2) Куда́ мо́жно сходи́ть?
예 Мо́жно сходи́ть в столо́вую в зда́нии Чонг-ун-кван.
3) Како́е меню́ в столо́вой?
예 В столо́вой разнообра́зное меню́.
4) Каки́е блю́да есть в меню́?
예 Там есть коре́йская лапша́, ка́рри, кимпаб, токк-пок-и и т.д.
5) Ты лю́бишь солёную еду́?
예 Нет, я люблю́ о́струю еду́.
6) Ты мо́жешь ку́шать кимчхи?
예 Да, я люблю́.

2. 옆 친구에게 다음 질문을 해 보세요. 번갈아 친구의 질문에 본인도 대답을 해보세요.

1) Како́е блю́до из коре́йской ку́хни хо́чет попро́бовать Ка́тя?
예 Она́ хо́чет попро́бовать самгёпсаль.
2) Где мо́жно попро́бовать но́вое блю́до?
예 Его́ мо́жно попро́бовать в коре́йском рестора́не.
3) Како́е меню́ в ру́сском рестора́не?
예 Там есть блины́, ра́зные сала́ты, супы́, мясны́е блю́да и напи́тки.
4) Како́е ру́сское блю́до нра́вится иностра́нцам?
예 По-мо́ему, им нра́вятся блины́.
5) Что лю́бят ку́шать ру́сские лю́ди?
예 Они́ лю́бят ку́шать сла́дкое.
6) Кому́-нибудь нра́вится пре́сная ку́хня?
예 Нет, пре́сная ку́хня никому́ не нра́вится.

напи́ток, тка, (복) напи́тки, 음료수, 술

3. 다음 한국어 대화를 옆 친구에게 읽어주고 러시아어로 통역하게 해 보세요. 번갈아 친구에게 읽게 하고 본인도 통역을 해보세요.

3-1

1) 넌 뭘 먹어보고 싶니?
- 난 새로운 것을 먹어보고 싶어.
2) 어디로 갈까?
- 청운관 학생식당으로 가자.
3) 학생식당의 메뉴는 뭐니?
- 학생식당의 메뉴는 다양해.
4) 메뉴에는 어떤 음식이 있니?
- 국수, 카레, 김밥, 떡볶이 등이 있어.
5) 넌 짠 음식을 좋아하니?
- 아니, 난 매운 음식을 좋아해.
6) 너 김치 먹을 수 있니?
- 그럼, 좋아해.

3-2

1) 카탸는 한국 요리 중에서 어떤 음식을 먹어보고 싶어 하니?
- 그녀는 삼겹살을 먹어보고 싶어 해.
2) 어디에서 새로운 음식을 먹어 볼 수 있니?
- 한국 레스토랑에서 먹어 볼 수 있어.
3) 러시아 레스토랑에는 어떤 메뉴가 있니?
- 블린, 다양한 샐러드, 수프, 고기 요리 그리고 음료수가 있어.
4) 외국인들은 어떤 러시아 요리를 좋아하니?
- 내 생각에는 블린을 좋아하는 것 같아.
5) 러시아 사람들은 어떤 음식을 좋아하니?
- 단 음식을 좋아해.
6) 싱거운 음식 좋아하는 사람이 있니?
- 아니, 싱거운 음식을 좋아하는 사람은 없어.

대화27. 집으로 주문할 수 있어.

Мóжешь заказáть едý нá дом.

(Пóсле обéда)

Хун : Ты вкýсно кýшала?

А́нна : Да, óчень вкýсно. А в суббóту и воскресéнье столóвая тóже рабóтает?

Хун : Нет. В выходны́е дни не рабóтает. Ты мóжешь покýшать недалекó от общежи́тия и́ли заказáть едý нá дом.

А́нна : Где есть хорóший ресторáн ря́дом с общежи́тием?

Хун : Ря́дом с магази́ном Бай-де-вей есть неплохóй китáйский ресторáн Пук-кён. Большáя пóрция китáйской лапши́ джаджангмён стóит 4,500 вон. Ты дáже мóжешь заказáть её нá дом.

А́нна : Отли́чно. Как заказáть?

Хун : Прóсто позвони́ тудá и закажи́.

А́нна : Ты знáешь нóмер телефóна?

Хун : Вот реклáмная листóвка. Здесь есть нóмер телефóна.

А́нна : Спаси́бо. На выходны́х я попрóбую.

(식사 후)
맛있게 먹었니?
그럼, 아주 맛있었어. 그런데 토요일과 일요일도 식당이 영업하니?
아니. 휴일에는 일 안해. 기숙사에서 가까운 곳에서 먹거나 집으로 음식을 주문할 수 있지.
기숙사 근처에 좋은 레스토랑이 어디에 있니?
'바이 더 웨이' 옆에 괜찮은 중국집 북경이 있어.
자장면 곱배기가 4,500원이야.
집으로 주문할 수도 있어.
훌륭하네. 어떻게 주문하니?
그냥 그리로 전화해 그리고 주문해.
너 전화번호 아니?
이게 광고지야. 여기에 전화번호가 있어.
고마워. 휴일에 해 봐야지.

вкýсно	맛있다 (부사)
выходны́е дни	휴일 (복수)
пóрция	~인 분, 1회 음식 양 (여성)
нá дом	на + дом (남성) 대격 : 집으로
отли́чно	훌륭하다 (부사)
заказáть	주문하다 (완)
прóсто	단지, 그저 (부사)
позвони́	позвони́ть 명령형 : 전화해라 (완)
закажи́	заказáть 명령형 : 주문해라 (완)
реклáмная	광고의 (여성)
листóвка	낱장, 종이 (여성)
на выходны́х	на + выходны́е 전치격 : 휴일에는
попрóбую	попрóбовать 1인칭 단수 : 해보다 (완)
общежи́тие	기숙사 (중성)
едý	едá (여성) 대격 : 음식. 복수형 없음

[문법문형 이야기]

60. Ты мо́жешь заказа́ть еду́ на́ дом. 집으로 음식을 주문할 수 있어.

Ты	мо́жешь заказа́ть	еду́	на́ дом	.
너는	주문할 수 있다	음식을(대격)	집으로(대격)	

Ты	мо́жешь сде́лать	зака́з	еды́	домо́й	.
너는	~할 수 있다	주문을(대격)	음식의(생격)	집으로(부사)	

дом은 '집으로'의 표현으로 보통 부사형 домо́й가 사용되지만, 주문할 때 집까지 배달한다는 의미에서의 '집 방향으로, 집까지'에서는 방향을 나타내는 전치사 на와 함께 дом의 대격도 사용됩니다.

Я люблю́ зака́зывать еду́ домо́й. 나는 집으로 음식 시키는 것 좋아해.
Я люблю́ делать зака́з еды́ домо́й. 나는 집으로 음식 시키는 것 좋아해.

Доста́вка пи́ццы на́ дом — круглосу́точно. 피자 가정배달 — 하루 종일 합니다.
Доста́вка пи́ццы в о́фис — круглосу́точно. 피자 사무실 배달 — 24시간 합니다.

61. Вот рекла́мная листо́вка! 여기에 광고지가 있다.

Вот	-	рекла́мная листо́вка	.
여기에	(있다)	광고지	

вот와 здесь는 우리말로 모두 '여기에'로 해석됩니다. здесь가 단순히 '여기에'를 의미한다면, вот는 손가락으로 가리키는 행위가 동반되는 '여기에'로 이해하시면 의미적 차이를 느끼실 수 있습니다.

Ты зна́ешь но́мер телефо́на? 전화번호 아니?
Вот рекла́мная листо́вка. 여기 광고지가 있네.
Здесь есть но́мер телефо́на. 여기에 전화번호가 있다.

Где моя́ ру́чка? 내 펜 어디 있지?
- Она́ здесь. 여기에 있네.
- Вот она́! 바로 여기에 있네!

[Дава́йте поговори́м! 27]

1. 본문을 읽고 옆 친구와 함께 다음의 질문과 대답을 주고 받아보세요.

1) Ты вку́сно ку́шал?
예 Да, я о́чень вку́сно ку́шал.
2) По выходны́м столо́вая рабо́тает?
예 Нет, в суббо́ту и воскресе́нье столо́вая не рабо́тает.
3) Где я могу́ пообе́дать?
예 Ты мо́жешь пообе́дать недалеко́ от до́ма.
4) Ря́дом с до́мом есть хоро́ший рестора́н?
예 Да, ря́дом с до́мом есть неплохо́й рестора́н.
5) Ско́лько сто́ит кимпаб?
예 Кимпаб сто́ит 1,500 (тысячу пятьсот) вон.
6) Как заказа́ть джаджангмён на́ дом?
예 Ну́жно позвони́ть в рестора́н и заказа́ть.
7) Ты зна́ешь но́мер телефо́на рестора́на?
예 Да, он есть на рекла́мной листо́вке.

2. 옆 친구에게 다음 질문을 해 보세요. 번갈아 친구의 질문에 본인도 대답을 해보세요.

1) Джи-хун съел мно́го мя́са?
예 Да, он съел о́чень мно́го мя́са.
2) Где Джи-хун ел мя́со?
예 Он ел мя́со в рестора́не недалеко́ от университе́та.
3) В како́м и́менно рестора́не недалеко́ от университе́та?
예 В рестора́не напро́тив авто́бусной остано́вки.
4) Ско́лько сто́ят две по́рции самгёпсаль?
예 Они́ сто́ят 15,000 (пятна́дцать ты́сяч) вон.
5) В Коре́е мо́жно заказа́ть жа́реную ку́рицу на́ дом?
예 Да, в Коре́е ча́сто зака́зывают ку́рицу на́ дом.

жа́реная ку́рица 치킨; зака́зывать (+ что) (불) 주문하다; запи́сан, записа́ть의 피동형동사 과거 남성단어미, 기록하다

6) У Джи-ху́на есть телефо́нный но́мер Ка́ти?

예 Да, но́мер запи́сан в телефо́нной кни́жке.

7) Когда́ Све́та попро́бует заказа́ть на́ дом?

예 Она́ попро́бует заказа́ть на́ дом сего́дня ве́чером.

3. 다음 한국어 대화를 옆 친구에게 읽어주고 러시아어로 통역하게 해 보세요. 번갈아 친구에게 읽게 하고 본인도 통역을 해보세요.

3-1

1) 너 맛있게 먹었니?
- 응, 난 아주 맛있게 먹었어.
2) 주말에 학생식당 영업하니?
- 아니, 토요일과 일요일에는 학생식당은 영업하지 않아.
3) 어디에서 내가 점심식사를 할 수 있니?
- 넌 집에서 멀지 않은 곳에서 점심식사를 할 수 있어.
4) 집 근처에 좋은 식당이 있니?
- 그래, 집 근처에 괜찮은 식당이 있어.
5) 김밥은 얼마니?
- 김밥은 1,500원이야.
6) 어떻게 집으로 자장면을 주문하는 거니?
- 식당으로 전화해서 주문하면 돼.
7) 식당 전화번호 아니?
- 응, 광고 책자에 있어.

3-2

1) 지훈이는 고기를 많이 먹었니?
- 그래, 그는 고기를 아주 많이 먹었어.
2) 지훈이는 어디에서 고기를 먹었니?
- 그는 대학에서 멀지 않은 레스토랑에서 고기를 먹었어.
3) 대학에서 멀지 않은 어떤 레스토랑에서?
- 버스정거장 맞은편에 있는 레스토랑에서.
4) 삼겹살 2인분은 얼마니?
- 15,000원이야.
5) 한국에서는 치킨을 집으로 주문할 수 있니?
- 그래, 한국에서는 자주 집으로 치킨을 주문해.

6) 지훈이는 카탸 전화번호를 아니?
- 그래, 전화번호부 수첩에 번호가 적혀 있어.
7) 스베타는 언제 집으로 주문 해 보려고 하니?
- 그녀는 오늘 저녁에 집으로 주문을 해 볼 거야.

[재미있게 읽어보는 문법이야기 8]

‘벽에는’(на стене́) 거울을 걸 수 없죠, ‘벽으로’(на сте́ну)만 걸 수 있어요!!
- 상태동사와 방향동사

러시아어에는 우리말과 달리 상태동사와 방향동사를 구분합니다. 상태동사는 장소를 나타내는 전치사구나 부사와 사용되고, 방향동사는 방향을 나타내는 전치사구나 부사와 사용됩니다. 원리는 간단한데 실제 사용에서 우리말과 다른 표현방식이라 자주 어려움을 느끼죠.

이제 본 내용으로 들어가 볼까요? 찬찬히 살피며 따라 오세요.

ста́вить-поста́вить: стоя́ть
(세워) 두다 (서) 있다

СТОИ́Т

누가 혹은 무엇이 서 있을 수 있나요?

1. 사람
2. ‘다리 (책상, 의자, 장롱, 텔레비전 등)’, 굽이 있는 모든 물건들이나 무언가를 담을 수 있게 놓인 상태의 그릇들 (접시, 컵, 찻잔 등)
3. 우리 눈에 세워져 있는 것으로 판단되는 물건들, 예컨대 책꽂이에 꽂혀 있는 책, 책상 옆에 가지런히 놓인 가방 등은 모두 서 있는 것으로 표현할 수 있습니다.

⇨ 서 있는(СТОИ́Т) 것은 모두 누군가가 거기로 세워 둔(СТАВИТЬ/ ПОСТА́ВИТЬ) 것이지요.

КУДА́		ГДЕ
Я ста́влю ва́зу **на стол.** 나는 탁자에 꽃병을 놓는다. **Хун** ста́вит кни́гу **на по́лку.** 훈이는 선반에 책을 꽂아 둔다.	**Я** поста́вила ва́зу **на стол.** 나는 탁자에 꽃병을 놓았다. **Он** поста́вил кни́гу **на по́лку.** 그는 선반에 책을 꽂아 두었다.	Ва́за стои́т **на столе́.** 탁자에 꽃병이 있다. Кни́га стои́т **на по́лке.** 책은 선반에 꽂혀 있다.

СТА́ВИТЬ (불완)	ПОСТА́ВИТЬ (완)	СТОЯ́ТЬ (불완)
я ста́влю	я поста́влю	он стои́т
ты ста́вишь	ты поста́вишь	они́ стоя́т
он ста́вит	он поста́вит	
мы ста́вим	мы поста́вим	
вы ста́вите	вы поста́вите	
они́ ста́вят	они́ поста́вят	

кла́сть-положи́ть: лежа́ть
(놓아) 두다 (누워) 있다

ЛЕЖИ́Т

누가 혹은 무엇이 누워 있을 수 있나요?

1. 사람
2. 이불, 베게, 요 등
3. 우리 눈에 누워 있는 것으로 생각될 수 있는 물건의 상태, 예컨대 책상 위에 책, 연필, 식탁 위에 수저 포크 등의 물건들은 누워 있다고 표현할 수 있습니다.

⇨ 놓여 있는(ЛЕЖИ́Т) 것은 모두 누군가가 거기로 놓아 둔(КЛАСТЬ/ ПОЛОЖИ́ТЬ) 것이지요.

КУДА́		ГДЕ
Я кладу́ ковёр **на пол.** 나는 양탄자를 마루에 깔아 둔다. **Хун** кладёт кни́гу **на стол.** 훈이는 책상에 책을 (놓아) 둔다.	**Я** положи́л ковёр **на́ пол.** 나는 양탄자를 마루에 깔아 뒀다. **Он** положи́л кни́гу **на стол.** 그는 책상에 책을 (놓아) 두었다.	Ковёр лежи́т **на полу́.** 양탄자가 마루에 깔려 있다. Кни́га лежи́т **на столе́.** 책은 책상에 (놓여) 있다.

КЛАСТЬ (불완)	ПОЛОЖИ́ТЬ (완)	ЛЕЖА́ТЬ (불완)
я кладу́	я положу́	он лежи́т
ты кладёшь	ты поло́жишь	они́ лежа́т
он кладёт	он поло́жит	
мы кладём	мы поло́жим	
вы кладёте	вы поло́жите	
они́ кладу́т	они́ поло́жат	

ве́шать-пове́сить: висе́ть
(걸어) 두다 (걸려) 있다

ВИСИТ

1. 벽에 걸린 전등 (ла́мпа на стене́)
2. 창에 달린 커튼 (занаве́ски на окне́)
3. 옷장에 외투 (пальто́ на ве́шалке в шкафу́) 등은 모두 걸려 있겠지요. 이외에 나무에 달린 사과나 말리고 있는 세탁물 등도 걸려 있다고 표현할 수 있을 겁니다.

⇨ 걸려 있는(ВИСИТ) 것은 모두 누군가가 거기로 걸어 둔(ВЕ́ШАТЬ/ ПОВЕ́СИТЬ) 것이지요.

КУДА́		ГДЕ
Я ве́шаю пальто́ **на ве́шалку.**	**Я** пове́сил пальто́ **на ве́шалку.**	Пальто́ виси́т **на ве́шалке.**
나는 외투를 옷걸이에 건다.	나는 외투를 옷걸이에 걸어뒀다.	외투가 옷걸이에 걸려있다.
Хун ве́шает ковёр **на сте́ну.**	**Он** пове́сил ковёр **на сте́ну.**	Ковёр виси́т **на стене́.**
훈이는 양탄자를 벽에 걸고 있다.	그는 양탄자를 벽에 걸어 뒀다.	양탄자가 벽에 걸려있다.

ВЕ́ШАТЬ (불완)	ПОВЕ́СИТЬ (완)	ВИСЕ́ТЬ (불완)
я ве́шаю	я пове́шу	он виси́т
ты ве́шаешь	ты пове́сишь	они́ вися́т
он ве́шает	он пове́сит	
мы ве́шаем	мы пове́сим	
вы ве́шаете	вы пове́сите	
они́ ве́шают	они пове́сят	

그럼, '꽃병을 탁자에 두세요'나 '책을 책상에 두세요' 혹은 '그림을 벽에 거세요'라는 말은 어떻게 해야 할까요? 벌써 눈치 채셨다고요? 알맞은 동사를 찾아서 방향 전치사구와 함께 명령형으로 말하면 됩니다.

Поста́вьте ва́зу на стол!	꽃병을 탁자에 두세요.
Положи́те кни́гу на стол!	책을 책상에 두세요.
Пове́сьте карти́ну на сте́ну!	그림을 벽에 거세요.

[흥미진진 러시아 8]

러시아의 음식은 어떨까?

Русская кухня

Русская кухня является больше сельской и простой кухней. К удивлению несмотря на огромную территорию, Россия едва ли имеет в кухнях региональные различия.

Из-за длинных русских зим имеется большое количество домашних консервов, солёных огурцов, кислой капусты и маринованных грибов, кроме того, у русских есть большое количество пригодных для хранения овощей, как, например, свёкла, капуста и сушёные грибы. Свежие фрукты и овощи есть только летом.

Что же русские едят на завтрак? Итак, на завтрак на стол подаётся, в большинстве случаев, каша. Каша — русское национальное блюдо, и каждая семья имеет собственный рецепт для зерновой каши. Она подаётся на завтрак, большей частью, с молоком, маслом и сахаром. К обедам она подаётся посолённой. Зимой к ней подается, кроме того, ещё жареный картофель, глазунья, омлет или сосиски.

Национальная кухня России предусматривает первое, второе и третье. Обед начинается, большей частью, с супа, как, например, борща, солянки, щей. Как закуску, чаще всего, едят блины с икрой, селёдку “под шубой” (приготовленной из красной свёклы), кислые огурцы, кислую капусту, маринованный чеснок, пюре баклажанов, салат из морской капусты, помидоров и огурцов со сметаной или кусочков колбасы и жаркого.

Также едят пирожки с кислой капустой, мясным фаршем или картофелем. Главным блюдом, чаще всего, является мясо, рыба или курица. Хлеб всегда стоит на столе во время еды. Пьют пиво, вино и водку.

К десерту подаётся мороженое, булочка, кисель, компот или чай.

ТЕ́МА 8. СТОЛО́ВАЯ

Хун : Ты не голодна́?

А́нна : Да, я уже́ голодна́. Пора́ обе́дать.
Дава́й схо́дим в столо́вую.

Хун : В каку́ю столо́вую ты хо́чешь пойти́?
В университе́те мно́го столо́вых.

А́нна : Я была́ в столо́вой для преподава́телей в зда́нии Халлим-кван.
Идём туда́.

Хун : Студе́нты мо́гут ку́шать там то́лько по́сле ча́са.
Сейча́с кото́рый час?

А́нна : Уже́ час. Зна́чит, уже́ мо́жно.

Хун : Да, ты права́. Что ты там ра́ньше ку́шала?

А́нна : Я е́ла европе́йскую еду́: свину́ю отбивну́ю с ри́сом.

Хун : Там есть и коре́йские блю́да.

А́нна : Да, я ви́дела.

Хун : Е́сли ты хо́чешь попро́бовать что́-то но́вое, то мо́жно сходи́ть в столо́вую в зда́нии Чонг-ун-кван.

А́нна : А како́е там меню́?

Хун : Э́то студе́нчеккая столо́вая. В ней разнообра́зное меню́. Там есть пельме́ни, лапша́, коре́йские ро́ллы “Кимпаб”, кита́йская лапша́, токк-пок-и.

А́нна : Там еда́ не сли́шком о́страя? Я не могу́ есть о́стрые блю́да.

Хун : Тогда́ идём в столо́вую в зда́нии Халлим-кван.

А́нна : Хорошо́. Пошли́.

(По́сле обе́да)

Хун : Ты вку́сно ку́шала?

А́нна : Да, о́чень вку́сно.
А в суббо́ту и воскресе́нье столо́вая то́же рабо́тает?

Хун : Нет. В выходны́е дни не рабо́тает. Ты мо́жешь поку́шать недалеко́ от общежи́тия и́ли заказа́ть еду́ на́ дом.

А́нна : Где есть хоро́ший рестора́н ря́дом с общежи́тием?

Хун : Ря́дом с магази́ном Бай-де-вей есть неплохо́й кита́йский рестора́н

Пук-кён. Больша́я по́рция кита́йской лапши́ джаджангмён сто́ит 4,500 (четы́ре ты́сячи пятьсо́т) вон. Ты да́же мо́жешь заказа́ть её на́ дом.

А́нна : Отли́чно. Как заказа́ть?

Хун : Про́сто позвони́ туда́ и закажи́.

А́нна : Ты зна́ешь но́мер телефо́на?

Хун : Вот рекла́мная листо́вка. Здесь есть но́мер телефо́на.

А́нна : Спаси́бо. На выходны́х я попро́бую.

		ГАРНИРЫ	
1.2.5.15150		КАРТОФЕЛЬНОЕ ПЮРЕ	4.75
9.15	150	КАПУСТА ТУШЕНАЯ	5.19
2.5.9.15150		КАША ГРЕЧНЕВАЯ	3.16
1.2.5.1575		ЗЕЛЕНЫЙ ГОРОШЕК ПРИПУЩЕННЫЙ	9.92
		НАПИТКИ Отв.повар Сибирцева Е.Н	
1.2.5	200	НАПИТОК БРУСНИЧНЫЙ С САХАРОМ	5.24
9.15	200	НАПИТОК БРУСНИЧНЫЙ БЕЗ САХАРА	4.37
	200	ЧАЙ ЗЕЛЕНЫЙ БЕЗ САХАРА	2.28
	200/15	ЧАЙ ЗЕЛЕНЫЙ С САХАРОМ	3.16
	100/15	КОФЕ С САХАРОМ	4.19
	200/15	ЧАЙ С САХАРОМ	3.08
	200/15/10	ЧАЙ С САХАРОМ И ЛИМОНОМ	3.85
	200	ЧАЙ БЕЗ САХАРА	2.25
	200/10	ЧАЙ БЕЗ САХАРА С ЛИМОНОМ	3.02
	330	ВОДА МИНЕРАЛЬНАЯ "НАРЗАН"	13.02
	330	ВОДА "СВЯТОЙ ИСТОЧНИК" Б.Г.	14.48
		СЛАДКИЕ БЛЮДА	
2.5	40/20	ЧЕРНОСЛИВ СО СЛИВКАМИ	12.80
	30/10	ЛИМОН С САХАРОМ	3.79
1	30	МЕД НАТУРАЛЬНЫЙ	7.54
	120	МОРОЖЕНОЕ С КОНСЕРВ.ЧЕРЕШНЕЙ	18.66
		ВЫПЕЧКА	
1	50	ПЛЮШКА ЭСТОНСКАЯ	6.80
	60	ПИРОЖКИ С КЛЮКВОЙ	6.20
	40	БУЛОЧКА "ЗДОРОВЬЕ"	4.00
		ХЛЕБ	
	25	ХЛЕБ СИТНЫЙ	0.91
1	36	ХЛЕБ ДАРНИЦКИЙ	0.69
	36	ХЛЕБ ДАЧНЫЙ	0.96

Директор Зав.производством Калькулятор

TЕ́МА 9

БОЛЬНИ́ЦА

단원목표

① 친구 얼굴이 안 좋아 보이는데 무슨 일이 있냐고 물어보는 표현을 할 수 있나요?
② 감기 걸렸다는 표현을 할 수 있나요?
③ 친구에게 건강보험이 있냐는 질문을 할 수 있나요?
④ 의사가 병원 환자에게 어디가 불편하냐고 물을 때 사용하는 표현을 알고 있나요?
⑤ 목이 아프고 콧물 기침이 나온다는 표현을 할 수 있나요?
⑥ 숨을 깊게 한 번 쉬어 보라고 말 하는 표현을 할 수 있나요?
⑦ 약 처방을 할 때 의사가 하는 말을 알고 있나요?
⑧ 친구에게 간호사가 주사를 놓아줄 거라는 표현을 할 수 있나요?
⑨ 약을 식후 세 번 복용하라고 친구에게 말해 줄 수 있나요?
⑩ 집에 가는 길에 약을 사자는 표현을 할 수 있나요?
⑪ 빨리 건강이 회복되라고 기원하는 표현을 할 수 있나요?

학습방법

① 본문을 읽고 들어 본다.
② 친구와 함께 대화연습의 질문과 대답을 실습해 본다.
③ 사전을 이용해 〈러시아 사우나〉를 읽고 인상적인 부분에 밑줄을 긋고 이야기를 나눠 본다.

대화28. 감기 걸렸어요. Я простуди́лась.

Хун : Ты сего́дня пло́хо вы́глядишь. Что́-то случи́лось?
А́нна : Про́сто я пло́хо себя́ чу́вствую.
Хун : Почему́?
А́нна : Я простуди́лась.

Хун : Тогда́ тебе́ ну́жно в больни́цу.
А́нна : Э́то недо́рого?
Хун : У тебя́ есть медици́нская страхо́вка?
А́нна : Да.
Хун : Тогда́ недо́рого.

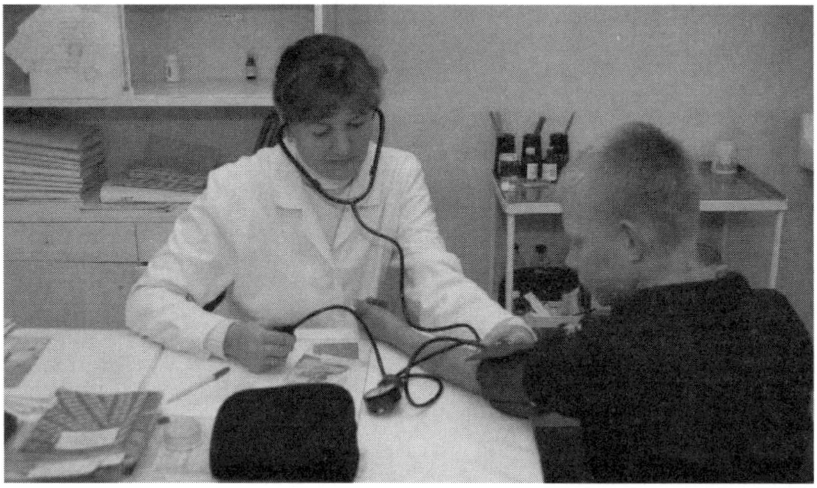

너 오늘 안 좋아 보인다. 무슨 일 있니?
그냥 오늘 몸이 안 좋아.
왜?
감기 걸렸어.
그럼 병원에 가야지.
안 비쌀까?
너 건강보험 있니?
있어.
그럼 안 비싸.

случи́лось	случи́ться 과거 중성 : 일어나다, 생기다
себя́	자신을
чу́вствую	чу́вствовать 1인칭 단수 : 느끼다
простуди́лась	простуди́ться 과거 여성 : 감기 걸리다
в больни́цу	в + больни́ца (여성) 대격 : 병원으로
недо́рого	비싸지 않다 (부사)
медици́нская	의료의 (여성)
страхо́вка	보험 (여성)
тогда́	그러면

[문법문형 이야기]

62. Что́-то случи́лось? 무슨 일이 생긴 거야?

Что́-то	случи́лось	?
무슨 일이	생기다	

Я	пло́хо	себя́ чу́вствую	.
나는	나쁘게	자신을 느끼다	

무언가 안 좋은 일이 있어 보일 때 자주 사용하는 표현입니다. 비슷한 뜻으로 다음과 같은 표현들을 쓸 수 있습니다.

Что с тобо́й? 너한테 무슨 일이야?
Что произошло́? 무슨 일이 일어났니?

63. Как вы чу́вствуте себя́? 컨디션이 어떠세요?

Как	вы	чу́вствуете	себя́	?
어떻게	당신은	느끼다	자신을	

Норма́льно (хорошо́ / пло́хо)	.
괜찮다 (좋다 / 나쁘다)	

인사를 건넨 후, 자주 하는 대화입니다. 오랜만에 만난 경우, '어떻게 지내세요?' 라고 묻는 경우는 다음과 같이 대화할 수 있습니다.

Как пожива́ете? 어떻게 지내세요?
- Норма́льно. 잘 지냅니다(평범합니다).
- Ничего́ осо́бенного. 별 일없이 지내.

러시아 사람들은 특별히 좋은 일이 있어서 알리려고 하지 않는 이상 '잘 지낸다'는 의미로 норма́льно라고 대답합니다. 미국 사람들이 같은 상황에서 일반적으로 'Good!' 으로 대답하는 것과 구별되지요.

64. Я простуди́лась. 감기 걸렸어요.

Ты	сего́дня	пло́хо	вы́глядишь	.
너는	오늘	나쁘게	보이다	

Я	простуди́лась	.
나는	감기에 걸리다	

앞 과에서 살폈듯이, 보통 вы́глядеть는 상대방에게 기분 좋은 인사를 전할 때 사용하지만, 실제로 친구가 아파 보이거나 안 좋아 보일 때도 사용합니다. 몸이 안 좋을 때 쓸 수 있는 표현들도 함께 기억해 둡시다.

Вы боле́ли и́ли про́сто уста́ли? 아프니 아니면 피곤하니?
- Я простуди́лась. 감기 걸렸어.
- Я уста́л. 피곤해.

아프거나 감기에 걸린 경우, 형용사 단어미 형태도 자주 쓰입니다.

Ты сего́дня пло́хо вы́глядишь. 너 오늘 안 좋아 보인다.
- Я просту́жена. 감기에 걸렸어.
- Я больна́. 나는 아파.

✿ 성, 수에 따른 단어미 형태

он	она́	мы
просту́жен	просту́жена	просту́жены
бо́лен	больна́	больны́

[Дава́йте поговори́м! 2 8]

1. 본문을 읽고 옆 친구와 함께 다음의 질문과 대답을 주고 받아보세요.

1) Как я сего́дня вы́гляжу?
예 Ты сего́дня отли́чно вы́глядишь.
2) Что с ним случи́лось?
예 Он пло́хо себя́ чу́вствует.
3) Почему́ ты пло́хо себя́ чу́вствуешь?
예 Потому́ что я простуди́лся.
4) Тебе́ ну́жно в поликли́нику?
예 Да, мне ну́жно в поликли́нику.
5) У тебя́ есть медици́нская страхо́вка?
예 Да, у меня́ есть медици́нская страхо́вка.
6) Больни́цы в Коре́е дороги́е?[1)]
예 Да, дово́льно дороги́е.

2. 옆 친구에게 다음 질문을 해 보세요. 번갈아 친구의 질문에 본인도 대답을 해보세요.

1) Как сего́дня вы́глядит Сонг-мин?
예 Сего́дня он вы́глядит уста́вшим.
2) Почему́ Сонг-мин уста́л?
예 Потому́ что он рабо́тал всю ночь.
3) Почему́ Джи-хун хрома́ет?
예 Потому́ что он упа́л и ушиб но́гу.
4) Что де́лать Джи-ху́ну?
예 Ему́ ну́жно пойти́ в медпу́нкт.
5) У Джи-ху́на есть студе́нческий биле́т?
예 Да, у него́ есть студе́нческий биле́т.
6) Ско́лько сто́ит сходи́ть к зубно́му врачу́?
예 Э́то сто́ит о́чень до́рого.

---

1) Медици́на в Коре́е дорога́я?라고 질문할 수도 있다.

уста́ть, ну, нешь, 능동형과거 уста́вший, 피곤하게 되다; хрома́ть 다리를 절룩거리다; упа́сть, паду, падёшь, (과) пал, 넘어지다; ушиби́ть, ушибу́, бёшь, (과) уши́б, бла 타박상을 입히다; зубно́й врач 치과의사; съе́здить, съе́зжу, съе́здишь, (과) съе́здил, (+во что), (완) 차를 타고 다녀오다; сходи́ть, схожу́, схо́дишь (+ во что), (완) 다녀오다

7) Съéздить в Китáй – э́то дóрого?

예 Нет, э́то недóрого.

3. 다음 한국어 대화를 옆 친구에게 읽어주고 러시아어로 통역하게 해 보세요. 번갈아 친구에게 읽게 하고 본인도 통역을 해보세요.

3-1

1) 나 오늘 어때?
 - 너 오늘 아주 멋져 보인다.
2) 그에게 무슨 일이 생겼니?
 - 그는 오늘 몸이 안 좋아.
3) 너는 몸이 왜 안 좋니?
 - 감기에 걸렸기 때문이야.
4) 너 병원에 가야 하니?
 - 응, 난 병원에 가야 해.
5) 넌 건강 보험 있니?
 - 그래, 난 건강 보험이 있어.
7) 한국에서는 병원이 비싸니?
 - 그래, 비싼 편이야.

3-2

1) 오늘 성민이는 어때 보이니?
 - 오늘 그는 피곤해 보여.
2) 왜 성민이는 피곤하니?
 - 밤새 일을 했기 때문이야.
3) 왜 지훈이는 다리를 절룩거리니?
 - 왜냐하면 그는 넘어져서 다리에 타박상을 입었어.
4) 지훈이는 뭘 해야 되니?
 - 지훈이는 의무실에 가야해.
5) 지훈이는 학생증이 있니?
 - 그래, 그는 학생증이 있어.
6) 치과의사에게 치료받는 비용은 얼마니?
 - 아주 비싸.
7) 중국에 가는 것은 비싸니?
 - 아니, 안 비싸.

ФЕСТИВАЛЬ
ФЕСТИВАЛЬ
ФЕСТИВАЛЬ
ФЕСТИВАЛЬ
ФЕСТИВАЛЬ
ФЕСТИВАЛЬ
ФЕСТИВАЛЬ
ФЕСТИВАЛЬ
ФЕСТИВАЛЬ

대화29. 어디가 아프세요? На что жа́луетесь?

(В больни́це)

Врач : На что жа́луетесь?

А́нна : У меня́ боли́т го́рло, си́льный на́сморк, ка́шель.

Врач : Голова́ не боли́т?

А́нна : Боли́т. Есть температу́ра.

Врач : Подними́те руба́шку. Я вас послу́шаю. Дыши́те глубоко́.

А́нна : (...)

Врач : Доста́точно. Похо́же, у вас грипп.

А́нна : Что же мне де́лать?

Врач : Я пропишу́ вам лека́рства. Пойди́те в апте́ку с реце́птом.

(병원에서)
어디가 아프신가요?
목이 아프고 콧물감기가 심하고, 기침을 해요.
머리는 안 아프신가요?
아파요. 열도 있어요.
셔츠를 올리세요. 청진기로 들어볼게요. 깊게 숨을 쉬세요.
...
됐어요. 독감 같군요.
어떻게 해야 하나요?
약을 처방해 드리죠. 처방전을 가지고 약국에 가세요.

жа́луетесь	жа́ловаться на что (대격) : ~에 대해 불평하다
боли́т	боле́ть 3인칭 단수 : 아프다
го́рло	목 (중성)
на́сморк	코감기 (남성)
ка́шель	기침 (남성)
температу́ра	온도, 열 (여성)
подними́те	подня́ть 명령형 : 올리세요 (완)
руба́шку	руба́шка (여성) : 셔츠
послу́шаю	послу́шать 1인칭 단수 : 듣다 (완)
дыши́те	дыша́ть 명령형 : 숨 쉬세요
глубоко́	깊게 (부사)
доста́точно	충분하다 (부사)
похо́же	~인 것 같다 (삽입어)
грипп	유행성 감기 (남성)
пропишу́	прописа́ть 1인칭 단수 : 처방하다 (완)
лека́рства	약 (복수)
пойдёте	пойти́ 2인칭 복수 : 가다 (완)
в апте́ку	в + апте́ка (여성) 대격 : 약국으로
с реце́птом	с + реце́пт (남성) 조격 : 처방전을 가지고

[문법문형 이야기]

65. На что жа́луетесь? 어디가 안 좋으세요?

На что	жа́луетесь	?
무엇에 대해 (대격)	불평하다, 호소하다	

У меня́	боли́т	го́рло	.
나는	아프다	목(주격)	

На что жа́луетесь 표현은 직역하면 '무엇으로 불평하나요?' '무엇 때문에 불만인가요?'가 됩니다. 실제로 불평, 불만을 말할 때도 사용되는 표현이지만, 병원에서 환자에게 묻는 경우에는 관용적으로 '어디가 안 좋으세요?'로 이해하시면 됩니다.
대답은 Я жа́луюсь на го́рло로 하지 않고 у меня́ боли́т 표현을 사용합니다.

На что жа́луетесь?		어디가	아프세요?
У меня́ боли́т	го́рло.	목이	아픕니다.
	голова́.	머리가	
	живо́т.	배가	

66. Я вас послу́шаю. 제가 들어 볼게요.

Я	вас	послу́шаю	.
나는	당신을(대격)	듣다 (완)	

러시아어 동사에는 불완료상과 완료상이 있어 상의 사용에 따라 시제나 의미의 차이가 생깁니다. 완료상 동사의 활용은 말하는 시점에 행위의 완료를 염두에 두므로 언제나 미래의 의미를 갖게 됩니다. 우리말의 '~하겠습니다'에 해당하는 상황을 그려보며 완료상 동사의 의미를 생각해 봅시다.

✻ 본문 대화에서의 완료상 사용

완료상 사용	해석	완료상 의미
Подними́те руба́шку. Пойди́те в апте́ку.	옷을 올려 보세요. 약국으로 가세요.	구체적인 일회적 행위를 명령
Пропишу́ вам лека́рства.	약을 처방하겠습니다.	곧 수행할 구체적인 행동

✻ 본문 대화에서의 불완료상 사용

불완료상 사용	해석	불완료상 의미
Дыши́те глубоко́.	숨을 깊게 쉬어 보세요.	여러 번의 반복적인 행위를 명령
На что жа́луетесь? У меня́ боли́т го́рло.	어디가 아프세요? 목이 아픕니다.	현재 진행 중인 행위, 상황

* 구체적인 상황에서의 명령형 사용에서 완료상과 불완료상의 상적인 의미 차이는 그리 크지 않습니다. 일반적으로 완료상의 사용이 더 공손한 명령이 되고 불완료상의 사용은 지시의 어감이 큽니다. 때문에 친구들 사이에서는 완료상과 불완료상의 사용에 차이가 없지만, 아랫사람이 윗사람에게 말할 때는 완료상을 사용해야 합니다.

✻ 동사활용형

подня́ть 들어 올리다 (완)	
я подниму́	мы подни́мем
ты подни́мешь	вы подни́мете
он подни́мет	они́ подни́мут

[Дава́йте поговори́м! 29]

1. 본문을 읽고 옆 친구와 함께 다음의 질문과 대답을 주고 받아보세요.

1) На что жа́луетесь?
예 У меня́ си́льно боли́т голова́.
2) У вас есть на́сморк?
예 Нет, у меня́ нет на́сморка.
3) У вас есть температу́ра?
예 Да, у меня́ высо́кая температу́ра.
4) До́ктор, что со мной?
예 Похо́же, что у вас грипп.
5) Вы пропи́шете мне лека́рства?
예 Да, я прпишу́ вам лека́рства.
6) Где мне купи́ть лека́рства?
예 Купи́те лека́рства в апте́ке.

2. 옆 친구에게 다음 질문을 해 보세요. 번갈아 친구의 질문에 본인도 대답을 해보세요.

1) У Джи-ху́на си́льно боли́т нога́?
예 Да, у него́ о́чень си́льно боли́т нога́.
2) Что случи́лось с Джи-ху́ном?
예 Ка́жется, он слома́л но́гу.
3) Что сде́лает врач?
예 Он сде́лает рентге́н ноги́.
4) Кака́я температу́ра у здоро́вого челове́ка?
예 Три́дцать шесть и пять.
5) Каки́е лека́рства прописа́л врач?
예 Врач прописа́л аспири́н.
6) Све́та принима́ет витами́ны?
예 Да, она́ принима́ет витами́ны.

слома́ть, маю, маешь, (과) мал, (+что) (완) 부러뜨리다; де́лать рентге́н (+ чего́) ~ 부위 엑스레이를 찍다.

7) Лека́рства мо́жно купи́ть без реце́пта?

예 Да, не́которые лека́рства мо́жно купи́ть без реце́пта.

3. 다음 한국어 대화를 옆 친구에게 읽어주고 러시아어로 통역하게 해 보세요. 번갈아 친구에게 읽게 하고 본인도 통역을 해보세요.

3-1

1) 어디가 아프세요?
- 머리가 너무 아파요.
2) 당신은 코감기가 있나요?
- 아니요, 코감기는 없어요.
3) 당신은 열이 있습니까?
- 네, 열이 높아요.
4) 의사 선생님, 제가 왜 아픈가요?
- 독감에 걸린 것 같군요.
5) 제게 약을 처방해 주실 건가요?
- 네, 당신에게 약을 처방해 드리죠.
6) 제가 어디에서 약을 사야 되죠?
- 약국에서 약을 사세요.

3-2

1) 지훈이는 다리가 많이 아프니?
- 그래, 그는 다리가 많이 아파.
2) 지훈이에게 무슨 일이 생긴 거니?
- 그는 다리가 부러진 것 같아.
3) 의사는 무엇을 할 거니?
- 그는 다리 엑스레이를 찍을 거야.
4) 건강한 사람의 체온은 몇 도니?
- 36.5도야.
5) 의사가 어떤 약을 처방했니?
- 의사가 아스피린을 처방했어.
6) 스베타는 비타민을 복용하니?
- 그래, 그녀는 비타민을 복용해.
7) 처방전 없이 약을 살 수 있니?
- 그래, 몇 가지 약은 처방전 없이 살 수 있어.

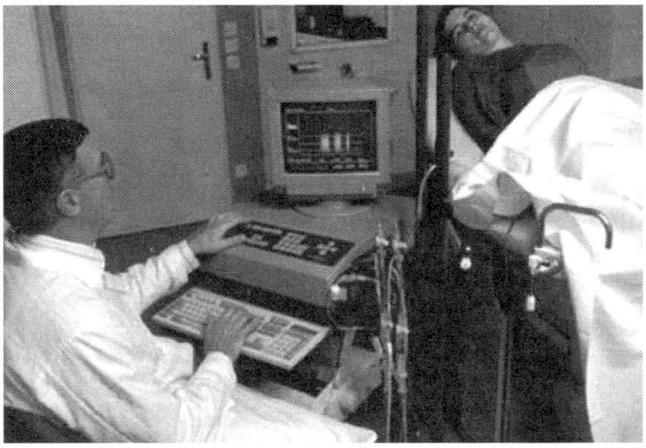

МЕЖВУЗОВСКАЯ БОЛЬНИЦА

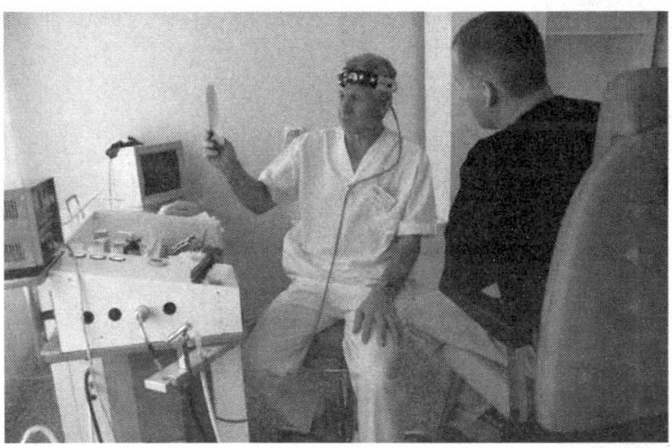

СКОРАЯ ПОМОЩЬ

대화30. 하루에 세 번 약을 드세요.

Принима́йте лека́рства три ра́за в день.

А́нна : И э́то всё?
Врач : Нет. Снача́ла медсестра́ сде́лает вам уко́л.
А́нна : Хорошо́.
Врач : Лека́рства принима́йте три ра́за в день по́сле еды́. И побо́льше спи́те.
А́нна : Спаси́бо.

Врач : Ещё есть каки́е-нибудь вопро́сы?
А́нна : Нет, спаси́бо. До свида́ния.
Врач : До свида́ния.

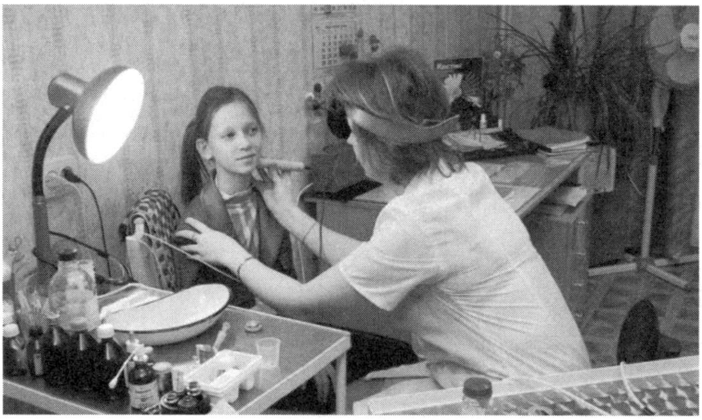

이것이 전부 인가요?
아니요. 먼저 간호사가 주사를 놓아줄 겁니다.
네.
약은 하루 세 번 식후에 드세요. 그리고 푹 주무시고요.
감사합니다.
또 다른 질문 있나요?
없어요. 감사합니다. 안녕히 계세요.
안녕히 가세요.

снача́ла	처음에 (부사)
медсестра́	간호사 (여성)
уко́л	주사 (남성)
лека́рства	лека́рство (중성) 복수 : 약
принима́йте	принима́ть 명령형 : 복용하세요.
три ра́за	세 번
в день	в + день (남성) 대격 : 하루에
по́сле еды́	по́сле + еда́ (여성) 생격 : 식사 후에
побо́льше	좀 더 많이
спи́те	спать 명령형 : 주무세요
каки́е-нибудь	како́й-нибудь (남성) 복수 : 어떤
до свида́ния	до + свида́ние (중성) 생격 : 안녕히 가세요

[문법문형 이야기]

67. три ра́за в день 하루에 세 번

Ско́лько раз	в день	ну́жно	принима́ть	лека́рства	?
몇 번	하루에	필요하다	복용하다	약을	

(Лека́рства)	принима́йте	три ра́за	в день	.
(약을)	복용하다	세 번	하루에	

약을 복용한다는 의미로 동사 принима́ть를 씁니다. принима́ть의 기본 의미는 '받아들이다, 수용하다'입니다. 샤워한다는 표현에서도 사용합니다: Я принама́ю душ.

'~번'의 의미로 раз를 씁니다: раз, раза (два~четы́ре), раз (пять 이상)

'하루에'의 표현은 в + день입니다. 이때 в는 대격을 지배합니다.

Я принима́ю лека́рства раз в день. 나는 하루에 한 번 약을 먹는다.
Мы игра́ем в футбо́л два раза в неде́лю. 우리는 일주일에 두 번 축구를 한다.
Он занима́ется спо́ртом пять раз в ме́сяц. 그는 한 달에 다섯 번 운동 한다.

68. Ещё есть каки́е-нибудь вопро́сы? 무슨 질문이 더 있으세요?

Ещё	есть	каки́е-нибудь	вопро́сы	?
더	있다	어떤	질문이	

Нет,	спаси́бо	.
아니다	고맙다	

불특정 인물, 대상, 혹은 특성을 의미하기 위해서 정해지지 않았다는 의미의 '부정대명사'가 있습니다. 부정대명사는 의문 대명사와 다음의 소사를 붙여서 만듭니다.

-то	кто́-то, что́-то, како́й-то, че́й-то
-нибудь	кто́-нибудь, что́-нибудь, ка́кой-нибудь, че́й-нибудь

-то는 실제로 해당 사람이나 사물, 사건이 있었다는 것은 알지만 정확히 누구인지, 무엇인지를 알 지 못할 때 씁니다. -нибудь는 해당 사람이나 사물, 사건 자체가 있었는지 여부조차도 모를 때 사용합니다. 둘의 사용을 비교해 보세요.

-TO	-НИБУДЬ
Кто́-то стучи́т. 누군가 문을 두드리는데 누군인지 모르는 경우	Кто́-нибудь звони́л? 전화한 사람이 있는지 묻는 경우
누군가가 두드리고 있다	누가 전화했니?
Он что́-то купи́л. 뭔가를 샀는데, 정확히 무엇인지를 모르는 경우	Купи́ что́-нибудь на обе́д. 점심으로 아무거나 사오라고 부탁하는 경우
그가 뭔가를 샀다.	식사하게 뭐든 사와.
Я нашёл че́й-то зонт. 우산을 찾았는데, 누구의 것인지를 모르는 경우	Мо́жно взять че́й-нибудь зонт? 아무 우산이나 가져가도 되는지 묻는 경우
나는 누군가의 우산을 찾았다.	누구 우산이든 가져가도 되니?
Он подари́л како́й-то цвето́к. 꽃 한 송이를 선물했는데, 어떤 꽃인지를 모르는 경우	Поста́вь сюда́ како́й-нибудь цвето́к. 아무 꽃이나 한 송이 여기에 두라고 시키는 경우
그는 어떤 꽃을 선물했다.	어떤 꽃이든 이쪽으로 놔둬라.

✽ 동사활용형

спать 자다 (불완)	
я сплю ты спишь он спит	мы спим вы спи́те они́ спят

[Дава́йте поговори́м! 3 0]

1. 본문을 읽고 옆 친구와 함께 다음의 질문과 대답을 주고 받아보세요.

1) Что медсестра́ сде́лает снача́ла?
예 Снача́ла она́ сде́лает уко́л.
2) Кто сде́лает уко́л?
예 Уко́л сде́лает врач.
3) Как принима́ть лека́рства?
예 Лека́рства принима́йте два ра́за в день пе́ред едо́й.
4) Мне ну́жно мно́го есть?
예 Да, вам ну́жно мно́го есть.
5) У вас ещё есть вопро́сы?
예 Нет, у меня́ бо́льше нет вопро́сов.

2. 옆 친구에게 다음 질문을 해 보세요. 번갈아 친구의 질문에 본인도 대답을 해보세요.

1) Что сде́лала Све́та?
예 Све́та пошла́ на ле́кцию.
2) Что ну́жно де́лать снача́ла: отдыха́ть или рабо́тать?
예 Снача́ла ну́жно рабо́тать, а пото́м отдыха́ть.
3) Когда́ Сонг-мин принима́ет душ?
예 Он принима́ет душ у́тром по́сле сна.
4) Мо́жно занима́ться спо́ртом по́сле еды́?
예 Нет, спо́ртом ну́жно занима́ться до еды́.
5) В како́е вре́мя Ка́тя чита́ет кни́гу?
예 Она́ чита́ет кни́гу пе́ред сном.
6) Ско́лько часо́в в су́тки спит Све́та?
예 Она́ спит семь часо́в в су́тки.
7) Каки́е вопро́сы есть у Джи-ху́на?
예 У него́ нет никаки́х вопро́сов.

сон, сна, 잠, 꿈; по́сле сна 잠 잔 후에; пе́ред сном 잠자기 전에; су́тки, ток, (복수만) 하루 24시간; в су́тки 하루에

3. 다음 한국어 대화를 옆 친구에게 읽어주고 러시아어로 통역하게 해 보세요. 번갈아 친구에게 읽게 하고 본인도 통역을 해보세요.

3-1

1) 간호사가 먼저 무엇을 해주니?
- 간호사는 먼저 주사를 놔 줘.
2) 누가 주사를 놓니?
- 의사가 주사를 놔 줘.
3) 약을 어떻게 복용해야 하나요?
- 약은 하루 두 번 식전에 복용해야 합니다.
4) 저는 많이 먹어야 하나요?
- 그래요, 당신은 많이 먹어야 합니다.
5) 또 다른 질문이 있나요?
- 아니요, 더 이상 질문이 없어요.

3-2

1) 스베타는 뭘 했니?
- 스베타는 강의 들으러 갔어.
2) 먼저 무엇을 해야 되니: 쉬어야 해 아니면 일해야 하니?
- 먼저 일을 하고 나중에 쉬어야 해.
3) 성민이는 언제 샤워를 하니?
- 아침에 일어나서 샤워를 해.
4) 식사 후에 운동을 해도 되니?
- 아니, 운동은 식전에 해야 해.
5) 카탸는 언제 책을 읽니?
- 그녀는 자기 전에 책을 읽어.
6) 스베타는 하루에 얼마나 잠을 자니?
- 그녀는 하루에 7시간 자.
7) 지훈이는 무슨 질문거리가 있니?
- 그는 어떤 질문도 없어.

대화31. 집에 가는 길에 사자. Ку́пим по доро́ге домо́й.

(По́сле осмо́тра)

Хун : Что сказа́л врач?

А́нна : Сказа́л, что у меня́ грипп.

Хун : Тогда́ тебе́ ну́жно идти́ домо́й и отдыха́ть.

А́нна : Снача́ла мне сде́лают уко́л. Пото́м я куплю́ лека́рства.

Хун : Скажи́ медсестре́. Она́ сде́лает тебе́ уко́л.

А́нна : Хорошо́. А лека́рства?

Хун : Ку́пим по доро́ге домо́й.

А́нна : Хорошо́. Спаси́бо.

Хун : Скоре́е поправля́йся.

(진료 후에)
의사가 뭐래?
감기래.
그럼 집에 가서 쉬어야 해.
먼저 주사를 맞아야 해. 그 다음 약 사러 가야 해.
간호사에게 말해. 주사를 놔 줄거야.
알았어. 그런데 약은?
집에 가는 길에 사자.
알았어. 고마워.
빨리 나아라.

сказа́л	сказа́ть 과거 남성 : 말하다 (완)
врач	의사 (남성)
грипп	유행성 감기 (남성)
отдыха́ть	쉬다
сде́лать	하다 (완)
уко́л	주사 (남성)
куплю́	купи́ть 1인칭 단수 : 사다 (완)
медсестре́	медсестра́ (여성) 여격: 간호사
по доро́ге	по + доро́га (여성) 여격 : 길에, 길을 따라
скоре́е	빨리, 서둘러
поправля́йся	поправля́ться 명령형 : 회복해라, 나아라
осмо́тр	진찰 (남성)

[문법문형 이야기]

69. Ку́пим по доро́ге домо́й. 집에 가는 길에 사자.

Когда́	ку́пим	лека́рства	?
언제	사다 (완)	약들을 (대격)	

Ку́пим	по доро́ге	домо́й	.
사다 (완)	길에	집으로	

'~가는 길에'라는 표현은 по доро́ге 구문을 씁니다. 이때 목적지는 방향을 가리키는 в/на 전치사구로 나타냅니다.

по доро́ге в университе́т 대학교 가는 길에
по доро́ге в магази́н 가게 가는 길에
по доро́ге на рабо́ту 직장 가는 길에
по доро́ге на по́чту 우체국 가는 길에

✾ 동사활용형

поправля́ться 낫다, 개선되다 (불완)		поправиться 낫다, 개선되다 (완)	
я поправля́юсь	мы поправля́емся	я попра́влюсь	мы попра́вимся
ты поправля́ешься	вы поправля́етесь	ты попра́вишься	вы попра́витесь
он поправля́ется	они́ поправля́ются	он попра́вится	они́ попра́вятся

наде́яться 희망하다 (불완)		жела́ть 바라다 (불완)	
я наде́юсь	мы наде́емся	я жела́ю	мы жела́ем
ты наде́ешься	вы наде́етесь	ты жела́ешь	вы жела́ете
он наде́ется	они́ наде́ются	он жела́ет	они́ жела́ют

[Дава́йте поговори́м! 31]

1. 본문을 읽고 옆 친구와 함께 다음의 질문과 대답을 주고 받아보세요.

1) Что сказа́л врач по́сле осмо́тра?
예 Он сказа́л, что у меня́ просту́да.
2) Что тебе́ ну́жно де́лать?
예 Мне ну́жно отдыха́ть.
3) Тебе́ сде́лают уко́л?
예 Нет, мне не ну́жен уко́л.
4) Когда́ ты ку́пишь лека́рства?
예 Я куплю́ лека́рства по доро́ге домо́й.
5) По доро́ге домо́й есть апте́ка?
예 Да, по доро́ге домо́й есть апте́ка.
6) Когда́ ты попра́вишься?
예 Наде́юсь, что я ско́ро попра́влюсь.

2. 옆 친구에게 다음 질문을 해 보세요. 번갈아 친구의 질문에 본인도 대답을 해보세요.

1) Что сказа́л Сонг-мин?
예 Он сказа́л, что заболе́л.
2) Чем бо́лен Сонг-мин?
예 Он бо́лен анги́ной.
3) Что ну́жно де́лать Све́те?
예 Ей ну́жно идти́ домо́й и гото́виться к экза́менам.
4) Где Ка́тя ку́пит уче́бник?
예 Она́ ку́пит уче́бник по доро́ге в университе́т.
5) Где Джи-хун поза́втракает?
예 Он поза́втракает по доро́ге на рабо́ту.
6) Когда́ Джи-хун попра́вится?
예 Он попра́вится че́рез ме́сяц.

попра́виться, влюсь, вишься, (완) 회복되다, 쾌유하다; наде́яться, деюсь, деешься, (+ на что, что 절, inf.), 희망하다; анги́на, ы, 편도선염; поза́втракать (완) 아침식사를 하다; жела́ть, (+чтóбы 절, кому́ inf.) 기원하다, 바라다; гото́виться к экза́мену 시험 준비를 하다

7) Я желáю тебé скорéе попрáвиться.

예 Спаси́бо.

3. 다음 한국어 대화를 옆 친구에게 읽어주고 러시아어로 통역하게 해 보세요. 번갈아 친구에게 읽게 하고 본인도 통역을 해보세요.

3-1

1) 진료 후에 의사가 뭐래?
 - 나 감기 걸렸대.
2) 넌 어떻게 해야 하니?
 - 난 쉬어야 해.
3) 너 주사 맞아야 하니?
 - 아니, 주사 맞을 필요 없어.
4) 넌 언제 약을 살거니?
 - 집에 가는 길에 살 거야.
5) 집에 가는 길에 약국이 있니?
 - 그래, 집에 가는 길에 약국이 있어.
6) 넌 언제 회복될까?
 - 빨리 나았으면 해.

3-2

1) 성민이가 뭐래?
 - 아프대.
2) 성민이는 어디가 아파?
 - 그는 편도선이 아파.
3) 스베타는 무엇을 해야 되니?
 - 그녀는 집에 가서 시험공부를 해야 해.
4) 카탸는 어디서 교과서를 살거니?
 - 그녀는 학교 가는 길에 교과서를 살 거야.
5) 지훈이는 어디서 아침식사를 하니?
 - 그는 직장에 가는 길에 아침식사를 해.
6) 지훈이는 언제 건강이 회복되니?
 - 한 달 후에 회복 될거야.
7) 난 네가 빨리 건강을 회복하길 바래.
 - 고마워.

[재미있게 읽어보는 문법이야기 9]

러시아어에서는 동사를 잘못 쓰면 가기만 할 뿐, 되돌아오지는 못해요. — 정태동사와 부정태동사

러시아어에는 이동동사(глаго́лы движе́ния)라는 특별한 동사가 모두 10여 쌍 있습니다. 왜 쌍이냐고요? 같은 뜻이지만 어떤 방향성을 갖느냐에 따라 구분되는 짝이기 때문입니다. 이 중 몇은 여러분이 이미 알고 있으리라 생각되는데요, 일방향동사 혹은 정태동사라 불리는 идти́ 유형과 다방향동사 혹은 부정태동사라 불리는 ходи́ть 유형이 있습니다.

	정태동사		부정태동사	
주어가 이동하는 경우 (자동사)	ИДТИ́	(걸어)가다	ХОДИ́ТЬ	(걸어) 다니다
	Е́ХАТЬ	(타고) 가다	Е́ЗДИТЬ	(타고) 다니다
	БЕЖА́ТЬ	달려가다	БЕ́ГАТЬ	뛰어 다니다
	ПЛЫТЬ	수영해가다	ПЛА́ВАТЬ	수영하다
	ЛЕТЕ́ТЬ	날아가다	ЛЕТА́ТЬ	날아다니다
	ПОЛЗТИ́	기어가다.	ПО́ЛЗАТЬ	기어 다니다
주어가 물건을 가지고 이동하는 경우 (타동사)	НЕСТИ́	가지고 가다	НОСИ́ТЬ	가지고 다니다
	ВЕСТИ́	데리고 가다	ВОДИ́ТЬ	데리고 다니다
	ВЕЗТИ	태워 (싣고) 가다	ВОЗИ́ТЬ	태우고 (싣고) 다니다

❀ 정태동사 :

1. 말하는 순간 한 방향으로 이동하는 경우
   Преподава́тель идёт в столо́вую. 선생님께서 식당으로 가고 계신다.

2. 이동하는 것을 보고 질문을 하는 경우
   Куда́ вы е́дете? 어디 가세요? (버스 정류장 앞에서 혹은 버스 안에서)

3. 규칙적으로 한 방향으로 반복하여 이동하는 경우
   Ка́ждый день я иду́ на рабо́ту пешко́м, а обра́тно е́ду на авто́бусе. 나는 매일 직장에 걸어서 가지만 되돌아올 때는 버스를 타고 온다.

4. 한 방향으로의 명령이나 지시의 경우
   Иди́ сюда́! 이리 와라!
   Неси́ стака́н воды́! 물 한 컵 가져와라!
   Беги́ домо́й! 집으로 뛰어 가라!

✽부정태동사 :

1. 말하는 순간 여러 방향으로의 이동을 보고 있는 경우, 이때는 주어가 항상 복수.
   Над дома́ми лета́ют пти́цы. 건물들 위로 새들이 날아다니고 있다.
   Во дворе́ бе́гают де́ти. 아이들이 마당에서 뛰어 다니고 있다.
2. 반복적인 이동에 대해 전체적으로 묻는 경우
   На чём вы обы́чно е́здите в университе́т? 보통 뭐를 타고 학교에 다니세요?
3. '가고 온' 행위가 일어난 경우
   Оте́ц ка́ждое ле́то лета́ет в Москву́. (туда́ и обра́тно)
   아버지는 매년 여름 모스크바에 갔다 오신다.
   Я вчера́ ходи́л в теа́тр. (туда́ и обра́тно) 나는 어제 극장에 다녀왔다.
4. 실제 행위가 아니라 능력을 말하는 경우
   Я хорошо́ пла́ваю, а он бе́гает хорошо́. 나는 수영을 잘하는데 그는 달리기를 잘한다.

✽정태/ 부정태 동사 사용의 예

한방향이동	Он идёт на рабо́ту.	그는 직장에 가고 있다.
	Она́ ведёт ребёнка к врачу́.	그녀는 아이를 의사한테 데려 가고 있다.
	Он бежи́т в шко́лу.	그는 학교에 뛰어 가고 있다.
	Они́ е́дут в го́род Пусан.	그들은 부산에 (타고) 가고 있다.
	Ло́дка плывёт к бе́регу.	배가 기슭으로 향하고 있다.
	Пти́цы летя́т на юг.	새들이 남쪽으로 날아가고 있다.
	Она́ несёт домо́й поку́пки.	그녀는 산 물건들을 가지고 집으로 가고 있다.
	Дед Моро́з везёт де́тям пода́рки.	산타클로스가 아이들에게 선물을 가져다주고 있다.
왕복이동	Ка́ждый день он хо́дит на рабо́ту.	그는 매일 직장에 다닌다.
	Она́ во́дит ребёнка в са́дик.	그녀는 아이를 어린이집에 데려다 주고 온다.
	По утра́м сын бе́гает за молоко́м.	아침마다 아들은 우유를 가지러 뛰어 갔다 온다.
	Ка́ждый год они́ е́здят на юг.	매년 그들은 남쪽에 갔다 온다.
	Теплохо́д пла́вает по расписа́нию.	증기선은 시간표에 따라 운항한다.
	Самолёт лета́ет по маршру́ту "Москва́ - Сеу́л".	비행기는 '모스크바-서울' 노선으로 운항한다.
	На заня́тия он но́сит с собо́й слова́рь.	그는 수업에 사전을 가지고 다닌다.
	Оте́ц ча́сто во́зит дете́й в парк.	아버지는 자주 아이들을 공원에 데리고 가신다.

여러방향이동	Он хóдит по магази́нам.	그는 상점마다 (이리저리) 다닌다.
	Она вóдит ребёнка по пáрку.	그녀는 아이를 공원 (이리저리) 데리고 다닌다.
	Дéти бéгают по двору́.	아이들은 마당에서 (이리저리) 뛰어 다닌다.
	Он éздит на велосипéде по двору́.	그는 마당에서 자전거를 타고 (이리저리) 다닌다.
	Лéбеди плáвают по óзеру.	백조들이 호수에서 (이리저리) 헤엄친다.
	Чáйки летáют над мóрем.	갈매기들이 바다위에서 (이리저리) 날고 있다.
	Он всегдá нóсит с собóй зонт.	그는 항상 우산을 들고 다닌다.
	Сестрá вóзит брáта на велосипéде.	누이는 동생을 자전거에 태우고 (이리저리) 다닌다
능력	Ребёнок ужé хóдит.	아기는 이미 걷는다.
	Он хорошó вóдит маши́ну.	그는 자동차를 잘 운전한다.
	Лóшади бы́стро бéгают.	말들은 빨리 달린다.
	Он хорошó éздит верхóм.	그는 말을 잘 탄다.
	Ры́бы плáвают.	물고기들은 헤엄친다.
	Пти́цы летáют.	새들은 난다.

[흥미진진 러시아 9]

러시아 사우나 이야기

Русская баня

Все народы, которые жили в бывшем СССР (Союз Советских Социалистических Республик), бесспорно, объединяет русская баня. Русская баня — это символ великой державы. Бренд, который пережил разрушение Российской империи, распад Советского Союза и будет жить вечно.

Основой русской бани является парная. Заядлые парильщики ищут хороший пар, спорят о том, где и у кого пар лучше. О паре, конструкциях печей и парных написаны тысячи страниц в сотнях книг. Представления о парной и её достоинствах формировались на пространстве России в течение тысячелетий.

Приезжавших в Россию иностранцев неизменно поражали местные банные процедуры. Способность сидеть в бане «до седьмого пота», а потом, покраснев всем телом, валяться в снегу, казалась удивительной. Публичные российские бани свободой нравов шокировали даже Казанову. При этом иностранные лекари, иными словами, специалисты, понимали, насколько русская баня, несмотря на принятые в ней формы национальной удали, способствует крепости здоровья и даже делали попытки перенести этот бесценный опыт в Европу. Но попытки были неудачны.

ТЕ́МА 9. БОЛЬНИ́ЦА.

Хун : Ты сего́дня пло́хо вы́глядишь. Что́-то случи́лось?
А́нна : Про́сто я пло́хо себя́ чу́вствую.
Хун : Почему́?
А́нна : Я простуди́лась.
Хун : Тогда́ тебе́ ну́жно в больни́цу.
А́нна : Э́то недо́рого?
Хун : У тебя́ есть медици́нская страхо́вка?
А́нна : Да.
Хун : Тогда́ недо́рого.

(В больни́це)
Врач : На что жа́луетесь?
А́нна : У меня́ боли́т го́рло, си́льный на́сморк, ка́шель.
Врач : Голова́ не боли́т?
А́нна : Боли́т. Есть температу́ра.
Врач : Подними́те руба́шку. Я вас послу́шаю. Дыши́те глубоко́.
А́нна : (...)
Врач : Доста́точно. Похо́же, у вас грипп.
А́нна : Что же мне де́лать?
Врач : Я пропишу́ вам лека́рства. Пойди́те в апте́ку с реце́птом.
А́нна : И э́то всё?
Врач : Нет. Снача́ла медсестра́ сде́лает вам уко́л.
А́нна : Хорошо́.
Врач : Лека́рства принима́йте три ра́за в день по́сле еды́.
И побо́льше спи́те.
А́нна : Спаси́бо.
Врач : Ещё есть каки́е-нибудь вопро́сы?
А́нна : Нет, спаси́бо. До свида́ния.
Врач : До свида́ния.

(По́сле осмо́тра)

Хун : Что сказа́л врач?

А́нна : Сказа́л, что у меня́ грипп.

Хун : Тогда́ тебе́ ну́жно идти́ домо́й и отдыха́ть.

А́нна : Снача́ла мне сде́лают уко́л. Пото́м я куплю́ лека́рства.

Хун : Скажи́ медсестре́. Она́ сде́лает тебе́ уко́л.

А́нна : Хорошо́. А лека́рства?

Хун : Ку́пим по доро́ге домо́й.

А́нна : Хорошо́. Спаси́бо.

Хун : Скоре́е поправля́йся.

ТЕ́МА 10

ДОПОЛНИ́ТЕЛЬНЫЕ ПОМЕЩЕ́НИЯ УНИВЕРСИТЕ́ТА

단원목표

① 논문출력(인쇄)하는 곳이 어디인지 질문하는 표현을 할 수 있나요?

② 자신의 논문을 인쇄할 곳이 없다고 말하는 표현을 할 수 있나요?

③ 복사실이나 도서관에서 인쇄할 수 있다고 표현할 수 있나요?

④ 자신이 러시아에 있는 동안 살쪘다는 표현을 할 수 있나요?

⑤ 칭찬에 고마움을 표시하는 인사를 할 수 있나요?

⑥ 수영장 가려면 수영복, 수영모, 물안경을 사야 된다고 말하는 표현을 할 수 있나요?

⑦ 수영장 한 번 가는데 7천원 든다고 표현할 수 있나요?

⑧ 몇 부나 출력할 필요가 있느냐고 질문하는 표현을 할 수 있나요?

학습방법

① 본문을 읽고 들어 본다.

② 친구와 함께 대화연습의 질문과 대답을 실습해 본다.

③ 사전을 이용해 〈축구에 관한 글〉을 읽고 가장 인상적인 곳에 밑줄을 긋고 이야기를 나눠 본다.

대화32. 어디서 출력(인쇄) 할 수 있니?

Где мóжно распечáтать?

А́нна : Хун, где мóжно распечáтать текст?
Хун : Какóй текст?
А́нна : Я написáла доклáд, но мне нéгде егó распечáтать.

Хун : Мóжешь распечáтать в библиотéке и́ли в мастерскóй ксерокóпии.
А́нна : Э́то плáтно?
Хун : Конéчно. Пойдём.

훈아, 어디서 텍스트 출력(인쇄) 할 수 있니?	распечáтать	출력하다 (완)
어떤 텍스트?	текст	텍스트, 본문 (남성)
내가 보고서를 썼는데, 출력할 데가 없네.	написáла	написáть 과거 여성 : 쓰다 (완)
도서관이나 복사가게에서 출력할 수 있어	доклáд	보고서 (남성)
이거 돈 내야 되니?	нéгде	+ inf. 할 곳이 없다
물론이지. 가자	ксерокóпии	ксерокóпия (여성) 생격 : 복사
	в мастерскóй	в + мастерскáя (여성) 전치격 : 제작소에서
	плáтно	유료로 (부사)

[문법문형 이야기]

70. Где мо́жно распеча́тать? 어디서 출력할 수 있니?

Где	мо́жно	распеча́тать	?
어디에서	할 수 있다	출력하다	

Мо́жешь	распеча́тать	в библиоте́ке	.
할 수 있다	출력하다	도서관에서	

'~할 수 있다'의 술어로 술어부사 мо́жно와 동사 мочь 모두 사용할 수 있습니다. 다만 질문의 경우 мочь보다 мо́жно가 더 러시아적인 표현입니다. 예컨대, Где я могу́ распеча́тать?는 영어의 'Where can I print this out?'의 문장을 번역한 것 같은 어감을 가집니다. 최근에는 러시아에서도 영어의 사용이 많이 늘어 이러한 문형의 사용이 더 확산되고 있는 추세입니다.

✻ 컴퓨터 관련 표현

получа́ть докуме́нты по фа́ксу	팩스로 서류를 받다
запи́сывать на диске́ту	디스켓에 저장하다
сохраня́ть на диске́те	디스켓에 보관하다
печа́тать на при́нтере	프린터로 인쇄하다
рабо́тать на компью́тере	컴퓨터로 작업하다
войти́ в интерне́т	인터넷에 접속하다
сиде́ть за компью́тером	컴퓨터하다.
сиде́ть в интерне́те	인터넷하다.
скача́ть из интерне́та	인터넷에서 다운로드하다.

71. Не́где распеча́тать. 출력할 데가 없어.

Не́где распеча́тать.	vs.	Нигде́ не распеча́тать
출력할 데가 없다		어느 곳에서도 출력하지 않는다.

여격주어 { НЕ́ГДЕ / НЕ́КУДА / НЕ́КОГДА } 동사부정형

주어 { НИГДЕ́ НЕ / НИКУДА́ НЕ / НИКОГДА́ НЕ } 동사활용형

Ему́ не́куда пойти́.	Он никуда́ не идёт.
그는 갈 곳이 없다.	그는 아무데도 안 간다.
Ей не́куда бы́ло пойти́.	Она́ никуда́ не ходи́ла.
그녀는 갈 곳이 없었다.	그녀는 어디로도 다니지 않았다.
Им не́куда бу́дет пойти́.	Они́ никуда́ не пойду́т.
그들은 갈 곳이 없을 것이다.	그들은 어디에도 가지 않을 것이다.

[Дава́йте поговори́м! 3 2]

1. 본문을 읽고 옆 친구와 함께 다음의 질문과 대답을 주고 받아보세요.

1) Како́й текст ты написа́л?
예 Я написа́л докла́д.
2) Ты его́ распеча́тал?
예 Нет, я его́ не распеча́тал.
3) Почему́ ты его́ не распеча́тал?
예 Потому́ что мне не́где его́ распеча́тать.
4) Где мо́жно распеча́тать текст?
예 Текст мо́жно распеча́тать в библиоте́ке и́ли в мастерско́й ксероко́пии.
5) Распеча́тать текст – э́то пла́тно?
예 Нет, э́то беспла́тно.

2. 옆 친구에게 다음 질문을 해 보세요. 번갈아 친구의 질문에 본인도 대답을 해보세요.

1) Где мо́жно получи́ть студе́нческий биле́т?
예 Студе́нческий биле́т мо́жно получи́ть в декана́те.
2) Что написа́ла Све́та?
예 Све́та написа́ла диссерта́цию.
3) Где Све́та распеча́тала диссерта́цию?
예 Она́ распеча́тала диссерта́цию в и́нтернет кафе́
4) Почему́ она́ не распеча́тала диссерта́цию до́ма?
예 Потому́ что у неё нет при́нтера.
5) Где Ка́тя сде́лала ксе́рокс?
예 Она́ сде́лала ксе́рокс в мастерско́й ксероко́пии.
6) Где мо́жно отскани́ровать кни́гу?
예 Кни́гу мо́жно отскани́ровать в библиоте́ке.

отскани́ровать, рую, руешь, (+что) (완) 스캔하다

3. 다음 한국어 대화를 옆 친구에게 읽어주고 러시아어로 통역하게 해 보세요. 번갈아 친구에게 읽게 하고 본인도 통역을 해보세요.

3-1

1) 너는 무슨 텍스트를 썼니?
- 난 보고서를 썼어.
2) 너 보고서를 출력했니?
- 아니, 난 보고서를 출력하지 못했어.
3) 너는 왜 보고서를 출력하지 못했니?
- 왜냐하면 난 출력할 곳이 없었어.
4) 어디서 텍스트를 출력할 수 있니?
- 도서관이나 복사가게에서 텍스트를 출력할 수 있어.
5) 텍스트 출력하는 것은 유료니?
- 아니, 무료야.

3-2

1) 학생증은 어디서 받을 수 있니?
- 학생증은 학부 사무국에서 받을 수 있어.
2) 스베타는 무엇을 썼니?
- 스베타는 학위논문을 썼어.
3) 스베타는 학위논문을 어디서 출력했니?
- 그녀는 인터넷 카페에서 학위논문을 출력했어.
4) 그녀는 학위논문을 왜 집에서 출력하지 않았니?
- 그녀는 프린터가 없기 때문이지.
5) 카탸는 어디에서 복사를 했니?
- 그녀는 복사가게에서 복사를 했어.
6) 책을 어디서 스캔할 수 있니?
- 도서관에서 책을 스캔할 수 있어.

КСЕРОКОПИЙ
КСЕРОКСА
НЕТ
CO
PY

대화33. 운동하고 싶니?

Ты хóчешь занимáться спóртом?

(по дорóге)

Áнна : Здесь есть гдé-нибудь спортзáл?

Хун : Есть, а что? Ты хóчешь занимáться спóртом?

Áнна : Да, мне нýжно. Я потолстéла, поká живý в Корéе.

Хун : Да? Я совсéм не чýвствую.

Áнна : Спаси́бо за комплимéнт.

Хун : Каки́м спóртом ты хóчешь занимáться?

Áнна : В Росси́и я ходи́ла в бассéйн. Но здесь э́то не óчень удóбно. Для бассéйна нýжно купи́ть купáльник, шáпочку, очки́ и т.д.

Хун : Тогдá ты мóжешь прóсто занимáться в тренажёрном зáле.

(가는 길에)
여기 근처에 체육 시설 있니?
있어, 그런데 왜? 운동하고 싶어?
응. 해야 돼. 한국에 사는 동안 살쪘어.
그래? 난 전혀 못 느끼겠는데.
칭찬 고마워.
어떤 운동하고 싶니?
러시아에서는 수영장에 다녔어. 그런데 여기서는 불편해. 수영장에 가려면 수영복, 수영모자, 수경 등등을 사야 해.
그러면 그냥 체육관에서 운동할 수 있어.

гдé-нибудь	어딘가에
спортзáл	체육 시설
занимáться	+ чем : ~하다, 종사하다
спóртом	спорт (남성) 조격 : 운동
потолстéла	потолстéть 과거 여성 : 조금 살찌다 (완)
покá	~하는 동안 (접속사)
за комплимéнт	за + комплимéнт (남성) 대격 : 칭찬해줘서
в бассéйн	в + бассéйн (남성) 대격 : 수영장으로
купáльник	수영복 (남성)
шáпочку	шáпочка (여성) 대격 : 모자
очки́	안경 (복수)
в зáле	в + зал (남성) 전치격 : 홀에서
тренажёрном	тренажёрный (남성) 전치격 : 훈련의

[문법문형 이야기]

72. Я ходи́ла в бассе́йн. 수영장에 다녔어.

Каки́м спо́ртом	ты	хо́чешь	занима́ться	?
어떤 운동을(조격)	너는	~하고 싶다	종사하다	

В Росси́и	я	ходи́ла	в бассе́йн	.
러시아에서 (전치격)	나는	다니다(부정태)	수영장으로(대격)	

러시아어에는 동사의 상 외에 동사의 태라는 것이 있습니다. 정태, 부정태라고 부르기도 하고 일방향, 다방향이라고 부르기도 합니다.

일방향동사 (정태)		다방향동사 (부정태)	
идти́	(걸어) 가다	ходи́ть	(걸어) 다니다
е́хать	(타고) 가다	е́здить	(타고) 다니다
лете́ть	(날아) 가다	лета́ть	(날아) 다니다
плыть	(헤엄쳐)가다	пла́вать	(헤엄쳐) 다니다
бежа́ть	(달려) 가다	бе́гать	(뛰어) 다니다

현재시제에서 정태동사의 사용은 실제 행위가 진행되고 있음을 의미합니다. 반면 현재시제에서 부정태동사의 사용은 동시에 여러 방향으로 가는 것이 불가능하므로 대개 일반적인 사실이나 능력 등을 의미합니다.

Я е́ду в университе́т.
나는 대학에 (차를 타고) 가고 있다.

Я е́зжу в университе́т.
나는 대학에 (차를 타고) 다닌다.

Я плыву́.
나는 헤엄치고 있다.

Я пла́ваю.
나는 헤엄칠 줄 안다.

Де́ти бегу́т к роди́телям.
아이들은 부모님께로 달려가고 있다.

Де́ти бе́гают во дворе́.
아이들은 마당에서 뛰어 다닌다.

※ 정태, 부정태에 대해서는 〈재미있게 읽어보는 문법이야기 9〉를 꼭 읽어보세요.

'종사하다'는 뜻의 занимáться는 조격을 지배합니다. 어떤 명사와 함께 쓰이는 지에 따라 '공부하다', '운동하다' 등의 의미를 가집니다.

Я занимáюсь рýсским языкóм. 나는 러시아어를 공부한다.
Ты хóчешь занимáться спóртом? 너는 운동하고 싶니?

73. покá живý в Корéе. 한국에 사는 동안.

Я	потолстéла,	покá	живý	в Корéе	.
나는	살이 좀 찌다 (완)	~는 동안	살다	한국에	

покá는 단독으로 쓰일 때는 헤어질 때 친구들끼리 하는 인사말이지만, '~하는 동안'의 의미로 접속사로 사용되기도 합니다.

Я спал, покá ты занимáлся спóртом. 네가 운동하는 동안 나는 잤어.

[Дава́йте поговори́м! 3 3]

1. 본문을 읽고 옆 친구와 함께 다음의 질문과 대답을 주고 받아보세요.

1) Здесь есть где́-нибудь спортза́л?
예 Да, недалеко́ от сю́да есть спортза́л.
2) Ты хо́чешь занима́ться спо́ртом?
예 Да, я хочу́ занима́ться спо́ртом.
3) Почему́ ты хо́чешь занима́ться спо́ртом?
예 Потому́ что я люблю́ спорт.
4) Ты потолсте́ла?
예 Нет, я похуде́ла.
5) Ты чу́вствуешь, что я похуде́ла?
예 Нет, я совсе́м не чу́вствую.
6) Каки́м спо́ртом ты хо́чешь занима́ться?
예 Я хочу́ занима́ться те́ннисом.
7) Что ну́жно купи́ть для бассе́йна?
예 Для бассе́йна ну́жно купи́ть купа́льник, ша́почку, очки́ и т.д.

2. 옆 친구에게 다음 질문을 해 보세요. 번갈아 친구의 질문에 본인도 대답을 해보세요.

1) Где нахо́дится футбо́льный стадио́н?
예 Футбо́льный стадио́н нахо́дится ря́дом с университе́том.
2) Како́й вид спо́рта лю́бит Све́та?
예 Све́та лю́бит аэро́бику.
3) Почему́ она́ лю́бит аэро́бику?
예 Потому́ что она́ хо́чет похуде́ть.
4) Каки́е ве́щи нужны́ для заня́тия аэро́бикой?
예 Для заня́тия аэро́бикой нужны́ то́лько кроссо́вки и спорти́вный костю́м.
5) Что ты де́лал, пока́ я гуля́л?
예 Я игра́л в футбо́л, пока́ ты гуля́л.

похуде́ть, дею, деешь, (완) 여위다, 마르다; заня́тие (+чем) аэро́бикой, 에어로빅 수업; популя́рный,(단) популя́рен, рна, 인기가 있는; кроссо́вки (복수만) 운동화; спорти́вный костю́м 체육복

6) Какóй спорт популя́рен в Корéе?
В Корéе популя́рно тэквондó.

3. 다음 한국어 대화를 옆 친구에게 읽어주고 러시아어로 통역하게 해 보세요. 번갈아 친구에게 읽게 하고 본인도 통역을 해보세요.

3-1

1) 여기 어딘가에 스포츠 홀이 있니?
- 응, 여기서 멀지 않은 곳에 스포츠 홀이 있어.
2) 너 운동하고 싶니?
- 응, 난 운동을 하고 싶어.
3) 넌 왜 운동을 하고 싶니?
- 왜냐하면 난 운동을 좋아하거든.
4) 너 살쪘니?
- 아니, 난 살 빠졌어.
5) 내가 살 빠진 것을 알겠니?
- 아니, 난 전혀 모르겠어.
6) 넌 어떤 운동을 하고 싶니?
- 난 테니스를 하고 싶어.
7) 수영장에 가려면 무엇을 사야하니?
- 수영장에 가기 위해서는 수영복, 수영모자, 수경 등을 사야해.

3-2

1) 축구 경기장은 어디에 있니?
- 축구 경기장은 대학 옆에 있어.
2) 스베타는 어떤 운동을 좋아하니?
- 스베타는 에어로빅을 좋아해.
3) 그녀는 왜 에어로빅을 좋아하니?
- 왜냐하면 그녀는 살을 빼고 싶어 하거든.
4) 에어로빅 운동을 하기 위해서는 무슨 물건이 필요하니?
- 에어로빅 운동을 하기 위해서는 운동화, 운동복만 필요해.
5) 내가 산책하는 동안 넌 뭐했니?
- 네가 산책하는 동안 난 축구를 했어.
6) 한국에서는 어떤 운동이 인기가 있니?
- 한국에서는 태권도가 인기가 있어.

대화34. 수영장 어디 있니?

Где нахо́дится пла́вательный бассе́йн?

А́нна : Где нахо́дится тренажёрный зал?

Хун : Он нахо́дится в зда́нии Чхонг-ун-кван на второ́м этаже́.

А́нна : Как я могу́ занима́ться в тренажёрном за́ле?

Хун : Снача́ла тебе́ ну́жно пойти́ в студе́нческий отде́л и взять ключи́ от за́ла. По́сле заня́тия спо́ртом ты должна́ верну́ть их обра́тно в студе́нческий отде́л.

А́нна : Хорошо́. Но где нахо́дится пла́вательный бассе́йн?

Хун : Недалеко́ от университе́та есть зда́ния Дэу Пурыджио Апаты. В одно́м из э́тих зда́ний есть бассе́йн. Но ты же сказа́ла, что ходи́ть в бассе́йн не удо́бно.

А́нна : Мо́жет быть, я переду́маю. А бассе́йн пла́тный?

Хун : Одно́ посеще́ние бассе́йна сто́ит 7,000 (семь ты́сяч) вон.

А́нна : Поня́тно.

체육관 어디에 있니?
청운관 2층에 있어.
어떻게 하면 내가 체육관에서 운동할 수 있지?
먼저 학생처에 가서 체육관 열쇠를 가져와야 해. 운동 후에는 학생처에 열쇠를 돌려주어야 해.
알았어. 그런데 수영장은 어디에 있니?
대학에서 멀지 않은 대우 푸르지오 아파트에 있어. 아파트 단지 중 한 건물에 있어. 그런데 너 수영장 다니기가 불편하다고 그러지 않았어?
마음이 바뀔지 모르니까. 그런데 수영장은 유료야?
한번 가는데 7,000원이야.
알았어.

нахо́дится	находи́ться 3인칭 단수 : 위치하다
на этаже́	на + эта́ж (남성) 전치격 : ~층에
в отде́л	в + отде́л (남성) 대격 : ~과, 사무실로
ключи́	ключ (남성) 복수 : 열쇠들
ключи́ от за́ла	ключи́ от + зал (남성) 생격 : 체육관 열쇠
по́сле заня́тия	по́сле + заня́тие (중성) 생격 : 강습 후에
верну́ть	반환하다 (완)
обра́тно	원위치로 (부사)
пла́вательный	수영의 (남성)
из зда́ний	из + зда́ние (중성) 복수생격 : 건물 중에
э́тих	э́то (중성) 복수생격 : 이
переду́маю	переду́мать 1인칭 단수 : 생각을 바꾸다 (완)
мо́жет быть	아마도 (삽입구)
пла́тный	유료의 (남성)
посеще́ние	방문 (중성)
ты́сяч	ты́сяча (여성) 복수생격 : 1000

[문법문형 이야기]

74. по́сле заня́тия спо́ртом 운동한 후에

Когда́	ну́жно	верну́ть	ключи́	обра́тно	?
언제	필요하다	반환하다	열쇠들	원위치로	

Ты	должна́	верну́ть	их	по́сле заня́тия	спо́ртом	.
너는	해야만 하다	반환하다	그것들을	수업 후에(생격)	운동(조격)	

타동사가 명사화하면 타동사의 목적어는 대개 생격 형태로 결합합니다.

Я чита́ю кни́гу → чте́ние кни́ги
Я гото́влю обе́д → приготовле́ние обе́да
Я изуча́ю грамма́тику → изуче́ние грамма́тики

특정한 격을 지배하는 동사가 명사화하면 격지배의 관계가 유지되는 경우가 많습니다.

Я занима́юсь спо́ртом → заня́тие спо́ртом
Я по́льзуюсь интерне́том → по́льзование интерне́том

75. обра́тно 원위치로

обра́тно는 출발점을 고려한 단어 사용입니다. 즉 원래의 위치로 되돌리는 경우에 사용하는 부사 표현입니다.

Я купи́ла биле́т на самолёт туда́ и обра́тно. 비행기 표를 왕복으로 샀다.
Я верну́л обра́тно кни́ги дру́гу. 난 친구에게 책을 돌려줬다.
Когда́ ты вернёшься обра́тно? 넌 언제 되돌아 올 거니?

[Давáйте поговори́м! 3 4]

1. 본문을 읽고 옆 친구와 함께 다음의 질문과 대답을 주고 받아보세요.

1) Где нахóдится тренажёрный зал?
예 Он нахóдится в здáнии Чхонг-ун-кван.
2) На какóм этажé нахóдится спорти́вный зал?
예 Он нахóдится на пéрвом этажé.
3) Где мóжно взять ключи́ от аудитóрии?
예 Их мóжно взять в студéнческом отдéле.
4) Когдá я дóлжен вернýть ключи́ обрáтно?
예 Ты дóлжен вернýть ключи́ пóсле лéкции.
5) В какóм здáнии есть бассéйн?
예 Бассéйн есть в однóм из здáний Дэу Пурыджио Апаты.
6) Скóлько стóит однó посещéние бассéйна?
예 Однó посещéние стóит 6,000 (шесть ты́сяч) вон.

2. 옆 친구에게 다음 질문을 해 보세요. 번갈아 친구의 질문에 본인도 대답을 해보세요.

1) Где нахóдится зал для заня́тия аэрóбикой?
예 Он нахóдится в спорти́вном клýбе.
2) На какóм этажé он нахóдится?
예 Он нахóдится на пя́том этажé.
3) Где стои́т маши́на Джи-хýна?
예 Онá стои́т на автостоя́нке.
4) Где я могý занимáться спóртом бесплáтно?
예 Ты мóжешь занимáться спóртом бесплáтно в университéте.
5) Скóлько стóит абонемéнт в бассéйн на мéсяц?
예 Он стóит 100,000 (сто ты́сяч) вон.
6) Свéта перестáла занимáться аэрóбикой?
예 Да, онá перестáла занимáться аэрóбикой.

автостоя́нка 주차장; абонемéнт 회원권; перестáть, стану, станешь, (완) 중단하다

3. 다음 한국어 대화를 옆 친구에게 읽어주고 러시아어로 통역하게 해 보세요. 번갈아 친구에게 읽게 하고 본인도 통역을 해보세요.

3-1

1) 체육관은 어디에 있니?
 - 체육관은 청운관에 있어.
2) 스포츠 홀은 몇 층에 있니?
 - 1층에 있어.
3) 강의실 열쇠를 어디서 받을 수 있니?
 - 학생처에서 받을 수 있어.
4) 내가 열쇠를 언제 반납해야 하니?
 - 강의 후에 반납해야 해.
5) 수영장은 어떤 건물에 있니?
 - 수영장은 대우 푸르지오 아파트 건물에 있어.
6) 수영장 한번 가는데 얼마니?
 - 1회 사용료는 6,000원이야.

3-2

1) 에어로빅 강의실은 어디에 있니?
 - 스포츠클럽에 있어.
2) 스포츠클럽은 몇 층에 있니?
 - 5층에 있어.
3) 지훈이의 차는 어디에 있니?
 - 주차장에 있어.
4) 어디서 내가 무료로 운동을 할 수 있니?
 - 대학교에서 무료로 운동할 수 있어.
5) 수영장 한 달 이용권은 얼마니?
 - 100,000원이야.
6) 스베타는 에어로빅을 그만 두었니?
 - 그래, 스베타는 에어로빅을 그만 두었어.

대화35. 출력(인쇄) 할 수 있을까요?

Я могу́ у вас распеча́тать?

(В мастерско́й ксероко́пии)

А́нна : Я могу́ у вас распеча́тать?

Рабо́тник : Да. У вас диск или флэ́шка?

А́нна : Флэ́шка.

Рабо́тник : Ско́лько вам ну́жно экземпля́ров?

А́нна : Два экземпля́ра.

Рабо́тник : Целико́м и́ли не́сколько страни́ц?

А́нна : Целико́м, пожа́луйста.

Рабо́тник : Пожа́луйста.

(복사가게에서)
출력 좀 할 수 있나요?
네. 디스크인가요 메모리카드인가요?
메모리카드예요.
몇 부 해드릴까요?
2부요.
전부 다 해드릴까요 아니면 몇 장만 할까요?
전부 다 해주세요.
네.

диск	디스크 (남성)
флэ́шка	메모리카드 (여성)
экземпля́ров	экземпля́р (남성) 복수생격 : ~부
целико́м	전부, 통째로 (부사)
не́сколько	몇몇의 (양화사)
страни́ц	страни́ца (여성) 복수생격 : 장, 페이지

[문법문형 이야기]

76. Ско́лько вам ну́жно экземпля́ров? 몇 부 필요하세요?

Ско́лько	вам	ну́жно	экземпля́ров	?
얼마나	당신에게 (여격)	필요하다	복사본 (복수생격)	

(Мне)	(ну́жно)	два	экземпля́ра	.
나는 (여격)	필요하다	둘	복사본 (단수생격)	

❋러시아어 수량 표현

оди́н	экземпля́р	성, 수 일치	1 부
два три четы́ре	экземпля́ра	단수 생격	2 부 3 부 4 부
пять 이상 ско́лько, не́сколько 등	экземпля́ров	복수 생격	5 부 몇 부

❋동사활용형

переплести́ 제본하다 (완)	
я переплету́ ты переплетёшь он переплетёт	мы переплетём вы переплетёте они переплету́т

переплести́ 제본하다 (완) 과거	
он переплёл она переплела́	они переплели́

[Давáйте поговори́м! 3 5]

1. 본문을 읽고 옆 친구와 함께 다음의 질문과 대답을 주고 받아보세요.

1) Я могу́ здесь распечáтать?
예 Да, вы мóжете у нас распечáтать.
2) У вас диск и́ли флэ́шка?
예 У меня́ диск.
3) Скóлько вам нýжно экземпля́ров?
예 Мне нýжен оди́н экземпля́р.
4) Текст печáтать целикóм?
예 Тóлько пéрвую страни́цу, пожáлуйста.

2. 옆 친구에게 다음 질문을 해 보세요. 번갈아 친구의 질문에 본인도 대답을 해보세요.

1) Где дешéвле всегó распечáтать текст?
예 Дешéвле всегó - в университéте.
2) Скóлько стóит распечáтать однý страни́цу?
예 Однá страни́ца стóит 30 (три́дцать) вон.
3) Скóлько стóит скани́рование фотогрáфии?
예 Скани́рование фотогрáфии стóит 1,000 (ты́сячу) вон.
4) Где мóжно переплести́ диссертáцию?
예 Переплести́ мóжно в мастерскóй ксерокóпии.

3. 다음 한국어 대화를 옆 친구에게 읽어주고 러시아어로 통역하게 해 보세요. 번갈아 친구에게 읽게 하고 본인도 통역을 해보세요.

3-1
1) 여기서 출력할 수 있나요?
- 네, 출력할 수 있습니다.
2) 디스크인가? 메모리 카드인가요?
- 디스크입니다.

печáтать, таю, таешь, (+что) (불) 인쇄하다; переплести́, плету́, плетёшь, (과) плёл, плелá, (+что) (완) 제본하다

3) 몇 부가 필요하신가요?
- 1부가 필요해요.
4) 텍스트 전부 출력할까요?
- 첫 장만 해 주세요.

3-2

1) 어디에서 출력을 가장 싸게 할 수 있니?
- 대학교에서 가장 싸게 할 수 있어.
2) 한 장 출력하는데 얼마야?
- 한 장 출력에 30원이야.
3) 사진 스캔하는데 얼마니?
- 사진 스캔은 1,000원이야.
4) 어디서 논문을 제본 할 수 있니?
- 제본은 복사가게에서 할 수 있어.

[재미있게 읽어보는 문법이야기 10]

이 책을 다 읽으셨다면 완료상 동사를 쓰세요 : Я ПРОЧИТА́Л.
— 불완료상과 완료상

러시아어 동사에는 시제(현재, 과거, 미래) 뿐만 아니라 상(불완료상, 완료상)이라는 것이 있습니다. 보통 하나의 동사는 상의 쌍을 가지고 있습니다. 즉, 동일한 동작을 가리키지만 불완료상은 단지 행동만을 지시하는데 반해, 완료상은 완료성, 행위의 결과적 상황을 지시합니다.

❀ 불완료상 :

1. 화자가 행위의 결과 여부에 관심이 없고 오직 행위만을 이야기하는 경우.
   Что ты ДЕ́ЛАЛ вчера́ ве́чером? 어제 저녁에 뭐 했니?
   - Я ПИСА́Л пи́сьма. 편지 썼어.

2. 행위가 일정한 시간동안 지속된 경우.
   Ты до́лго ПИСА́Л пи́сьма? 오랫동안 편지 썼니?
   - Я ПИСА́Л пи́сьма весь ве́чер. 저녁 내내 편지 썼어.

3. 여러 번 반복되는 행위.
   Я ка́ждый день ПИСА́Л пи́сьма свои́м друзья́м. 매일 친구들에게 편지를 썼다.

4. 행위가 동시에 일어나는 경우.
   Я писа́л пи́сьма и слу́шал му́зыку. 편지를 쓰면서 음악을 들었다.

ПИСА́Л

СЛУ́ШАЛ

❀ 완료상 :

1. 한 번의 행위로, 결과가 강조되는 경우.
   Ты написа́л пи́сьма свои́м друзья́м? 너는 자기 친구들한테 편지를 썼니?
   - Да, я вчера́ написа́л пи́сьма. 응, 어제 편지를 끝냈어.

2. 결과를 본 한 번의 행위가 순차적으로 일어나는 경우.

Вчера́ я написа́л пи́сьма свои́м друзья́м и отнёс их на по́чту.

어제 친구들에게 편지를 다 쓰고 나서 우체국에 가져갔다.

НАПИСА́Л ОТНЁС

✽ 동사의 시제

	현재	과거	미래
чита́ть	ЧИТА́Ю	ЧИТА́Л	БУ́ДУ ЧИТА́ТЬ
прочита́ть	–	ПРОЧИТА́Л	ПРОЧИТА́Ю

동사의 완료상은 말하는 순간 행위가 완료되는 상황을 염두에 두기 때문에 미래의 의미를 갖습니다. 때문에 완료상은 현재 시제가 없습니다.

✽ 특이한 의미를 갖는 상의 사용

Почему́ в ко́мнате хо́лодно? - Я ОТКРЫВА́Л окно́. (불완료) 왜 방이 춥지? - 내가 창을 열어 뒀었어.	Заче́м ты откры́л окно́? (완료) - Мне жа́рко. 왜 창을 열어 뒀니? - 더워서.
열고 닫았다: 현재 창문이 닫혀 있는 상황 발화순간 연 행위의 결과가 무효	열었다: 현재 창문이 열려 있는 상황 발화순간 연 행위의 결과가 유효

다음의 동사들은 이러한 의미, 즉 발화순간에 행위의 결과가 무효가 되는 불완료상과 행위의 결과가 여전히 유효한 완료상의 사용으로 의미가 구별 됩니다:

брать/взять 빌리다, дава́ть/дать 주다
встава́ть/встать 일어나다, ложи́ться/лечь 잠자리에 들다
включа́ть/включи́ть 켜다, выключа́ть/вы́ключить 끄다
приходи́ть/прийти́ (걸어서) 오다, приезжа́ть/прие́хать (타고) 오다
уходи́ть/уйти 떠나다, входи́ть/войти́ 들어오다
открыва́ть/откры́ть 열다, закрыва́ть/закры́ть 닫다

예

불완료상	완료상
Антóн был у тебя́ в гостя́х? - Да. Он приходи́л недáвно. 안톤은 너희집에 손님으로 왔다 갔니? - 응, 얼마 전에 왔다 갔어.	Твоя́ мáма ужé пришлá? - Да. Ужé пришлá. 너희 엄마 벌써 오셨니? -응, 벌써 오셨어.
온 행위의 결과가 무효: 안톤은 돌아감	온 행위의 결과가 유효: 엄마는 집에 계심
Почемý вчерá на лéкции у тебя́ нé было учéбника? - Я давáл егó дрýгу. 너 어제 강의시간에 교과서가 왜 없었니? - 친구한테 그걸 빌려줬었거든.	Комý ты дал словáрь? - Я дал егó Кóле. 너는 사전을 누구에게 줬니? - 콜랴에게 줬어.
준 행위의 결과가 무효: 책을 되돌려 받음	준 행위의 결과가 유효: 나에게 책이 없음
Почемý в кóмнате так жáрко? -Потомý что пáпа включáл обогревá-тель. 방이 왜 이리 덥니? 아빠가 난방기를 틀어 뒀었거든.	Мáша, включи́ компью́тер, пожáлуйста. - Ужé включи́ла. 마샤, 컴퓨터 좀 켜줘. 이미 켰어.
켠 행위의 결과가 무효: 난방기는 꺼진 상태	켠 행위의 결과가 유효: 컴퓨터는 켜져 있는 상태
Почемý Óльга до сих пор спит? - Ýтром онá вставáла, но у неё забо-лéла головá, и онá снóва леглá. 올가는 왜 지금까지 자니? - 깼었는데 머리가 아파 다시 누웠어.	Óльга спит? - Нет, онá ужé встáла. 올가는 자니? - 아니, 이미 일어났어.
일어난 행위의 결과가 무효: 다시 자고 있음	일어난 행위의 결과가 유효: 깨어 있음

✻ 상으로 본 행위의 시작, 진행, 종료

행위의 시작(완료상)	행위의 진행(불완료상)	행위의 종료(완료상)
Я ЗАПÉЛ на сцéне. 무대에서 노래 부르기 시작했다	Я пел на сцéне. 무대에서 노래 불렀다.	Я СПЕЛ на сцéне. 무대에서 노래를 마쳤다.
부르기 시작하는 행위의 완료	부르는 행위의 계속적인 진행	부르는 행위를 모두 완료

접두사 за-는 시작의 의미를 갖는 완료상을 만들 때 자주 사용됩니다.
접두사 на-, с- 등은 종결의 의미를 갖는 완료상을 만들 때 자주 사용됩니다.

✽ 동사 부정형에서의 상의 선택

불완료상 결합동사	완료상 결합동사
1. начина́ть-нача́ть 시작하다 продолжа́ть 계속하다 конча́ть-ко́нчить 끝내다 2. учи́ться-научи́ться 배우다 люби́ть-полюби́ть 좋아하다 привыка́ть-привы́кнуть 습관이 생기다 3. разучи́ться 배운 것을 잊다 отвы́кнуть 습관이 없어지다 разлюби́ть 싫어지다 4. устава́ть-уста́ть 피곤하다 надоеда́ть-надое́сть 싫증나다 запреща́ться 금지되다 예 нача́ть занима́ться 공부하기 시작하다 учи́ться петь 노래를 배우다 разлюби́ть танцева́ть 춤추는 것이 싫어지다 устава́ть повторя́ть 반복하는데 지치다 запреща́ться кури́ть 흡연이 금지되다	хоте́ть 원하다, собирться ~할 작정이다 разрешить 허락하다 мочь 할 수 있다 проси́ть 요청하다 сове́товать 충고하다 등 위의 동사와는 구체적인 상황에서 '한 번 ~하라'는 의미가 강하기 때문에 아주 특별한 맥락을 제외하고는 대개 완료상이 사용됩니다. 예 собира́юсь посмотре́ть 보기로 하다 хочу́ поня́ть 이해하고 싶다 хо́чется узна́ть 알아보고 싶다 разреши́те поблагодари́ть 감사의 인사를 하도록 허락해주세요 могу́ опозда́ть 늦을 수 있다 сове́тую прочита́ть 다 읽어보라고 충고하다 прошу́ обясни́ть 설명해달라고 청하다
на́до, ну́жно, мо́жно가 пора́의 의미인 경우	**양상어 на́до, ну́жно, до́лжен**
- Семь часо́в! На́до (= пора́) встава́ть! 7시다! 일어날 때다. - Мо́жно (=пора́) начина́ть! 시작할 때다!	- На́до встать! 일어나야만 한다! - Мо́жно войти́? 들어가도 될까요?
불완료상 부정 (금지)	**완료상 부정 (물리적 불가능)**
Нельзя́ входи́ть. 들어가면 안 된다 (출입금지). Нельзя́ переходи́ть у́лицу. 길을 건너면 안 된다 (빨간불 앞에서). По э́той у́лице нельзя́ проезжа́ть. 차가 이 길을 따라 지나가면 안 된다. Нельзя́ закрыва́ть окно́. 창을 닫으면 안 된다 (환기시키는 중)	Нельзя́ войти́. 들어갈 수 없다 (문이 잠가져 있는 경우) У́лицу нельзя́ перейти́. 길을 건널 수 없다 (차들이 달리고 있어서) По э́той у́лице нельзя́ прое́хать. 이 길을 따라 지나갈 수 없다. (길이 좁아서) Чемода́н нельзя́ закры́ть. 가방을 닫을 수 없다 (내용물이 많아서)

✾ 동사 명령형에서의 상의 선택

러시아어에서 명령형은 다양한 의미를 갖습니다. 명령형의 형태로 명령, 충고, 요청, 부탁, 허가 등을 표현할 수 있습니다.

불완료상	완료상
행위가 반복되는 경우 Три ра́за в день ПРИНИМА́ЙТЕ лека́рство, ГУЛЯ́ЙТЕ пе́ред сном, КУ́ШАЙТЕ о́вощи. 하루 세 번 약을 복용하세요, 잠자기 전에 산책하시고, 채소를 드세요.	일회적으로 행위를 수행하는 경우 СКАЖИ́, у тебя́ есть кни́га? 너에게 책이 있는지 말해봐. ПОКАЖИ́ТЕ, пожа́луйста. 좀 보여주세요.
허가는 보통 불완료상으로 표현 ВХОДИ́ТЕ, РАЗДЕВА́ЙТЕСЬ. 들어오세요, 옷 벗으시고요. ПРОХОДИ́ТЕ в ко́мнату...САДИ́ТЕСЬ 방으로 지나가세요...앉으세요. * 손님이 집에 오셨을 때 '~하라'고 권유할 때 주로 사용	지시, 명령은 보통 완료상으로 표현 ВОЙДИ́! 들어와! ЗАЙДИ́ по́сле заня́тий ко мне. 수업 끝나고 나한테 들러.
부정 명령문에서는 불완료상 사용이 일반적 НЕ РАЗГОВА́РИВАЙТЕ! 이야기하지 마세요! НЕ ШУМИ́ТЕ! 떠들지 마세요! НЕ ДЕ́ЛАЙ! 하지 마라!	부정명령문에서 발생할 것을 염려하는 행위의 경우, 예외적으로 완료상을 사용 СМОТРИ́, НЕ УПАДИ́! 봐! 넘어지지 마! НЕ ЗАБУ́ДЬ! 잊지 마! НЕ СЛОМА́Й! 망가뜨리지 마!

[흥미진진 러시아 10]

축구는 러시아에서 어떤 운동일까?
Футбол – самый популярный вид спорта в России?

Самым популярным и массовым видом спорта в России является футбол – в отличие от всего мира. Всего в России в секциях и клубах занимаются 13 миллионов 640 тысяч 134 человека. Примечательно, что в мировом рейтинге лидирует лёгкая атлетика, а в России на первом месте идёт футбол. Первые три места занимают игровые виды спорта, хотя и лёгкая атлетика – на высоком четвёртом месте. Высокое шестое место лыжных гонок, по сравнению с 13-м в мире, очевидно, объясняется особенностями климата. Гиревой спорт попал в «двадцатку» благодаря, прежде всего, популярности в сельской местности, тогда как на Западе люди больше увлекаются бодибилдингом. Стремительно развиваются в России экстремальные виды спорта. Пока, в отличие от мировых показателей, ни роллер-спорт, ни другие виды в нашу «двадцатку» не вошли, но динамика говорит, что это произойдет в самое ближайшее время. В принципе, общая тенденция интересна: в мире популярнее неолимпийские виды спорта, у нас больше занимаются олимпийскими.

Самые популярные и массовые виды спорта в России (по данным Росспорта):

1. Футбол – 11,2 процентов (1 531 721 человек);
2. Волейбол – 10,8 процентов (1 472 860 человек);
3. Баскетбол – 9,8 процентов (1 340 565 человек);
4. Лёгкая атлетика – 6,7 процентов (917 448 человек);
5. Плавание – *5,6 процентов (767 736 человек).

※ 5,6에서와 같이 러시아어 숫자 표기법에서는 소수점을 ‘ , ’로 사용합니다.

ТЕ́МА 10. СПОРТ

А́нна : Хун, где мо́жно распеча́тать текст?

Хун : Како́й текст?

А́нна : Я написа́ла докла́д, но мне не́где его́ распеча́тать.

Хун : Мо́жешь распеча́тать в библиоте́ке и́ли в мастерско́й ксероко́пии.

А́нна : Э́то пла́тно?

Хун : Коне́чно. Пойдём.

(по доро́ге)

А́нна : Здесь есть где́-нибудь спортза́л?

Хун : Есть, а что? Ты хо́чешь занима́ться спо́ртом?

А́нна : Да, мне ну́жно. Я потолсте́ла, пока́ живу́ в Коре́е.

Хун : Да? Я совсе́м не чу́вствую.

А́нна : Спаси́бо за комплиме́нт.

Хун : Каки́м спо́ртом ты хо́чешь занима́ться?

А́нна : В Росси́и я ходи́ла в бассе́йн. Но здесь э́то не о́чень удо́бно. Для бассе́йна ну́жно купи́ть купа́льник, ша́почку, очки́ и т.д.

Хун : Тогда́ ты мо́жешь про́сто занима́ться в тренажёрном за́ле.

А́нна : Где нахо́дится тренажёрный зал?

Хун : Он нахо́дится в зда́нии Чхонг-ун-кван на второ́м этаже́.

А́нна : Как я могу́ занима́ться в тренажёрном за́ле?

Хун : Снача́ла тебе́ ну́жно пойти́ в студе́нческий отде́л и взять ключи́ от за́ла. По́сле заня́тия спо́ртом ты должна́ верну́ть их обра́тно в студе́нческий отде́л.

А́нна : Хорошо́. Но где нахо́дится пла́вательный бассе́йн?

Хун : Недалеко́ от университе́та есть зда́ния Дэу Пурыджио Апаты. В одно́м из э́тих зда́ний есть бассе́йн. Но ты же сказа́ла, что ходи́ть в бассе́йн не удо́бно.

А́нна : Мо́жет быть, я переду́маю. А бассе́йн пла́тный?

Хун : Одно́ посеще́ние бассе́йна сто́ит 7,000 (семь ты́сяч) вон.

А́нна : Поня́тно.

(В мастерско́й ксероко́пии)

А́нна : Я могу́ у вас распеча́тать?

Рабо́тник : Да. У вас диск или флэ́шка?

А́нна : Флэ́шка.

Рабо́тник : Ско́лько вам ну́жно экземпля́ров?

А́нна : Два экземпля́ра.

Рабо́тник : Целико́м и́ли не́сколько страни́ц?

А́нна : Целико́м, пожа́луйста.

Рабо́тник : Пожа́луйста.

흥미진진 러시아 번역문

[흥미진진 러시아1]

마리아 샤라포바의 경력

마리아 샤라포바는 테니스선수이지요. 튜멘주 냐간市에서 1987년 4월 19일 출생했는데, 2004년 윔블던 대회 17살의 우승자로 많이 알려져 있지요. 마리아 샤라포바의 전기 속에서 그녀의 테니스에 대한 관심은 네 살 반 때 이미 나타나기 시작한 것으로 되어 있습니다. 윔블던 우승자라는 세계적 타이틀을 땄을 때, 강인하고 매력적인 미모의 이 운동선수의 나이가 겨우 17살이었습니다. 14살이었던 2001년 샤라포바는 프로선수생활을 시작했는데, 9살 때, 아버지와 함께 러시아를 떠나 미국 테니스 명문 학교 플로리다 Bollettieri Tennis Academy로 건너가서 테니스를 배울 수 있었습니다. 샤라포바가 가끔 모델로도 나오기 때문에, 사람들은 그녀를 안나 쿠르니코바와 자주 비교를 하곤 하지요. 영국 신문 가디언紙는 샤라포바를 미래에 유망한 운동선수로 불러주었습니다. 샤라포바의 키는 188cm이고, 여가시간에 독서하는 것을 좋아하고, 좋아하는 책은 "셜록 홈즈"와 "삐삐 롱 스타킹" 등 입니다.

[흥미진진 러시아2]

러시아의 기후

러시아의 기후는 남쪽의 스텝에서부터 러시아 유럽지역의 습한 대륙성 기후를 거쳐 시베리아에서는 북극과 비슷한 기후, 북쪽 끝에서는 툰드라 기후까지로 변화됩니다. 러시아 영토 대부분은 길고 추운 겨울과 짧게 무더운 여름이 있는 극심한 대륙성 기후입니다. 러시아 기후의 특징은 살인적이라고 할 수 있는 낮은 기온입니다. 겨울 최저기온은 동시베리아 지역에서 볼 수 있는데, 1월 평균 기온이 -49°C (-56 ° F)이고 최저 -68°C (-90 ° F)까지도 내려갑니다. 같은 시기 모스크바 州의 온도는 -13 °C에서 -6 °C (9 ° ~ 21 ° F)까지 변화하는데 이 지역이 대륙성 기후 지역이기 때문이지요. 이런 극단적인 다양한 기후 원인은 러시아가 고위도에 위치해서 러시아 남쪽 경계에 있는 고산 지대가 열대 바다의 공기 흐름을 막고 있기 때문입니다.

[흥미진진 러시아3]

마트료시카

마트료시카는 세계 사람들에게 사랑받는 가장 유명한 러시아의 기념품이지요. 러시아의 첫 번째 마트료시카는 19세기 말에 등장했는데, 러시아 민속 예술의 상징이 되고 있습니다. 일반적으로 마트료시카는 보리수나무, 자작나무, 오리나무, 사시나무와 같은 활엽수 목재로 만드는데 가장 좋은 재료는 보리수 나무이지요. 바실리 즈뵤즈도치킨이 나무를 다듬고 세르게이 말류틴이 색을 칠한 러시아의 첫 번째 마트료시카는 8개로 이루어져 있는데, 검은 닭을 안고 있는 소녀 뒤에 소년, 그리고 다시 소녀가 계속 반복됩니다. 각각의 모양이 전부 다르고, 마지막 8번째 마트료시카는 기저귀를 찬 아기가 묘사되어 있습니다. 1900년 러시아 마트료시카는 파리에서 열린 세계 전시회에 출품되었고, 이곳에서 메달과 세계적 호평을 받았지요. 마트료시카는 조각과 회화 작품으로, 러시아의 형상과 정신으로 각인되면서 대중적인 러시아 기념품이 되었습니다. 아름답게 그려진 고가의 마트료시카는 러시아의 독특한 상징, 전형적 러시아 기념품으로서 외국인들에게 팔리고 있어서, 이러한 매력 때문에 우리는 마트료시카가 장식이나 기념품 일뿐만 아니라, 어린이용 장난감이라는 사실을 잊게 됩니다.

[흥미진진 러시아4]

돈이란 무엇이며 어떻게 생겨났는가?

돈이란 사람들이 물건을 서로 바꾸는 물물교환을 대신하기 위해 생겨난 것입니다. 돈은 아주 편리한 물건이었지요. 돈으로 원하는 물건을 바꿨고, 장기간 보관해도 썩지 않았습니다. 가격들이 처음으로 형성되었지요. 어떤 물건 값으로 일정한 양의 돈을 지불했으니까요. 이후 대형 구매를 위해 거액의 돈이 필요하게 되면서 돈과 관련한 문제들이 생겨나기 시작했어요. 이 때 사람들은 다양한 액면 가치의 돈들을 만들어 냈고, 지폐도 등장했습니다. 러시아 돈의 역사는 흥미롭습니다. 현재 러시아의 동전 화폐로는 1루블, 2루블, 5 루블 짜리, 지폐로는 10루블, 50루블, 100루블, 1000루블 그리고 5000루블 짜리를 사용하고 있는데, 자동차를 살 때는 5000루블 짜리 지폐를 가지고 사는 것이 편하고, 상점으로 우유를 사러 갈 때는 주머니에 50루블 지폐를 가지고 가는 것이 더 낫겠지요. 가볍고 편리한 지폐가 대중성을 빨리 획득했지만 후에 사람들에게 새로운 문제가 생겨났습니다. 잉여의 돈이 나타나서, 사람들은 돈을 어디에 보관해야할지 고민하게 되었던 것이지요. 그 때 사람들은 잉여의 돈을 위한 조용하고 편리하고 안전한 창고를 만들기로 결정하고 다른 용도의 창고와 헷갈리지 않도록 이 창고를 은행이라 불렀어요. 사람들은 은행에 자신의 돈을 보관하는 것이 좋았고 은행에서는 모든 고객들을 위해 개인 계좌의 금전 장부를 만들었습니다. 이제 아무 때나 은행에 갈 수 있고, 자신의 개인 계좌에서 돈을 출금하거나 입금을 할 수 있게 되었지요.

[흥미진진 러시아5]

러시아에서 사람들이 전화로 통화를 길게 할까? 안할까?

전문가들은 기술 발달로 휴대폰에 다양한 부가 서비스가 생겨났어도, 러시아 사람들은 핸드폰을 통화용도로만 사용하는 경향이 있는 것으로 분석하고 있습니다. 통계가 이러한 사실을 보여주고 있는데, 일반적인 유럽의 핸드폰 이용자는 한 달에 100~150건의 문자를 보내는데, 러시아 이용자는 10건 정도만을 보내고 있다는 것입니다. 그렇지만 이러한 통계를 꼭 신뢰할 수만은 없습니다. 다른 트렌드로서 "러시아적인 핸드폰 사용 문화"라는 것이 있는데, 러시아 사람들은 핸드폰을 "호출기(삐삐)" 기능으로 사용한다는 것입니다. 즉, 사람들이 무슨 약속을 한 경우에, "약속" 확인 신호로서 상대방에게 휴대폰을 걸고 나서 통화 연결 직전에 끊어버려 벨소리 흔적만을 남깁니다. 이 벨소리가 가지는 약속의 의미 중 하나가 "지금 나한테 전화해!"라는 것을 의미한다는 것이지요. 문자를 받지 않고도 "삐삐(호출기)신호"를 받은 수신자는 발신자에게 전화를 합니다. 이런 현상은 무엇보다 이용자의 전화요금 부담 때문이지요. 일반적으로, 좀 더 저렴한 요금의 사람이 전화를 합니다. 하지만 이용자들이 다운로드한 오락 콘텐츠 하나로 MTC(Мобильные ТелеСистемы) 휴대폰 회사는 2008년 1월 한 달 80만 달러를 벌었다는군요. 이것은 이용자들이 핸드폰 요금을 아끼려고 통화를 하지 않는 것 같지만, 사실 핸드폰 부가서비스를 엄청 사용하고 있다는 것을 입증해 주고 있습니다.

[흥미진진 러시아6]

크리스마스가 왜 유럽은 12월25일이고, 러시아는 1월 7일이지요?

고대 로마에서 BC 45년 율리우스 시저(Julius Caesar) 황제가 달력을 개혁하기 이전까지, 1 년의 첫 시작은 3월 1일이었습니다. 한 해의 가장 짧은 날 즉, 동지 날이 한 해의 첫날이었는데, 이 날에 사람들은 새해의 시작을 축하했지요. 동지 날에 낮이 길어지고, 새로운 태양이 탄생하면서 겨울이 끝나는 거였어요. 동지 날을 "농사의 신 사투르누스(Saturnus)"가 겨울을 이긴 승리한 날로 생각했지요. 이 축제의 날을 '농신일(農神日 Saturnalia)'이라고 불렀고 로마 시민들이 파티를 열고 서로 선물을 교환했지요. 4세기 초 기독교회가 로마 황제 권력과 가까워지면서 기독교가 공인되었어요. 기독교회는 이교도적인 사투르누스 신의 원시 축제를 용인하지 않았습니다. 그러다가 AD. 10 세기경 로마교회는 이 '농신일'날을 그리스도의 정확한 실제 탄생일은 알려져 있지 않지만 그대로 그리스도의 탄생일, 즉 '크리스마스 Christmas'라는 명칭으로 바꾸기로 결의를 했지요. 현재 기독교 교회들 중에서 크리스마스 성탄절이 시간적으로 다른 것은 교회 중에서 정교회(Orthodox Church) 계통인 러시아, 불가리아, 세르비아 정교회 등이 전통대로 변함없이 율리우스력(Julian Calendar)을 사용하고 있기 때문입니다. 율리우스력의 12월 25일은 로마교황 그레고리우스(Gregorius) 13세가 고친 달력인 그레고리우스력(Gregorian Calendar: AD1582년 제정)의 1월7일과 일치합니다. 러시아에서 그레고리우스력은 혁명 후인 1918년에 도입되었으나, 러시아 정교회에서는 지금까지도 율리우스력을 그대로 계속 사용하고 있습니다.

[흥미진진 러시아7]

러시아 여성 크세냐 수히노바가 "2008년 미스 월드"가 되었습니다.

12월 13일 러시아 튜멘 주에 거주하는 21세의 크세냐 수히노바 양이 "2008년 미스 월드" 타이틀을 받았습니다. 2008년 남아공화국의 요하네스버그에서 열렸던 국제 미인선발대회에는 120 개국에서 온 미녀들이 참가했습니다. 러시아 대표가 가장 아름답다고 인정받았지요. 러시아의 니쥐네바르톱스크에서 출생한 크세냐는 현재 튜멘 국립석유천연가스 대학교의 학생인데 리듬체조와 수영, 스키, 사격이 취미입니다. "2008년 미스 월드" 최종결선에서 크세냐 수히노바는 1위 자리를 두고 "미스 Trinidad Tobago" 가브리엘 월코트, "미스 India" 파르바티 오마나쿠탄과 경쟁을 했습니다. 지금까지 러시아인으로는 모스크바 근교 세르빈카 출신의 율리야 쿠로치키나 양이 1992년 "미스 월드" 타이틀을 받은 적이 한 번 있고 2002년에는 러시아 미녀 악사나 표도로바 양이 "미스 유니버스"의 타이틀을 받았습니다. 20억이 넘는 사람들이 이번 미인선발대회 생중계를 시청하였습니다.

[흥미진진 러시아8]

러시아 음식

러시아 음식은 주로 시골의 단순한 음식입니다. 거대한 영토에도 불구하고 러시아 음식은 이상하게 지역적인 차이를 거의 가지고 있지 않습니다. 긴 러시아의 겨울 때문에 절인 오이, 양배추, 버섯 등의 가정식 통조림 식품과 보관이 용이한 야채들로 비트, 양배추, 건조 버섯 같은 것들이 높은 비중을 차지하고 있습니다. 신선한 과일과 야채는 여름에만 있습니다. 러시아 사람들은 아침 식사로 무엇을 먹을까요? 아침 식사로 식탁에, 대다수의 경우, 까샤라고 하는 죽을 내놓습니다. 까샤는 러시아의 고유 음식이고, 모든 가정은 곡물 까샤 죽을 만드는 자신들만의 요리법이 있습니다. 대체로 우유와 버터 그리고 설탕이 든 까샤를 아침식사로 내놓습니다. 점심 무렵에는 소금 간을 한 까샤를 내놓고, 겨울에는 튀긴 감자, 반숙 프라이, 오믈렛 또는 소시지를 까샤와 곁들여 내놓습니다.

러시아 고유 정식은 첫 번째 순서의 음식, 두 번째 순서의 음식, 세 번째 순서의 음식으로 되어 있습니다. 대부분, 정식은 첫 번째 순서의 음식으로 보르쉬, 살랸카, 쉬와 같은 스프로 시작되고 전채 요리로, 생선 알이 든 블린, '모피를 두른'이라는 별칭이 있는 요리인 (붉은 비트로 만든) 청어, 절인 오이, 절인 양배추, 절인 마늘, 가지 퓨레, 스메타나 소스가 곁들여진 미역과 토마토 그리고 오이로 만든 샐러드 또는 소시지와 볶은 것들로 만든 샐러드를 먹습니다. 또한 절인 양배추, 다진 고기 또는 감자가 든 파이를 먹습니다. 메인 요리로는, 대체로, 고기와 생선 또는 닭고기가 있습니다. 식사 중에 빵은 항상 식탁에 놓여 있고 맥주, 와인 그리고 보드카를 마십니다. 후식으로 아이스크림, 조그마한 둥근 빵 번, 푸딩과 비슷한 키셀, 설탕에 절인 과일음료나 차를 내놓습니다.

[흥미진진 러시아9]

러시아의 사우나

구소련, 소비에트연방에 살았던 모든 민족들을 러시아 사우나가 확실히 통일시켜주고 있습니다. 러시아 사우나는 강대국의 상징이라고 할 수 있는데 제정 러시아 멸망과 구소련 와해 이후에도 계속되어 영원히 지속될 브랜드가 되고 있습니다. 러시아 사우나의 핵심은 증기탕입니다. 사우나 매니어들은 좋은 한증탕의 증기를 찾아다니며, 어디, 어느 집의 사우나 증기가 좋은지 논쟁도 합니다. 한증탕과 증기, 난로 구조 등에 대한 수천 페이지 분량으로 된 수백 권 책도 있습니다. 한증탕과 그의 유익함에 대해서는 수 천 년 동안 러시아에서는 어떤 노하우가 형성되어 왔습니다.

러시아 사우나 하는 방법을 보고 러시아에 온 외국인들은 놀랍니다. <땀투성이가 될 때 까지> 사우나에 앉아 있다가, 온 몸이 빨갛게 된 후, 눈 위에서 구르는 것을 본 외국인들은 놀라지 않을 수 없지요. 자유로운 풍습의 러시아 대중 사우나를 보고 18세기 이탈리아의 여행가인 카사노바도 놀랐다고 해요. 무모한 듯한 민족성이 반영된 특유의 사우나 방식에도 불구하고 외국의 의사들, 전문가들은 러시아 사우나가 건강을 강화시키는데 꽤 효과가 있다는 것을 알고, 이러한 소중한 경험을 유럽으로 옮겨 거기서 해보려고 했지만 성공적이지 못했습니다.

[흥미진진 러시아10]

축구는 러시아에서 가장 인기 있는 종목입니다.

세상에 스포츠가 많지만 러시아에서 가장 인기 있는 대중 스포츠는 축구입니다. 러시아의 많은 지부와 클럽에서 1,364 만 명이 이 운동을 하고 있으니까요. 세계적으로는 대중 스포츠 순위에서 육상종목이 앞서지만, 러시아에서는 축구가 단연 1위입니다. 육상종목이 4위이고, 구기 종목이 1위부터 3위까지를 차지하고 있습니다. 세계 순위 13위인 크로스컨트리 스키 종목이 러시아에서는 6위라는 것이 러시아의 추운 기후 때문이겠지요. 바벨 스포츠는 농촌 지역에서 인기가 있어 20위 안에 들기는 하지만, 유럽인들은 이런 보디빌딩을 더 많이 즐기는 것 같아요. 러시아에서 익스트림 스포츠(extreme sports)가 비약적으로 발전하고 있지만, 세계 지표와 달리 롤러 스포츠 같은 익스트림 스포츠 종목들도 아직 20위권 대중스포츠 안에 들지는 않습니다. 가까운 장래에 20위권 내에 들어갈 조짐을 보이고는 있어요. 근본적으로 흥미로운 경향이라고 할 수 있는 것은 세계적으로 비올림픽 종목이 인기가 더 많은데, 러시아에서는 올림픽 종목이 더 인기가 있다는 거지요.

러시아에서 인기 있는 대중 스포츠 순위 (Rossport의 자료)

1. 축구 - 11.2% (1,531,721 명)
2. 배구 - 10.8% (1,472,860 명)
3. 농구 - 9.8% (1,340,565 명)
4. 육상 - 6.7% (917,448 명)
5. 수영 - 5.6% (767,736 명)

어휘색인

Е

Ж

З

И

К

Л

М

Н

О

П

Т

부록1 • 문법표

성, 수, 격변화

① 명사의 성

예		도움말
남성	Бори́с	자연 성이 남성이거나 남자이름은 남성
	университе́т	자연 성이 없는 경우, 자음으로 끝나면 남성
	день	* -ь로 끝나는 남성명사
중성	окно́	단어가 모음 о(е)로 끝나면 중성
	вре́мя	-мя로 끝나는 열 개의 단어. вре́мя, и́мя가 대표적인 예
여성	Ка́тя	자연 성이 여성이거나 여자이름은 여성
	сестра́	단어가 모음 а(я)로 끝나면 여성
	ночь	* -ь로 끝나는 여성명사

* -ь로 끝나는 명사는 남성명사와 여성명사 모두 가능합니다. 수적으로는 여성명사가 절대적으로 많지만 자주 쓰는 단어 가운데에서는 남성명사가 많습니다. 따라서 -ь는 여성명사로 기억하고 남성명사를 발견할 때마다 그때그때 암기하도록 합시다.

② 의문소유대명사와 명사의 성 일치

		명사	예
남성	чей	брат	чей брат
		университе́т	чей университе́т
중성	чьё	окно́	чьё окно́
		вре́мя	чьё вре́мя
여성	чья	сестра́	чья сестра́
		ку́хня	чья ку́хня
복수	чьи	часы́	чьи часы́
		де́ньги	чьи де́ньги

③ 소유대명사와 명사의 성 일치

	소유대명사	명사	예
남성	мой	брат	мой брат
		университéт	мой университéт
		день	мой день
중성	моё	окнó	моё окнó
		врéмя	моё врéмя
여성	моя́	сестрá	моя́ сестрá
		кýхня	моя́ кýхня
		ночь	моя́ ночь

④ 형용사와 명사의 성 일치

	형용사	형용사 + 명사	도움말
남성	нóвый	нóвый студéнт	형용사 남성 어미 -ый (-ий) ый에 강세가 있으면 ой가 됩니다
	большóй	большóй дом	
	послéдний	послéдний день	
중성	нóвое	нóвое дéло	형용사 중성 어미 -ое (-ее)
	большóе	большóе окнó	
	послéднее	послéднее пóле	
여성	нóвая	нóвая студéнтка	형용사 여성 어미 -ая (-яя)
	большáя	большáя кни́га	
	послéдняя	послéдняя ночь	

⑤ 명사의 수

	단수	복수	도움말
남성	студе́нт	студе́нты	+ ы (день은 연음부호 ь + ы = и)
	университе́т	университе́ты	
	день	дни	
중성	окно́	о́кна	о → а
	вре́мя	времена́	мя → мена
여성	студе́нтка	студе́нтки*	а → ы
	сестра́	сёстры	
	ночь	но́чи	

* г, к, х 는 ы와 함께 쓰이지 못합니다. 이 경우 ы 대신 и가 사용됩니다.
студе́нткы(X) → студе́нтки (O)

⑥ 소유대명사와 명사의 수 일치 (복수)

소유대명사		명사	예
мои́ твои́ на́ши ва́ши его́ её их	남성	студе́нты	мои́ студе́нты
		университе́ты	твои́ университе́ты
		дни	его́ дни
	중성	о́кна	её о́кна
		времена́	на́ши времена́
	여성	студе́нтки	ва́ши студе́нтки
		сёстры	их сёстры
		но́чи	мои́ но́чи

* 3인칭 소유대명사(его́, её, их)는 명사와 성, 수, 격 일치를 하지 않습니다.

на́ша ко́мната '우리의 방' vs. их ко́мната '그들의 방'
на́ши ко́мнаты '우리의 방들' их ко́мнаты '그들의 방들'
в на́шей ко́мнате '우리의 방에서' в их ко́мнате '그들의 방에서'

⑦ 형용사와 명사의 수 일치

형용사	복수		예
но́вые больши́е после́дние	남성	студе́нты университе́ты дни	но́вые студе́нты больши́е университе́ты после́дние дни
	중성	о́кна времена́	больши́е о́кна после́дние времена́
	여성	студе́нтки кни́ги	но́вые студе́нтки больши́е кни́ги
		но́чи	после́дние но́чи

⑧ 의문사의 격

	누구	무엇
주격	кто	что
생격	кого́	чего́
여격	кому́	чему́
대격	кого́	что
조격	кем	чем
전치격	о ком	о чём

⑨ 의문대명사의 격

	남성	중성	여성	복수
주격	како́й	како́е	кака́я	каки́е
생격	како́го	како́го	како́й	каки́х
여격	како́му	како́му	како́й	каки́м
대격	*како́го/ како́й	како́е	каку́ю	каки́х/ каки́е
조격	каки́м	каки́м	како́й	каки́ми
전치격	о како́м	о како́м	о како́й	о каки́х

* какого, каких는 활동체인 경우, какой, какие는 불활동체인 경우입니다.

⑩ 명사의 격 (단수)

남성

	활동체	불활동체	
주격	студéнт	университéт	день
생격	студéнта	университéта	дня
여격	студéнту	университéту	дню
대격	студéнта	университéт	день
조격	студéнтом	университéтом	днём
전치격	о студéнте	об университéте	о дне

중성

주격	окнó	пóле	врéмя
생격	окнá	пóля	врéмени
여격	окнý	пóлю	врéмени
대격	окнó	пóле	врéмя
조격	окнóм	пóлем	врéменем
전치격	об окнé	о пóле	о врéмени

여성

	활동체	불활동체	
주격	сестрá	кýхня	ночь
생격	сестры́	кýхни	нóчи
여격	сестрé	кýхне	нóчи
대격	сестрý	кýхню	ночь
조격	сестрóй	кýхней	нóчью
전치격	о сестрé	о кýхне	о нóчи

⑪ 명사의 격 (복수)

남성

	활동체	불활동체	
주격	студе́нты	университе́ты	дни
생격	студе́нтов	университе́тов	дней
여격	студе́нтам	университе́там	дням
대격	студе́нтов	университе́ты	дни
조격	студе́нтами	университе́тами	дня́ми
전치격	о студе́нтах	об университе́тах	о днях

중성

주격	о́кна	поля́	времена́
생격	о́кон	поле́й	времён
여격	о́кнам	поля́м	времена́м
대격	о́кна	поля́	времена́
조격	о́кнами	поля́ми	времена́ми
전치격	об о́кнах	о поля́х	о времена́х

여성

	활동체	불활동체	
주격	сёстры	ку́хни	но́чи
생격	сестёр	ку́хонь	ноче́й
여격	сёстрам	ку́хням	ночя́м
대격	сестёр	ку́хни	но́чи
조격	сёстрами	ку́хнями	ночя́ми
전치격	о сёстрах	о ку́хнях	о ночя́х

* 명사 복수 격변화에서는 생격, 대격을 제외한 여격, 조격, 전치격에서는 복수 격어미 형태가 같습니다. 대격의 경우, 사람과 같은 생명체는 생격과 격어미 형태가 같으며, 그 외 사물은 주격과 격어미 형태가 같습니다.

⑫ 인칭대명사와 소유대명사

인칭대명사	я	ты	он	онá	мы	вы	они́
소유대명사	мой	твой	егó	её	наш	ваш	их

⑬ 인칭대명사의 격

주격	я	ты	он	онá	мы	вы	они́
생격	меня́	тебя́	егó	её	нас	вас	их
여격	мне	тебé	ему́	ей	нам	вам	им
대격	меня́	тебя́	егó	её	нас	вас	их
조격	мной	тобóй	им	ей	нáми	вáми	и́ми
전치격	обо мне	о тебé	о нём	о ней	о нас	о вас	о них

* 3인칭 он, онá, они́는 사격에서 전치사와 함께 쓰이면 н이 삽입됩니다. 전치격은 항상 전치사와 함께 쓰이기 때문에 3인칭 전치격 어미에는 모두 н이 삽입되게 됩니다: её кни́га '그녀의 책' vs. у неё есть кни́га '그녀는 책이 있다'

⑭ 소유대명사의 격

(1인칭 단수: 나의)

	남성	중성	여성	복수
주격	мой	моё	моя́	мои́
생격	моего́		мое́й	мои́х
여격	моему́		мое́й	мои́м
대격	мой/ *моего́	моё	мою́	мои́/ *мои́х
조격	мои́м		мое́й	мои́ми
전치격	о моём		о мое́й	мои́х

* моего, моих는 활동체인 경우

(1인칭 복수: 우리의)

	남성	중성	여성	복수
주격	наш	на́ше	на́ша	на́ши
생격	на́шего		на́шей	на́ших
여격	на́шему		на́шей	на́шим
대격	наш/ *на́шего	на́ше	на́шу	на́ши/ *на́ших
조격	на́шим		на́шей	на́шими
전치격	о на́шем		о на́шей	о на́ших

* на́шего, на́ших는 활동체

소유대명사 2인칭 단수(твой, твоя, твоё)는 1인칭 단수(мой, моя, моё)와 어미변화가 같고, 2인칭 복수(ваш)는 1인칭 복수(наш)와 어미변화가 같습니다.

⑮ 형용사의 격 (단수)

	남성		중성		여성	
주격	нóвый	большóй	нóвое	большóе	нóвая	большáя
생격	нóвого	большóго	нóвого	большóго	нóвой	большóй
여격	нóвому	большóму	нóвому	большóму	нóвой	большóй
대격	нóвый/ нóвого	большóй/ большóго	нóвое	большóе	нóвую	большýю
조격	нóвым	большúм	нóвым	большúм	нóвой	большóй
전치격	о нóвом	о большóм	о нóвом	о большóм	о нóвой	о большóй

⑯ 형용사의 격 (복수)

	남성	중성	여성
주격	нóвые/ большúе		
생격	нóвых/ большúх		
여격	нóвым/ большúм		
대격	нóвые/ большúе (불활동체일 경우 주격과 같은 형태) нóвых/ большúх (활동체일 경우 생격과 같은 형태)		
조격	нóвыми/ большúми		
전치격	нóвых/ большúх		

⑰ [소유대명사 + 명사]의 격 (단수)

	남성		중성	여성
	활동체	불활동체		
주격	мой брат	мой журна́л	моё де́ло	моя́ сестра́
생격	моего́ бра́та	моего́ журна́ла	моего́ де́ла	мое́й сестры́
여격	моему́ бра́ту	моему́ журна́лу	моему́ де́лу	мое́й сестре́
대격	моего́ бра́та	мой журна́л	моё де́ло	мою́ сестру́
조격	мои́м бра́том	мои́м журна́лом	мои́м де́лом	мое́й сестро́й
전치격	о моём бра́те	о моём журна́ле	о моём де́ле	о мое́й сестре́

⑱ [소유대명사 + 명사]의 격 (복수)

	남성	중성	여성
주격	мои́ студе́нты	мои́ столы́	мои́ сёстры
생격	мои́х студе́нтов	мои́х столо́в	мои́х сестёр
여격	мои́м студе́нтам	мои́м стола́м	мои́м сёстрам
대격	*мои́х студе́нтов	мои́ столы́	*мои́х сестёр
조격	мои́ми студе́нтами	мои́ми стола́ми	мои́ми сёстрами
전치격	о мои́х студе́нтах	о мои́х стола́х	о мои́х сёстрах

* 명사가 활동체인 경우에는 대격과 생격이 동일한 형태입니다. 불활동체인 경우에는 중성변화에서와 같이 대격과 주격이 같습니다.

⑲ [형용사 + 명사]의 격 (단수)

	남성		중성	여성
	활동체	불활동체		
주격	но́вый студе́нт	большо́й стол	но́вое де́ло	но́вая маши́на
생격	но́вого студе́нта	большо́го стола́	но́вого де́ла	но́вой маши́ны
여격	но́вому студе́нту	большо́му столу́	но́вому де́лу	но́вой маши́не
대격	но́вого студе́нта	большо́й стол	но́вое де́ло	но́вую маши́ну
조격	но́вым студе́нтом	больши́м столо́м	но́вым де́лом	но́вой маши́ной
전치격	о но́вом студе́нте	о большо́м столе́	о но́вом де́ле	о но́вой маши́не

⑳ [형용사 + 명사]의 격 (복수)

	남성	중성	여성
주격	нóвые студéнты	нóвые делá	нóвые студéнтки
생격	нóвых студéнтов	нóвых дел	нóвых студéнток
여격	нóвым студéнтам	нóвым делáм	нóвым студéнткам
대격	нóвых студéнтов	нóвые делá	нóвых студéнток
조격	нóвыми студéнтами	нóвыми делáми	нóвыми студéнтками
전치격	о нóвых студéнтах	о нóвых делáх	о нóвых студéнтках

* 명사가 활동체인 경우에는 대격과 생격이 같습니다. 불활동체인 경우에는 중성변화에서와 같이 대격과 주격이 같습니다.

동사 Глаго́л

① 현재시제

1식 변화					
	читА́ть	гулЯ́ть	болЕ́ть	рисОВА́ть	отдохНУ́ть
Я	чита́Ю	гуля́Ю	боле́Ю	рису́Ю	отдохнУ́
ты	чита́ЕШЬ	гуля́ЕШЬ	боле́ЕШЬ	рису́ЕШЬ	отдохнЁШЬ
он/она́	чита́ЕТ	гуля́ЕТ	боле́ЕТ	рису́ЕТ	отдохнЁТ
мы	чита́ЕМ	гуля́ЕМ	боле́ЕМ	рису́ЕМ	отдохнЁМ
вы	чита́ЕТЕ	гуля́ЕТЕ	боле́ЕТЕ	рису́ЕТЕ	отдохнЁТЕ
они́	чита́ЮТ	гуля́ЮТ	боле́ЮТ	рису́ЮТ	отдохнУ́Т

1식 변화 동사의 어간은 대개 동사의 부정형 어미 -ть만을 제외합니다(чита-ть). 1식 변화를 하는 생산적인 동사의 어미로는 -АТЬ, -ЯТЬ, -ЕТЬ, -ОВАТЬ, -НУТЬ 형태를 들 수 있습니다.

✓ 1식 변화에서 1인칭 단수와 3인칭 복수 어미는 어간이 모음으로 끝나는 경우 -Ю, -ЮТ가 되고, 자음으로 끝나는 경우는 -У, -УТ가 됩니다.

✓ 그 외 어미에서 강세가 없으면 ЕШЬ, ЕТ, ЕТЕ, 강세가 있으면 ЁШЬ, ЁТ, ЁТЕ가 됩니다.

✓ 동사 ОВА-ть 유형은 -ова가 -у로 바뀌고 동사 인칭 어미가 붙습니다.

✓ 1식 변화의 비생산적인 접미사 중 하나인 АВА-ть 동사 유형은 활용 시 ава가 탈락하고 인칭어미가 붙습니다.

дава́ть - даю, даёшь, даёт
встава́ть - встаю, встаёшь, встаёт

2식 변화				
	говорИ́ть	учИ́ть	любИ́ть	ходИ́ть
Я	говорЮ́	учУ́	люблЮ́	хожУ́
ты	говорИ́ШЬ	у́чИШЬ	лю́бИШЬ	хо́дИШЬ
он/она́	говорИ́Т	у́чИТ	лю́бИТ	хо́дИТ
мы	говорИ́М	у́чИМ	лю́бИМ	хо́дИМ
вы	говорИ́ТЕ	у́чИТЕ	лю́бИТЕ	хо́дИТЕ
они́	говорЯ́Т	у́чАТ	лю́бЯТ	хо́дЯТ

2식 변화에서 동사의 어간은 부정형어미 앞의 모음까지 제외해서 대개 자음으로 끝납니다(говор-ить). 즉 동사 부정형어미 -ть 앞의 모음까지 탈락시키고 여기에 인칭활용 어미를 붙이게 됩니다. 2식 변화를 하는 생산적인 동사의 어미는 -ИТЬ 유형이 대표적입니다.

✓인칭어미 -Ю, -ЯТ는, Ж, Ш, Ч, Щ 뒤에서는 -У, -АТ가 됩니다.

✓ 1인칭 단수 어간이 순음 (Б, В, П, М)인 경우에는 Л이 첨가 됩니다(люблю́, ловлю́, куплю́, кормлю́)

✓2식 변화에서는 1인칭에서 자음교체가 흔하고 어미에서 어간으로의 강세의 이동도 잦습니다.

Г Д З }	Ж	Т СТ СК }	Щ	С Х }	Ш	К Т }	Ч
ходи́ть вози́ть	хожу́ вожу́	чи́стить иска́ть	чи́щу ищу́	носи́ть паха́ть	ношу́ пашу́	пла́кать плати́ть	пла́чу плачу́

✓1식변화의 대표적인 어미 형태 중 2식 변화를 하는 동사들이 있습니다.

АТЬ: держа́ть, лежа́ть, крича́ть, молча́ть, стуча́ть, слы́шать, дыша́ть

ЕТЬ: смотре́ть, горе́ть, ви́деть, веле́ть, ненави́деть, оби́деть, сиде́ть

② 미래시제

불완료상			완료상		
я	бу́ду	писа́ть письмо́	я	напишу́	письмо́
ты	бу́дешь		ты	напи́шешь	
он	бу́дет		он	напи́шет	
мы	бу́дем		мы	напи́шем	
вы	бу́дете		вы	напи́шете	
они́	бу́дут		они́	напи́шут	

③ 과거시제

	чита́ть	рисова́ть	говори́ть	люби́ть	ходи́ть
он	чита́Л	рисова́Л	говори́Л	люби́Л	ходи́Л
она́	чита́ЛА	рисова́ЛА	говори́ЛА	люби́ЛА	ходи́ЛА
они́	чита́ЛИ	рисова́ЛИ	говори́ЛИ	люби́ЛИ	ходи́ЛИ

과거시제는 동사부정형 어미 -ть를 빼고 과거시제 어미 л/ла/ло/ли를 성과 수에 맞게 붙이면 됩니다.

✓동사 어간이 자음으로 끝나는 어휘 중 일부는 자음이 겹치는 것을 피하기 위해 남성형에서 л을 붙이지 않습니다.

мочь - мог, могла́, могли́　　нести́ - нёс, несла́, несли́
лечь - лёг, легла́, легли́　　везти́ - вёз, везла́, везли́
печь - пёк, пекла́, пекли́　　расти́ - рос, росла́, росли́

✓동사 어간이 자음으로 끝나는 어휘 중 일부는 자음군을 탈락시키고 л을 붙입니다.

вести́ - вёл, вела́, вели́　　есть - ел, е́ла, е́ли
идти́ - шёл, шла́, шли́　　сесть - сел, се́ла, се́ли

부록2 • 생존 러시아어 1권 차례

부록3 • 생존러시아어 2 차례

부록3 • 생존러시아어 2 차례

부록3 • 생존러시아어 2 차례

부록 4 • 러시아어 문자

인쇄체	필기체	명칭과 발음	필기체 쓰기
А а	А а	а 아 [a]	азбука
Б б	Б б	бе 베 [b]	буква
В в	В в	ве 붸 [v]	весна
Г г	Г г	ге 게 [g]	газета
Д д	Д д	де 데 [d]	дерево
Е е	Е е	е 예 [e]	лес
Ё ё	Ё ё	ё 요 [jo]	ёлка
Ж ж	Ж ж	же 줴 [zh]	журнал
З з	З з	зе 제 [z]	земля
И и	И и	и 이 [i]	игра
Й й	Й й	и краткое 짧은 이 [j]	мой
К к	К к	ка 까 [k]	Как
Л л	Л л	ел 엘 [l]	лодка
М м	М м	ем 엠 [m]	музей
Н н	Н н	ен 엔 [n]	неделя
О о	О о	о 오 [o]	они

부록 4 • 러시아어 문자

인쇄체		필기체		명칭과 발음	필기체 쓰기
П	п	П	п	пе 뻬 [p]	письмо
Р	р	Р	р	ер 에르 [r]	город
С	с	С	с	ес 에쓰 [s]	свет
Т	т	Т	т	те 떼 [t]	метро
У	у	У	у	у 우 [u]	рука
Ф	ф	Ф	ф	еф 에프 [f]	телефон
Х	х	Х	х	ха 하 [kh]	хлопок
Ц	ц	Ц	ц	це 쩨 [ts]	цифра
Ч	ч	Ч	ч	че 체 [ch]	число
Ш	ш	Ш	ш	ша 샤 [sh]	школа
Щ	щ	Щ	щ	ща 시챠 [shch]	вещи
	ъ		ъ	твёрдый знак 경음부호	подъезд
	ы		ы	ы 의 [y]	рыба
	ь		ь	мягкий знак 연음부호	деревья
Э	э	Э	э	э 에 [э]	экзамен
Ю	ю	Ю	ю	ю 유 [ju]	юбка
Я	я	Я	я	я 야 [ja]	яхта

안병팔 (安秉八)

육군사관학교 졸업 (문학사)
한국외국어대학교 대학원 졸업 (문학석사, 문학박사)
육군사관학교 교수부 러시아어 전임강사 역임
육군정보학교 러시아어 전문교관 역임
現 서경대학교 유럽어학부장, 러시아어전공 교수
現 한국러시아문학회 부회장

저 서 : 『러시아어학의 이해』(공저), 고등학교 『러시아어 회화 1, 2』(교육인적자원부)

박진환 (朴進桓)

상트-페테르부르크 국립대학교 문학박사

이수현 (李受縣)

러시아국립인문학대학교(РГГУ) 언어학 박사
現 서경대, 서울대 강사

생존러시아어 3 **러시아어 일촌 만들기**

1판 1쇄 찍음 • 2009년 2월 25일
1판 1쇄 펴냄 • 2009년 3월 1일

공저자 • 안병팔 · 박진환 · 이수현
발행인 • 정 현 걸
발 행 • 신 아 사
인 쇄 • 예지인쇄

출판등록 • 1956년 1월 5일 (제9-52호)
서울특별시 은평구 녹번동 28-36
전화 (02)382-6411 • 팩스 (02)382-6401
홈페이지 • www.shinasa.co.kr
E-mail • shinasa@chol.com

ISBN 978-89-8396-632-2 (3)

정가 ***15,000*** 원